Beck'sche Reihe
BsR 834
Aktuelle Länderkunden

Die Maghreb-Länder Marokko, Algerien und Tunesien liegen vor Europas Tür, sind bisher aber bei uns nicht gebührend zur Kenntnis genommen worden. Touristen werden vor allem von der exotischen Schönheit dieser Länder angezogen: weite, einsame Strände, Palmen und Dattelbäume, endlose Wüstengebiete mit grünen, wasserreichen Oasen, malerische Kamelherden und verträumte Bergdörfer. Werner Herzog schaut hinter die Kulissen und bietet einen tieferen Einblick in Alltag, Wirtschaft, Kultur und Politik der maghrebinischen Gesellschaft. Wie gestaltet sich das Leben der islamischen Bevölkerung, wie entwickelt sich Demokratie? Wie verhalten sich Drittweltländer gegenüber den Verlockungen der westlichen Wohlfahrtsstaaten und Verbrauchergesellschaften? Welcher Weg steht diesen jungen Nationen offen? Ist ihr Zusammenschluß möglich? Die Entwicklung und die Versuche in den so verschieden orientierten Staaten Marokko, Algerien und Tunesien zu beobachten, ist faszinierend.

*Werner Herzog*, geb. 1942 in Zürich, schloß 1969 sein Studium der Romanistik und Geschichte ab, reiste durch Lateinamerika, arbeitet seit 1974 als Korrespondent des Zürcher Tages Anzeigers, der Basler Zeitung, der Frankfurter Rundschau und der Stuttgarter Zeitung in Madrid und berichtet über die Iberische Halbinsel sowie die Maghreb-Staaten. Veröffentlichungen: Bücher über das Baskenland (1979), Spaniens Regionenproblem (1982) und über spanisches Alltagsgeschehen (1988). 1987 schrieb Herzog den Länderkunde-Band des Beck Verlags über Spanien.

WERNER HERZOG

# Der Maghreb:
# Marokko, Algerien, Tunesien

VERLAG C.H.BECK MÜNCHEN

Mit 13 Abbildungen im Text und 3 Karten

Abbildungen 3, 12 und 13: Bilderdienst Süddeutscher Verlag, München
Abbildungen 1, 2, 4, 5, 6, 7, 8, 9, 10, 11: Heinz Hebeisen, Madrid.

CIP-Titelaufnahme der Deutschen Bibliothek

*Herzog, Werner:*
Der Maghreb: Marokko, Algerien, Tunesien / Werner
Herzog. – Orig.-Ausg. – München : Beck, 1990
    (Beck'sche Reihe ; 834 : Aktuelle Länderkunden)
    ISBN 3-406-33180-7

NE: GT

Originalausgabe
ISBN 3 406 33180 7

Einbandentwurf: Uwe Göbel, München
Umschlagbild: Algerische Oase Taghit im westlichen Erg (Sandwüste).
Foto: Heinz Hebeisen, Madrid
© C. H. Beck'sche Verlagsbuchhandlung (Oscar Beck), München 1990
Gesamtherstellung: Georg Appl, Wemding
Printed in Germany

# Inhalt

# I. Gemeinsamkeiten

## 1. Die Geographie und ihre Folgen

### Was gehört zum Maghreb?

Es mag seltsam klingen: eine der Schwierigkeiten dieses Länderkunde-Bandes war sein Titel. Wie sollte er heißen, „Nordafrika" oder „Der Maghreb"? Vielen Lesern sagt der Ausdruck „Maghreb" mit Sicherheit recht wenig. Im deutschsprachigen Raum ist er noch nicht sehr geläufig. Westeuropa hat diesem Gebiet den Namen Nordafrika gegeben – eine rein geographische Bezeichnung, welche den betroffenen Ländern politische und kulturelle Einheit und Eigenheit abspricht.

Dies hat seine Erklärung. Den Ausdruck „Nordafrika" haben die Franzosen in der Kolonialzeit geprägt. Für sie waren die Gebiete jenseits des Mittelmeers, die sie im 19. Jahrhundert zu beherrschen begannen, Räume, die es auszukundschaften, zu vermessen und – nach europäischem Augenmaß – zu besiedeln und zu verwalten galt. Die ersten Franzosen, die in das neue Gebiet vordrangen, waren Militärs, Landvermesser und Abenteurer. Dann kamen die Vewalter. Sie errichteten ihre Institutionen und verbreiteten die französische Sprache und Denkweise. Die anderen Europäer übernahmen den Ausdruck „Nordafrika" von Frankreich.

Die einheimische Bevölkerung empfand dies jedoch anders. Sie hatte ihr Gebiet immer den „Maghreb" genannt. Der Ausdruck deutet weder auf Afrika noch auf den Norden hin. Al Maghrib heißt „der Westen". Es ist das Gebiet am Rande der arabischen Welt, das Land des Sonnenuntergangs vor dem großen Ozean. Auf ihren Eroberungszügen stießen die Araber über den Maghreb hinaus auch in den äußersten Westen des europäischen Festlandes vor. Sie nannten auch jenes Gebiet nach der Himmelsrichtung al-gharb. Heute ist es ein bekanntes Touristengebiet. Jedermann nennt es Algarve.

Der Maghreb bildet zusammen mit dem Machrek, dem östlichen Teil, die arabische Welt. Die Trennlinie bildet die Wüste zwischen Ägypten und Libyen, die dort praktisch bis an das Meer vordringt. Für die Mehrheit der Araber liegt der Maghreb sehr weit von ihren religiösen, geschichtlichen und kulturellen Mittelpunkten Mekka, Bagdad, Damaskus und Kairo entfernt und ist so stark wie kein anderes arabisches Gebiet Europa zugewandt. Deshalb vergleichen sie den Maghreb manchmal mit einer Insel. In den dreizehn Jahrhunderten seit der Arabisierung hat der Maghreb denn auch seine kulturellen, politischen und vor allem sprachlichen Eigenheiten herausgebildet.

In den vergangenen drei Generationen sind Millionen von Maghrebinern aus ihren Ländern ausgewandert, haben in Frankreich Arbeit gesucht und dort ihre Eigenart verbreitet. Heute sind in Frankreich vor allem die maghrebinische Küche und die maghrebinische Musik bekannt und auch beliebt. Andererseits haben Gastarbeiter den Rassismus zu spüren bekommen. Dennoch ist das koloniale „Nordafrika" heute Geschichte, dem Gebiet werden die eigene Identität und Kultur nicht mehr verweigert. Aus diesem Grund heißt der Titel dieses Buchs „Der Maghreb".

Welche Länder umfaßt der Maghreb? Ein weiser Marokkaner hat einmal gesagt, daß der Maghreb überall dort ist, wo man den Burnus trägt und Couscous ißt. Couscous wird von der Atlantikküste Marokkos bis zur Grenze zwischen Libyen und Ägypten gegessen (östlich davon beginnen die Länder der „Reisesser"). Der Burnus wird vom südlichen Mittelmeer-Rand bis in die Sahara hinein getragen. Libyen und der Hauptteil von Mauretanien gehören dazu. Der Burnus ist aber auch ein typisches Bekleidungsstück der Berber. Somit kann gesagt werden, daß der Maghreb den ursprünglichen Verbreitungsraum der Berber umfaßt.

Die Araber unterscheiden zwischen dem Maghreb und dem „Großen Maghreb". Letzterem sind – historisch und kulturell

korrekt – die Wüstennationen Libyen und Mauretanien angeschlossen. Dieser „Große Maghreb" ist gleich groß wie Europa, hat aber nur rund 65 Millionen Einwohner. Ihn wollen die
Politiker in den kommenden Jahren politisch und wirtschaftlich vereinen. Gelingt es, wird das Europa der Wirtschaftsge-
meinschaft am Ende des Jahrhunderts einen neuen Partner
von annähernd 100 Millionen Menschen erhalten.

Das vorliegende Buch beschränkt sich auf den „kleinen"
Maghreb, der die drei Kernländer Marokko, Algerien und
Tunesien einschließt. Sie sind den Europäern am besten be-
kannt, stellen über 90 Prozent der Bevölkerung und 75 Pro-
zent der Wirtschaftskraft und sind im Maghreb die treibende
Kraft. Vor allem Marokko und Tunesien sind inzwischen auch
beliebte Ferienländer geworden. Dort ist für Europäer der
Einstieg in die arabische Welt am leichtesten.

*Gebirge, Ebenen, Wüsten*

Der Maghreb ist im Vergleich zu den anderen arabischen
Ländern von der Natur gut gesegnet und verfügt über eine an-
sprechende Anzahl von landwirtschaftlich fruchtbaren Zonen.
Verglichen mit Europa sind diese Gebiete hingegen nur dünn
gestreut. Schauen wir uns sein Relief an. Der Unterschied zu
den angrenzenden Ländern Libyen und Mauretanien ist auf
einen Blick zu erkennen. Der Maghreb ist Hochland, Bergland sogar. Die mittlere Höhe der einzelnen Länder überrascht. Sie beträgt in Marokko 800, in Algerien 900 und in
Tunesien noch 300 Meter.

Im Westen steigt imposant das Rifgebirge an. Von der Süd-
spitze Spaniens ist über die Meerenge von Gibraltar bestens zu
erkennen, wie es steil ins Meer abfällt. Das Rifgebirge erreicht
bei der Ortschaft Ketama mit dem einfach zu besteigenden
Gipfel des Tidighine (2448 Meter) den höchsten Punkt und
zieht sich 350 Kilometer nach Osten bis an den Moulouya-
Fluß hin. In Algerien erhebt sich an der Küste als Fortsetzung
der Tell. Er trennt fruchtbare Flußtäler vom Mittelmeer ab.
Der Gebirgszug erstreckt sich über die Kabylei bis nach Tune-

sien und endet dort in den sanften Hügelketten der Kroumi-
rie.

Das Rifgebirge und der Tell sind so schroff, daß sie nur wenige Nischen und „Fenster" zum Mittelmeer offenlassen. Die
vielen auf den Landkarten eingezeichneten Straßenkurven in
diesem Gebiet sind keine Täuschung. Die Karten stimmen; die
Kurven existieren alle, und die Straßen sind eng. Für eine
Fahrt durch den Rif darf man nicht mehr als eine mittlere
Höchstgeschwindigkeit von etwa 50 Kilometern einplanen.

In der Großen Kabylei steigt der höchste Gipfel in den
Djurdjura-Bergen auf 2308 Meter an. Dort befindet sich der
Ski- und Wanderort Talaguilef. Die Große Kabylei ist großar-
tiges Bergland, das der algerische Dichter Mouloud Feraoun
in seinem Buch „Terre de sang" (Bluterde) anschaulich beschrieben hat: „Von einer Anhöhe über dem Dorf konnten sie
einen Gutteil der Kabylei überblicken: im Norden das Massiv
von Ait Djenad, das sich wie ein imposanter Wall vor dem
Mittelmeer erhebt, im Süden die noch abweisendere Djurdju-
ra, die eine andere, unwirkliche Welt zu verstecken scheint.
Wie ein nackter Koloß liegt das Gebirge da, mit aschefarbe-
nen Flanken und Gipfeln, die sich oft in große Kumulus-Wol-
ken hüllen. Jetzt aber ist es April. Der Himmel ist blau und die
Bergspitzen sind in blendendes Weiß gekleidet. Den Bergbau-
ern bietet sich ein grandioses Schauspiel von Macht und wil-
der Schönheit dar. Die winzigen Dörfer, die sich an seine
Hänge klammern oder auf den Bergsätteln thronen, sind wie
verängstigte Menschen, die vor einem strengen Gott in die
Knie fallen. Im Osten und im Westen ziehen sich überall Hügelzüge und enge, tiefe Täler hin, in denen man die Flüsse
erahnt, die sich alle in der Ebene vereinen. Auch die Ebene ist
eng, sie ist nur ein Durchgang zwischen den Bergmassiven im
Süden und Norden: echtes Bergland."

Südlich der Bergketten und Hügelzüge in Küstennähe
schließen sich weitere Gebirge an. In Marokko ist es der Mitt-
lere-, der Hohe und der Anti-Atlas und in Algerien die zweite
Tell-Kette, die in den Bergen des Aurés ebenfalls 2300 Meter
erreicht. Der Mittlere Atlas steigt gleich nach der breiten Tal-

mulde von Fes an. Weite, einsame und zum Teil baumlose Bergrücken ziehen sich über Dutzende von Kilometern dahin, jeden Winter fällt hier Schnee und macht das Leben in den Bergdörfern äußerst beschwerlich. Hier wie im ganzen Atlas leben die Einwohner bis auf Höhen von 2000 Metern.

Am eindrücklichsten ist der Hohe Atlas mit seinen meist weißen Gipfeln, die über 4000 Meter hoch sind. Der höchste von ihnen ist der Djebel Toubkal mit 4165 Metern. In tief eingebetteten Schluchten und an steilen Hängen kleben zum Teil winzige Dörfer, in denen die Einwohner auf kleinsten Feldern der Erde Ernten abringen. Wasser ist reichlich vorhanden, im Winter ist es sehr kalt. Der Hohe Atlas ist 800 Kilometer lang, ein mächtiger Wall, durch den nur vier geteerte Straßen hindurchführen. Auch hier kann man Ski laufen. Der Skiort Oukaimeden liegt 65 Kilometer von Marrakesch entfernt, ist über eine abwechslungsreiche und malerische Straße zu erreichen und ist sogar in Mode gekommen. Es mutet für Europäer seltsam an, sich auf den baumlosen Hängen, die von 2650 bis auf 3200 Meter ansteigen, von marokkanischen Skilehrern führen zu lassen.

Der Antiatlas wird durch das breite Flußtal des Sous von dem Hohen Atlas getrennt und ist zum großen Teil einsames, zerklüftetes und trockenes Bergland. Die Einwohnerdichte nimmt hier rapide ab. Viele Dörfer verstecken sich in Oasen. In dem reizvollen, 1000 Meter hoch gelegenen Tal von Tafraout, das wegen seiner bizarren roten Felsformationen bekannt wurde, ist schon der Hauch des Südens zu spüren. Hier treffen über holprige Straßen und Wege verstaubte Sahara-Fahrer mit ihren Jeeps, Landrovern und Abenteuer-Geschichten ein.

In Algerien führen die Straßen durch die vielen Schluchten des inneren Tell-Gebirges hinauf auf die Hochebenen, die sich südlich davon einsam und menschenleer auf beinahe 1000 Metern Höhe ausbreiten. Diese Gegend ist Durchgangsland zu den Oasenstädten. Stundenlang fährt man auf geraden Straßen durch karges Land, bis man dann in das Becken der nördlichen Sahara gelangt. Langsam wird die Steppe zur Wüste.

Der nördliche Teil der Sahara ist für die Menschen der nützlichste Teil der großen Wüste. Die Temperaturen sind zwar bereits extrem. In der Oase El Oued betragen die durchschnittlichen Höchsttemperaturen im Januar ganze vier Grad, im Juli hingegen 43 Grad. In dieser Zone existiert aber reichlich Grundwasser. Ein Kranz von Oasenstädten breitet sich bis gegen die Senke an der tunesischen Grenze aus. Hier, in Hassi R'Mel bei Laghouat und Hassi Messaoud südlich von Ouargla fördert Algerien auch Erdgas und Erdöl. Der große westliche und der östliche Erg, der sich bis nach Tunesien ausdehnt, schließen mit ihren weiten Sicheldünen die Zone der „nützlichen" Sahara. Nur das geteerte Band der Transsahara-Straße treibt die Spur der Zivilisation durch die Dünen weiter südwärts.

Die zweite Zone der Sahara wird von dem Hoggar-Massiv beherrscht. Hier ist das Land der Tuareg. Die „Hauptstadt" Tamanrasset (sie hat immerhin schon 30 000 Einwohner) ist Ausgangspunkt für die wahren Abenteuer der Sahara-Fahrer. Die Einheimischen nennen die Stadt kurz „Tam". Die steinigen Hochplateaus in dieser Gegend liegen alle über 1000 Meter hoch, die dunklen Basaltfelsen des Hoggar steigen bis auf 3000 Meter zu den höchsten Gipfeln Algeriens an. Hier schneit es sogar alle paar Jahre einmal. In der großartig-einsamen Mondlandschaft des Hoggar und des Tassili-Gebirges vermögen einige Mulden so viel Feuchtigkeit zu speichern, daß ein bißchen Vegetation und damit Leben möglich ist.

Der größte und unwirtlichste Teil der maghrebinischen Sahara liegt im Westen, im Grenzgebiet von Algerien, Mauretanien und Marokko. Über Hunderte von Kilometern sind hier weder Pisten noch sonst menschliche Spuren zu finden. Der Tanezrouft (das „Land des Durstes") westlich von Tamanrasset gilt als der desolateste Teil der Sahara. Unendlich scheinen seine Steinwüsten. Die Piste von Adrar nach Mali (Fahrzeit: fünf bis sieben Tage) hat wenigstens eine menschliche Spur in diese unermeßliche Weite gelegt. Im nördlichen Teil ist der Oasenort Tindouf Endstation der 800 Kilometer langen Straße von Bechar, die hauptsächlich aus militärischen Gründen geteert wurde. Auf die Sanddünen des Erg folgen die steini-

*Abb. 1:* Der große Erg (Sandwüste) in Algerien

gen Gegenden und Plateaus der Regs und Hammadas. Oasen und selbst Wasserlöcher (gueltas) sind hier sehr selten. Bei Laayoune in der Westsahara dringt die Wüste bis zum Atlantik vor. Von hier bis zu den brackigen Schotts in Tunesien sind es beinahe 3000 Kilometer. Die Wüste nimmt 80 Prozent des algerischen, die Hälfte des tunesischen und rund 10 Prozent des marokkanischen Territoriums (die Westsahara nicht mitgerechnet) ein. An landwirtschaftlich nutzbaren Flächen bleiben Tunesien 25, Marokko 18 und Algerien ganze 3 Prozent.

Marokko ist am reichsten mit fruchtbaren Ebenen gesegnet. Sie machen das Land zur wichtigsten landwirtschaftlichen Nation des Maghreb. Die meisten Ebenen sind dem Atlantik zugewandt und bilden einen grünen Küstenstreifen, der sich vom Süden, von Casablanca, mehrere hundert Kilometer nach Norden und einige Dutzend Kilometer landeinwärts bis in die Gegend von Tanger erstreckt. In diesem von den kühlenden Brisen des Atlantiks umhegten Gebiet finden wir den „anderen", den üppigen und flachen Maghreb mit seinen Orangen- und Mandarinenhainen und Zuckerrohrfeldern. Hier sind die Temperaturen äußerst gemäßigt. Rabat verzeichnet mittlere Januartemperaturen von sieben und entsprechende Juli-Werte von 20 Grad.

Eine weitere fruchtbare Gegend liegt im Süden Marokkos, im Tal des Sous-Flusses. Unter Plastikdächern werden dort neuerdings subtropische Südfrüchte gezogen.

Algerien ist von der Natur weniger gut bedacht worden. Im klimatisch angenehmen und gemäßigten Nordteil des Landes herrschen die Berge vor. Zwischen den beiden Tell-Ketten liegt das fruchtbare Flußtal des Chelif und vor Algier öffnet sich die Ebene der Mitidja gegen das Meer hin. Tunesien ist wie Marokko stärker gegen das Meer hin offen. Die Küstenzone des Sahel zwischen Nabeul und Sfax erhält zwar nicht so viel Regen und Feuchtigkeit wie der Atlantiksaum Marokkos, ist aber noch für den Anbau von Früchten und Oliven geeignet. Das angenehme Klima, die Nähe zu Italien und der leichte Zugang sind die Gründe, warum Tunesien im Altertum von allen Maghreb-Ländern weitaus am stärksten besiedelt wurde.

Die Öffnung zum Meer begünstigt in Marokko und Tunesien den Fremdenverkehr. Die feinen, kilometerlangen Sandstrände ziehen sonnenhungrige Touristen aus Europa an. Hammamet, Djerba und Agadir gehören zum Angebot deutscher Reisebüros, und alle Besucher sind willkommene Devisenbringer.

## Der Kampf um das Wasser

Im Stamm der Ait Imi im Mittleren Atlas herrscht ein alter Brauch. Immer wenn der Regen allzu lange ausbleibt und die Felder auszutrocknen beginnen, holen die Bauern ihre „Braut des Regens" – einen einfachen großen Holzlöffel – hervor. Die Frauen bekleiden den Löffel mit farbenfrohen Stoffen und schmücken ihn. Dann wird die „Braut" von der Dorfgemeinschaft in einem Umzug in den Feldern herumgetragen. Sie soll sich dort mit dem Regen verbinden und der Erde Wasser bringen.

Auch andere Berberstämme Marokkos pflegen diesen Brauch. In einigen Oasen Algeriens bitten in Dürrezeiten die Männer um das Naß. Sie ziehen vor den Ort, beten, schreiten siebenmal feierlich um einen geheiligten Baum und opfern dann ein Lamm oder auch ein Dromedar. Das Blut des Tieres soll den Regen anlocken.

Denkt man an diese religiösen Riten und hört man, wie neue Hotels in Oasen mit modernster europäischer Klosett-Spülung ausgerüstet werden oder Touristen in der Wüste Wasserlöcher dazu benutzen, um ihre Haare zu waschen, kommt man nicht um ein leichtes Kopfschütteln herum. In den meisten Gegenden des Maghreb ist das Wasser kein selbstverständliches, sondern ein kostbares Gut, mit dem die Leute respektvoll und sparsam umgehen. Die Hauptsorge der meisten Bauern gilt denn auch dem Wasser. Die Bauern des Atlas schauen auf die Berggipfel und nicken zufrieden, wenn sie schneebedeckt sind. Es bedeutet, daß sie im Frühling genügend Wasser haben werden. Ein großer Fluß in Marokko trägt den bedeutungsvollen Namen „Mutter des Frühlings" (Oum-er-Rbia). Mit seinen 600 Kilometern ist er der längste Fluß des Maghreb, der immer Wasser führt. Südlich des Oum-er-Rbia hingegen versickert das Wasser der Flüsse während der Trockenmonate bereits im Oberlauf oder gelangt überhaupt nie ans Meer. Der Oued Draa am Sahara-Rand ist ein Beispiel. Er speist mehrere Oasen. Bis zum Meer ist sein Wasser zum letzten Mal im Jahre 1939 vorgedrungen. Das islamische Paradies ist voller Flüsse, zu den Lustgärten der Emire, Prinzen und Sultane (den Nachahmungen des Paradieses auf Erden) gehörten immer komplizierte Wasserspiele.

Das Wasser spielt eine große Rolle im Bewußtsein der Maghrebiner. Selbst in einigen Städten ist nicht immer genügend vorhanden. In Algier legt die Stadtverwaltung in den langen Sommermonaten während vieler Stunden des Tages die Leitungen trocken, um Wasser zu sparen. In Oran waschen und duschen die Leute sich mit Salzwasser. Dürrezeiten sind eine ständige Gefahr. Die schlimmste dieses Jahrhunderts dauerte von 1980 bis 1983.

Dem Touristen mag all dies in den Sinn kommen, wenn er in den Städten und Ortschaften Marokkos die Wasser-Verkäufer mit ihren Sandalen, den wadenlangen Hosen und den reichgeschmückten großen Hüten sieht. Glockenklingelnd ziehen sie durch die Straßen und schenken den Durstigen aus Schläuchen aus Ziegenhaut kühles Wasser in messingblinkende Becher, die sie am Gürtel befestigt mit sich tragen.

Für den Pflanzenwuchs sind die jährlichen Niederschlagsmengen entscheidend. Anhand der durchschnittlichen Millimeterzahlen eines Gebietes kann man auf die Anbauprodukte, die Dichte und den Reichtum der Bevölkerung schließen. Mitteleuropäische Werte, d. h. jährliche Niederschlagsmengen um 1000 bis 1200 Millimeter, erreichen nur einige Gebiete im Küstenbereich und kleine Zonen des Atlas-Gebirges. Diese klimatisch bevorzugten Gebiete bilden den „feuchten" Maghreb. Der Rif und die Kabylei gehören dazu. Im Rif wachsen Pinien und Tannen und im Mittleren und Hohen Atlas Eichen, Zedern und Thuya. Die größten Eichenwälder – und Häuser mit Giebeldächern – findet man bei Ain Draham im Grenzgebiet von Algerien und Tunesien. Kilometerlang ziehen sie sich unbedroht vom europäischen Waldsterben dahin – eine unerwartete Szenerie.

Der Wasserreichtum bringt den Küstengebirgen aber auch Probleme. Der Regen fällt unregelmäßig, und zuweilen regnet es so stark, daß Bäume, Sträucher und Erdreich zu Tale gerissen werden. Die Erosion vor allem im Rif-Gebirge hat ein besorgniserregendes Ausmaß angenommen, und die Menschen tragen dazu bei: Sie holzen Wälder ab, um neues Weide- und Kulturland zu gewinnen und zu Brennholz zu kommen. Es wird geschätzt, daß in den Küstengebieten nur noch ein Drittel des ursprünglichen Waldes steht. Mit neuen Baumkulturen und umfassenden Aufforstungsprojekten versuchen die Planer, dieser Gefahr Herr zu werden.

Bereits in Küstennähe sinken die Regenmengen in den meisten Gebieten unter 1000 Millimeter. Die Trockenperiode im Sommer kann drei oder vier Monate dauern. Dennoch gelten die Ebenen und Hänge dieser Zone als bestes landwirtschaftliches Anbaugebiet. Hier gedeihen Mais, Getreide, Wein, Zuckerrüben und Gemüse, hier weiden Kühe – ein im Maghreb seltener Anblick.

Auch in den halbtrockenen Zonen werden diese Kulturen noch angebaut, obwohl die Trockenzeit hier fünf und sechs Monate anhalten kann. Die 400 Millimeter-Niederschlagskurve bildet eine wichtige Grenze. Südlich davon ist der Anbau ohne künstliche Bewässerung nicht mehr oder nur mehr schlecht möglich. In Marokko ist diese Grenze bei El Jadida südlich von Casablanca erreicht, in Algerien zieht sie sich weniger als 200 Kilometer von der Mittelmeer-Küste entfernt durch die Hochebenen und in Tunesien steigt sie bis gegen die Berge des Kap Bon an der Nordküste hoch. Die „Wassergrenze" ist an dem Auftauchen der Oliven- und Mandelbäume und noch mehr an den ersten Ziegen- und Schafherden zu erkennen, welche in diesen Zonen die Kühe ersetzen. In der Gegend von Agadir in Marokko klettern die Ziegen gleich auf die nur dort wachsenden Argan-Bäume und fressen in luftiger Höhe Knospen und Blätter. Auf Algeriens Hochebenen und in der Steppe Tunesiens sind Bäume bereits nur mehr selten anzutreffen. Die Bauern versuchen dort, wenigstens noch Weizen und die sehr genügsame Gerste zu pflanzen.

Diese Art von Getreideanbau birgt jedoch auch eine Gefahr. Die modernen Pflüge dringen so tief in das Erdreich ein, daß der Wind den wenigen kostbaren, lockeren Humus wegtragen kann. Die Folgen sind Bodenerosion und eine Verschlechterung der ohnehin schwachen Erträge. Vor allem in Algerien hat die übermäßige Bebauung dieser Gebiete zu Verwüstungen geführt. Nicht die Wüste ist vorgedrungen, sondern der Boden des Steppengebietes ist immer mehr verarmt und zur Bebauung untauglich geworden. Um die Staubwinde aufzuhalten und ein bißchen Feuchtigkeit zurückzubehalten, haben die Behörden in diesen Gegenden begonnen, einen „grünen Gürtel" von Bäumen und Sträuchern anzulegen. Das Projekt des „Barrage vert" (Grüner Wall) ist immens: Drei Millionen Hektar (1500 Kilometer, bei 20 Kilometer Breite) sollen von der marokkanischen bis zur tunesischen Grenze begrünt werden. Hauptsächlich die Armee arbeitet an diesem Werk, dessen Vollendung noch Jahre in Anspruch nehmen wird und dessen Erfolg keineswegs in allen Gebieten garantiert ist.

In den Oasen nutzt der Mensch in jahrhundertelang verfeinerten Systemen das Wasser von Flüssen, Quellen und Brunnen, um dem trockenen Boden Ernten abzutrotzen. Berühmt sind die unterirdischen, rhettara genannten Kanäle, welche Marrakesch mit Wasser aus dem Hohen Atlas versorgen. Am Nordrand der algerischen Sahara haben einige wasserreiche Oasenorte begonnen, Früchte und Frühgemüse anzubauen und sie auf die Märkte der Städte des Nordens zu bringen. Den Datteln machen sie den Rang allerdings noch nicht streitig. Einige Dattelpalmenhaine, wie z. B. diejenigen von Ouargla sowie Tozeur und Nefta in Tunesien, bestehen aus mehreren hunderttausend Bäumen. In jener Gegend gehören die Datteln zu der gesuchtesten und besten Sorte, der deglet nour („Finger des Lichts"), und bringen besonderen Reichtum.

Die Sahara ist das Land der Nomaden. Ihre Erschließung

durch das Auto und das Flugzeug (der Franzose Citroen durchquerte sie als erster mit dem Auto im Jahre 1922), aber auch die Förderung von Erdöl und neuerdings des Fremdenverkehrs haben viele von ihnen umgestimmt und seßhaft gemacht. Die Tuareg im Süden Algeriens sind ein Beispiel dafür. Bis zum Eindringen der Franzosen zu Beginn des Jahrhunderts waren sie die unbestrittenen Herrscher des Hoggar-Gebiets. Ihr Stolz war berühmt, ihre Raubzüge (die „razzias") ebenfalls, Krummdolch, Turban und Dromedar waren Symbole ihrer Unabhängigkeit. Heute führen die meisten Tuareg ein seßhaftes Leben. Sie arbeiten z. B. auf staatlichen Ölbohrstationen oder als Fremdenführer. Ihren Stolz haben sie deswegen nicht aufgegeben.

Noch gibt es Nomaden, die mit ihren Haustieren und ihren Zelten von Weideplatz zu Weideplatz ziehen: im Sommer nordwärts in die Steppengegenden oder zu den Weiden des Atlas, im Winter wieder zurück in die Sahara. Rund alle zwei Jahre regnet es in der Sahara einmal ausgiebig. Dann sprießen erstaunliche Grasteppiche aus den vermeintlich unfruchtbaren Böden. Längst vorbei sind allerdings die Zeiten, als in den meisten Teilen der Sahara Gras wuchs und Leben blühte. In Felszeichnungen, z. B. in der Gegend von Tamanrasset, sind Elephanten, Pferde und Rinder zu erkennen. Es ist erwiesen, daß sie vor rund 5000 Jahren zusammen mit Antilopen und Giraffen in diesen Breitengraden gelebt haben. Der starke Klimawechsel zu Beginn unserer Zeitrechnung zwang die Menschen in dem „Land ohne Schatten", diese Tiere durch das Dromedar zu ersetzen, das mit neuen Bevölkerungswellen aus der Arabischen Halbinsel gekommen ist.

Die traditionellen Bewässerungsmethoden vermögen Oasen und Bergtälern bescheidenen Reichtum zu sichern. Die Maghreb-Staaten wollen den Kampf um das Wasser mit kostspieligen Staudämmen auch in den Ebenen gewinnen. Da nur wenige große Flüsse existieren, ist das Unterfangen nicht einfach. Die Verschlammung und die Verdunstung des gestauten Wassers in der Nähe der Sahara verursachen zusätzliche Schwierigkeiten. Marokko hat den Leitspruch „Eine Million bewässerte Hektar" geschaffen. Am Ende der achtziger Jahre gab es immerhin schon rund 900 000 Hektar Kulturland mit künstlicher Bewässerung. Rund 14 Prozent von Marokkos Agrarfläche werden bewässert. Sie erzeugen 27 Prozent der Agrarproduktion. Mit 100 000 Hektar ist die Gegend von Tadla am Fuße des Mittleren Atlas die größte bewässerte Zone des Maghreb. Tunesien verdankt den 3,5 Prozent bewässerten Anbaugebiets ebenfalls 27 Prozent der Ernteeinnahmen. Algerien hat den Staudamm-Bau zwischen 1970 und 1980 vernachlässigt. Die Versorgungsprobleme in den Großstädten sind noch heute eine unangenehme Folge davon. In allen drei Ländern gilt die Einweihung eines neuen Staudamms als ein großes Ereignis, bei dem meist der Staatspräsident zugegen ist.

## Die Bevölkerungsexplosion

Moderne Anbaumethoden und höhere Ernteerträge sind bitter notwendig. Die Bevölkerung des Maghreb wächst mit einer Geschwindigkeit, die für Europa schwindelerregend ist. In Algerien haben die Familien im Durchschnitt sieben, in Marokko fünf bis sechs und in Tunesien vier bis fünf Kinder. Algerien liegt damit in den Spitzenrängen der Weltrangliste. Zwischen 1910 und 1980 hat sich die Einwohnerzahl der Maghreb-Länder vervierfacht. Heute beträgt sie rund 58 Millionen und im Jahre 2000 wird sie bei 80 Millionen liegen. Eine Stagnation erwarten die Fachleute um das Jahr 2090. Dann werden im Maghreb rund 200 Millionen Menschen leben.

Für den Leser mögen dies reichlich abstrakte Zahlen und Dimensionen sein. Sehr konkret wird es, wenn er den maghrebinischen Alltag der Städte am eigenen Leib erfährt. In der Stadtmitte von Algier etwa: In den Gassen stehen Jungen in Gruppen an die Hausmauern gelehnt oder spielen mit einem zerbeulten Ball oder auch einem Wollknäuel Fußball. Sie sind meist 16 bis 20 Jahre alt, zum großen Teil arbeitslos und verbringen den Tag auf der Straße. Wer in Eile ist, braucht große

Geduld. Hasten ist sinnlos. Die Bürgersteige sind voll, an der Haltestelle der Autobusse vor der Großen Post warten lange Schlangen. Wer nicht robust ist, hat schweres Spiel. Kaum kommt eines der kleinen, eckigen Gefährte an, löst sich die Schlange auf, und es bricht ein hartes und stilles Gerangel um die Plätze aus. Die Telefonzentrale in der Post ist meist überfüllt. Am Schalter für Briefmarken drängen sich zwanzig Personen um einen Angestellten; am Zeitungsstand kann man für die neue Ausgabe der französischen „Le Monde" stundenlang warten, und das gilt auch für das Büro der „Air Algérie", wenn man dort eine Flugkarte kaufen will. Wer die Besorgungen erledigt hat und ein Taxi dem Bus vorzieht, darf sich über Wartezeiten von einer halben Stunde und mehr nicht wundern. Dafür kann er dann zusammen mit dem Fahrer über die verstopfte Stadt schimpfen.

Jugend, Jugend – überall Jugend: auf den Straßen, in den Bussen, in den Kaffeehäusern. Leute über 60 sind selten auf der Straße anzutreffen. Die Bevölkerungspyramide der Maghreb-Länder sieht ganz anders aus als in Europa. In Algerien sind 47 Prozent aller Einwohner unter 15 Jahre alt, in Marokko sind es 46 und in Tunesien 42 Prozent. Das Durchschnittsalter in den drei Ländern liegt zwischen 17 und 19 Jahren, die Lebenserwartung rund 15 Jahre niedriger als in Europa, im Durchschnitt 61 Jahre.

Das Phänomen des Jugendüberschusses wird verständlich, wenn man die Geburtenpraxis betrachtet. Marokko, Algerien und Tunesien handhaben sie leicht verschieden, beachten aber alle die Gebote des Islam, nach dem der Kinderreichtum nicht ein Fluch, sondern ein Segen ist. „Gott wird sich ihrer annehmen", lautet eine verbreitete Denkart im Maghreb. Viele Kinder zu haben, bedeutet auf dem Land für die Eltern zudem eine Sicherheit. Die Kinder helfen früh bei der Arbeit mit und nehmen die Eltern später bei sich auf. Die traditionellen Verhaltensweisen sind zählebig. Sie machen die Versuche der Regierungen, den beunruhigenden Bevölkerungszuwachs zu bremsen, oft zunichte.

Tunesien hat die größten Anstrengungen zur Geburtenregelung und Familienplanung unternommen. Bereits in den sechziger Jahren begann sich ein Staatssekretariat dieser Frage anzunehmen. Langsam bauten die Behörden ein Netz von staatlichen Betreuungsstellen auf, das heute einigermaßen funktioniert. Noch sind hingegen viele Landgegenden davon nicht berührt. In dem Landstädtchen Béja im Norden z. B. sieht das Programm so aus: Krankenschwestern fahren mit Jeeps in die Dörfer und Weiler. Sie müssen in einer ersten Kontaktnahme die Frauen unterrichten, daß eine Familienplanung möglich ist. In weiteren Besprechungen erklären sie anhand von Zeichnungen die verschiedenen Methoden der Empfängnisverhütung. Die Frauen ziehen meist die einfachste vor. Sie lassen sich nach der Geburt des vierten Kindes noch im Spital sterilisieren. Dazu brauchen sie die Zustimmung des Ehemannes. Viele Männer haben ihren früheren Widerstand aufgegeben und willigen in ein Ende des Kindersegens ein. Vier Kinder müssen aber her, wer weniger hat, führt – so die noch immer verbreitete Ansicht – ein armes und freudloses Leben.

Béja liegt nahe der Grenze zu Algerien. Manchmal erscheinen auch junge Algerierinnen in dem Familienplanungszentrum. In ihrem Land sind die Traditionen konservativer. Die Behörden haben in den siebziger Jahren mit einer „natürlichen" Planungsmethode begonnen. Sie empfehlen den Ehepaaren seither, Kinder in größeren Zeitabständen, zum Beispiel alle fünf Jahre, zu bekommen. Die Empfängnisverhütungs-Pille verteilen Spitäler kostenlos. „Die Leute wissen aber bald, wer sie holt, und beginnen zu tratschen", erklärte in einer Kleinstadt ein junger Mann, „diese Dinge sind bei uns nicht Mode". In Marokko hat die Regierung aus Rücksicht auf die islamischen Gelehrten die Familienplanung der privaten „Familienvereinigung" (Association des Familles) überlassen. Diese erklärt in volksreichen Stadtvierteln und in Dörfern den Frauen die verschiedenen Verhütungsmethoden und gibt Verhütungsmittel, die auch in Apotheken ohne Schwierigkeit erhältlich sind, sogar gratis ab. Ein großes Hindernis in der Aufklärungsarbeit ist der Analphabetismus. Die moderne Botschaft gleitet an den Frauen und Männern ab. Sie richten sich

*Abb. 2:* Welche Zukunft für die Kinder? Dorfschule in Marokko

nach der Tradition, und diese empfiehlt Kinder. Fachleute sind sich einig, daß die Bevölkerungsexplosion im Maghreb nur eingedämmt werden kann, wenn das kulturelle und auch wirtschaftliche Niveau der Armen gehoben wird.

Die Jugend ist für die Maghreb-Staaten Trumpf und Belastung zugleich. Die jährlichen Bevölkerungszunahmen von 2,4 und mehr Prozent erschweren den wirtschaftlichen Aufschwung außerordentlich. Anstatt für Modernisierungsprojekte müssen die Regierungen einen Großteil ihrer Einnahmen für Wohnungen, Schulen, Spitäler und neue Arbeitsplätze ausgeben, um wenigstens das Lebensniveau der Bevölkerung einigermaßen halten zu können. In Marokko wie auch in Algerien und Tunesien hat die breite Masse über einen längeren Zeitraum hinweg eine klare Verschlechterung des Lebensniveaus hinnehmen müssen. Die soziale Lage ist für europäische Zustände dauernd angespannt. Von Zeit zu Zeit schaffen sich Unzufriedenheit und Not der Massen vulkanartig Luft. Eine einzige Regierungsmaßnahme kann Unheil auslösen. In Casablanca war es 1981 die Ankündigung von Preisaufschlägen auf Grundnahrungsmittel wie Zucker und Getreide, in mehreren Städten Marokkos Anfang 1984 allein das Gerücht, daß die Studiengebühren teurer würden.

Die Regierungen der drei Länder versuchen, die landwirtschaftliche Produktion zu erhöhen. In keinem Maghreb-Land hat die Agrarproduktion jedoch mit dem Bevölkerungswachstum Schritt halten können. Die Aufgabe war unmöglich zu lösen. Die Einwohnerzahl hat sich von 1962 bis heute verdoppelt. In alten Schriften wird der Maghreb als Kornkammer gepriesen. Das galt zu Zeiten der Römer und auch noch während der französischen Herrschaft. Die Bevölkerungsexplosion hat zu einer radikalen Veränderung geführt: Marokko, Tunesien und vor allem Algerien geben große Devisensummen aus, um Lebensmittel einzuführen.

Die rasche Zunahme der Bevölkerung hat zudem eine massive Landflucht bewirkt. Reisende, welche in idyllische und in völlig unversehrter Landschaft gelegene Dörfer kommen, wo Dromedar und Esel einträchtig den Pflug ziehen, sind meist entzückt von so viel Schönheit. Sie ahnen nichts von den schweren Problemen, mit denen die meisten Dörfer zu kämpfen haben. Es mangelt an Traktoren, es gibt kein Gewerbe und keine Industrie. Dromedar und Esel zeigen Rückstand an. Die Wälder in der Umgebung sind abgeholzt, alles Kulturland ist unter den Pflug genommen, doch die Einkünfte reichen nicht zum Erhalt der großen Familien. Einer nach dem anderen wandern die Söhne in die Städte ab. Vor allem die Trocken- und Berggebiete – die Zone des Rifs und des Atlas etwa – leiden unter dieser Auszehrung. Zu Beginn des Jahrhunderts stammte noch jeder dritte Marokkaner aus diesen Gegenden. Jetzt ist es nur noch jeder fünfte. Die Bauern wandern in die Städte an der Küste ab. Sie tragen die Hoffnung mit sich, dort Arbeit, einen festen, wenn auch miserablen Lohn zu erhalten und ein Dach über dem Kopf zu finden, damit sie dem Rest der Familie im Dorf – dem bled – Geld schicken oder ihn ebenfalls in die Stadt holen können. Nicht nur die Bevölkerungsexplosion, sondern auch die Vernachlässigung und Verachtung der Landgebiete durch die Staatsverwaltungen ist ein Grund für die schwerwiegenden Probleme der Maghreb-Länder.

Die Städte mit ihren Häfen, Industriebetrieben und Touristenzentren wirken wie Magnete. In Marokko sind es hauptsächlich Casablanca, Rabat-Sale und Kenitra, in Algerien Oran, Algier und Annaba und in Tunesien Groß-Tunis, Sousse und Sfax.

Der Fall von Casablanca zeigt eindrücklich die Probleme der Landflucht auf. Zu Beginn des Jahrhunderts war „Casa" noch ein Dorf. Die französischen Kolonialbehörden entschlossen sich, die Stadt zu einem Entwicklungspol zu machen und bauten einen Hafen. 1936 hatte der Ort bereits 257 000 Einwohner – heute sind es an die drei Millionen. In Casablanca zeigt sich auf engem Raum der größte Reichtum und die größte Misere des Maghreb. Im Süden der Stadt liegt das Anfa-Viertel mit seinen prächtigen, schneeweißen Villen und seinen Blumengärten und im Norden die Wellblech- und Holzbaracken von Armenvierteln wie Sidi Othman mit ihren

Abfallhaufen, Schafen, Hühnern und Pferdegespannen. Getrennt werden sie durch den Wall der Geschäftshochhäuser an der Avenue der Streitkräfte. Sidi Othman ist die Nachahmung des Bauerndorfes in der Stadt, der Beweis, daß viele landflüchtige Bauern nur den Sprung an den Stadtrand und zur Gelegenheitsarbeit, nicht aber zu einer modernen Wohnung, einer festen Anstellung geschafft haben. Auch das dynamische Casablanca hat niemals alle Ankömmlinge zu versorgen vermocht, es waren ihrer zu viele. Algier zählte 1954 450 000 Einwohner, heute sind es über zwei Millionen, Tunis vervierfachte seine Bevölkerung in den vergangenen 40 Jahren auf 1,5 Millionen.

Gäbe es in den Maghreb-Ländern eine Meinungsumfrage über die Hauptprobleme der Bevölkerung, würde diese ohne Zweifel die Arbeitslosigkeit und die Wohnungsnot an die oberste Stelle setzen. Der Staat, die Stadtverwaltungen und auch Privatunternehmen bauen und bauen, vermögen aber mit der Bevölkerungsentwicklung nicht Schritt zu halten. 1984 schätzten Fachleute, daß in den drei Ländern rund ein Drittel der Einwohner auf bessere Unterkünfte wartete. Heute ist die Lage ähnlich, die „crise du logement" ist zu einem Dauerzustand geworden.

Auf den Stadtplänen ist die Entwicklung eindrücklich abzulesen. Zuinnerst liegt, meist ummauert, die Altstadt (Medina). Noch um die Jahrhundertwende fand in den Medinas die gesamte Stadtbevölkerung Platz. Zu Beginn der Kolonialzeit bauten die Franzosen daneben – oder drumherum – die „moderne" Stadt mit ihren soliden weißen, vier- bis sechsstöckigen Gebäuden und breiten Straßen. In den fünfziger Jahren wuchs dann an vielen Orten eine dritte Stadt aus dem Boden: Es waren die Armenviertel der Bidonvilles. Vielen Stadtverwaltungen gelang es, diese durch hastig hingestellte Wohnblöcke zu ersetzen. Ganze vorfabrizierte Stadtviertel entstanden so in kurzer Zeit, meist ohne Schulen, Krankenstellen, Geschäfte und Transportverbindungen – lediglich ein paar Bäumchen am Straßenrand versuchen, die prekäre Ästhetik zu verbessern. Doch in eine dieser neuen Wohnungen einzuziehen ist der

Traum vieler Familien. Tahar etwa, ein 40jähriger Chauffeur aus dem algerischen Oran, bittet die Stadtverwaltung schon zehn Jahre lang mit eingeschriebenen Briefen, ihm eine solche Neubauwohnung zuzuweisen. Tahar wohnt mit seiner Frau und seinen drei Kindern in einem Zimmer bei seiner Mutter. Immer wenn die halbwüchsige Tochter sich ankleidet, muß er sich umdrehen. Bisher hat er noch nie eine Antwort auf seine Bittschreiben erhalten.

Der Chauffeur aus Oran steht für Hunderttausende von Familien. In den Städten wohnen nicht selten sechs oder sieben Personen in einem Zimmer. Zu allem Unglück bauen die Privatunternehmen vielfach Wohnungen, die nur der Mittelstand bezahlen kann. Rund zwei Drittel der Einwohner erreichen aber diesen Stand nicht, sie müssen sich mit irgendeiner Lösung zufriedengeben. Und die Verstädterung hält an. Bereits mehr als die Hälfte der Maghrebiner lebt in den Städten.

Die Arbeitslosigkeit läßt sich schwer beziffern. Der marokkanische Spezialist Mehdi El Mandjra schätzte sie für den ganzen Maghreb auf 35 Prozent. Weder Tunesien noch Algerien noch Marokko sind wirtschaftlich genügend stark, um die Masse der Jugendlichen, die jährlich ihre erste Stelle suchen, voll zu beschäftigen. Algerien kann seit 1986 nur rund die Hälfte der jährlich notwendigen Arbeitsplätze schaffen, in Marokko liegt die Ziffer ähnlich, Tunesien erreicht rund 60 Prozent. Die restlichen Jugendlichen, die leer ausgehen, gesellen sich zu dem großen Heer der Arbeitslosen.

Zur Verbesserung des Schulwesens haben vor allem Tunesien und Algerien außergewöhnliche Anstrengungen unternommen. In den beiden Ländern gehen je über 80 Prozent der volksschulpflichtigen Kinder zur Schule. Für das Erziehungswesen geben die beiden Staaten mehr als für die Armee aus. Marokko hinkt mit 58 Prozent Schulgängern etwas nach. Die meisten Schüler – oder deren Eltern – träumen von einem guten Abiturabschluß. Dieser würde ihnen die Möglichkeit bieten, einen Staatsposten zu erhalten. Eine sichere Anstellung garantieren aber heute weder Abitur noch Universitätsabschluß. Zehntausende von voll ausgebildeten Studenten sind heute in den drei Ländern arbeitslos. Die relativ gute Schulbildung wirkt für die Regierung wie ein Bumerang: Die Jugendlichen sind gut informiert, sehr kritisch eingestellt, fordern qualifizierte Arbeitsplätze und einen modernen Lebensstil.

## Die Emigration

Die Szene im Flugzeug ist unerwartet. Plötzlich beugt sich der freundliche, bestens gekleidete Mann hinter mir vor und streckt mir seinen Paß hin, in dem ein weißer Zettel steckt. Mit einem entschuldigenden Lächeln bittet er mich, den Zettel auszufüllen. Ich schreibe: geboren in Algerien, Provinz Bejaia, Wohnort: Aubersvilliers bei Paris, Beruf: Hilfsarbeiter, Alter: 42. Die kleine Hilfe hat wie Zauber gewirkt. Nun bringen auch Männer aus anderen Sitzreihen ihre Papiere. Als wir in Algier landen, habe ich ein halbes Dutzend Einreiseformulare ausgefüllt: Formulare, die Bruchstücke von Lebensgeschichten erzählen. Die Heimreisenden sind Emigranten im Urlaub, die ihre Familien besuchen. Sie arbeiten alle in Vororten von Paris, meist im Baugewerbe, seit zehn Jahren und mehr. Die lateinischen Buchstaben sind für sie auch nach dieser Zeit noch immer ein unüberwindbares Hindernis, da lassen sie sich lieber helfen. Doch sie sind die Stützen, die „Reichen" ihrer Familien, sie bringen Geld und Geschenke nach Hause. Später sehe ich sie wieder bei der Zollkontrolle. Ein Spießrutenlaufen ist das. Die Polizisten graben in den Bäuchen der Riesenkoffer mit besonderem Vergnügen nach „Unerlaubtem". Einer der Ankömmlinge hat einen neuen Autopneu dabei: Mangelware in Algerien.

Für die Marokkaner stellt sich die Szene anders dar. Die meisten Auswanderer reisen von Holland, Belgien und Frankreich an und legen bis zur Ankunft mehrere tausend Kilometer mit dem Auto zurück. Der Wagen, oft ist es ein alter Mercedes, zeigt im Heimatdorf an, daß man es zu Reichtum gebracht hat. In Südspanien erkennt man sie rasch. Es sind die von oben bis unten vollgestopften Wagen, die im Hafenort Algeciras stundenlang warten, bis sie mit der Fähre über die

*Abb. 3:* Casablanca – die wirtschaftliche Metropole von Marokko. Hier die Kehrseite der Medaille: Elendsviertel am Rande der Stadt als eine Folge der großen Landflucht

Meerenge von Gibraltar in ihr Land übersetzen können. Die Meerenge ist auch Ort von Dramen. Immer mehr Marokkaner versuchen illegal in Spanien – und damit in die EG – einzureisen. Schiffsunfälle von heimlichen Emigranten haben das Augenmerk auf dieses Problem gelenkt.

In Tunis stehen jeden Morgen junge Männer vor der französischen und der libyschen Botschaft Schlange. Drängen auf der einen, strenge Türkontrolle auf der anderen Seite. Alle hoffen auf eine Arbeitsbewilligung für diese beiden Länder. Frankreich und Libyen sind für Unzählige Orte der Hoffnung.

Emigranten aus dem Maghreb gibt es seit dem Ersten Weltkrieg. Zuerst waren es Algerier, die in Frankreich Arbeit fanden. Die wichtigste Auswandererwelle begann aber in den sechziger Jahren. Der Bevölkerungsdruck wurde in den Landgegenden immer größer, Frankreichs Wirtschaft blühte auf, Fabriken, Baufirmen, Hotels und Bauernhöfe brauchten Arbeiter. 1970 arbeiteten und lebten 200 000 Marokkaner, 600 000 Algerier und 100 000 Tunesier im Ausland. 1980 waren es – trotz eines offiziellen Einwanderungsstopps und der Kontingentierung nach der Erdölkrise von 1973 – mehr als das Doppelte; heute finden rund eine Million Marokkaner, 1,2 Millionen Algerier und 350 000 Tunesier – mehr als zehn Prozent der aktiven Bevölkerung des Maghreb – ihr Auskommen im Ausland. Neueste Aufnahmeländer sind die arabischen Golfstaaten.

Frankreich ist wegen der Sprache und der Nähe nach wie vor der größte Anziehungspunkt für Emigranten. Viele von ihnen haben nach harten Jahren des Rackerns und Sparens den Sprung von den niedersten Arbeiten zur Selbständigkeit und zum Mittelstand geschafft und fragen sich nun, ob sie wieder in ihre Heimat zurückkehren sollen. Ihre Kinder sind die „beurs", die Maghrebiner der zweiten Generation. Sie haben in Frankreich Wurzeln geschlagen und kennen ihre Ursprungsländer nur noch von den Ferien und den Erzählungen ihrer Eltern.

Bekannt und gern gesehen sind die Spezereihändler aus dem Maghreb. Sie haben die Geschäfte von Franzosen, die den Konkurrenzdruck der Supermärkte nicht mehr aushielten, aufgekauft. Die Marokkaner und Tunesier sind bescheidener, halten ihre Geschäfte von früh morgens bis nachts um neun oder zehn auf – und sind fröhlich dazu. Ein tunesischer

Reporter hat einige von ihnen in Pariser Vierteln aufgesucht. Hier sind zwei Geschichten: Ali ist 40 Jahre und stammt aus Marrakesch. Zuhause war er Friseur, in Paris fand er im Gastgewerbe als „Mädchen für alles" und als Koch Arbeit. Nach vier Jahren stieg er in den Handel ein und kaufte sich später ein Geschäft. Ali ist nicht sicher, ob er richtig gehandelt hat. Er kehrt jeden Sommer nach Marokko zurück und hat „einen Fuß in beiden Ländern". Er zählt sich zu der „verlorenen Generation", der man vorgegaukelt hatte, die Emigration bedeute Vergnügen und Reichtum. Die Einsamkeit, die Härte der Arbeit – Ali ist sich nicht sicher.

Mohammed stammt von Bizerta im Norden Tunesiens und ist ebenfalls rund 40 Jahre alt. Zwanzig Jahre lebt er schon in Frankreich. Zuhause war er Kellner in einem Strandhotel. Eines Tages erschienen einige „Patrons" aus Frankreich und warben ihn als Landarbeiter an. Mohammed arbeitete 12 Stunden am Tag auf den Feldern. Nach der Ernte suchte er Arbeit in Paris: Hochbau, Tiefbau, Fabriken und Druckereien waren seine Stationen. Nach 19 Jahren konnte er ein Ladengeschäft kaufen. Ob er nach Tunesien heimkehren wird? Er würde schon gerne, aber für seine vier Kinder zwischen neun und fünfzehn Jahren würde die Rückkehr eine Entwurzelung bedeuten, und Mohammed hat deswegen aufgehört, von der Heimkehr zu träumen; er will, daß die Kinder eine gute Schulbildung erhalten. „Wissen Sie, ich bin nicht zur Schule gegangen", gesteht er. Rassismus? Mohammed spürt ihn „wie jedermann hier", er ist überzeugt, daß es 30 Prozent rassistische und 70 Prozent freundliche Franzosen gibt. Mohammed hat eine Frage: Warum sind es immer die Emigranten gewesen, wenn etwas Schlimmes geschehen ist?

Die Emigration beeinflußt das wirtschaftliche, soziale und auch kulturelle Leben der Heimatländer beträchtlich. Mit ihren Geldüberweisungen ergänzen die Auswanderer die Einkünfte ihrer zurückgelassenen Familien und Verwandten. Diese leben in abgelegenen Dörfern manchmal so arm, daß sie ohne die Unterstützung aus dem Ausland ebenfalls zur Abwanderung gezwungen wären. Viele Emigranten lassen sich auch Häuser bauen, kaufen Land und Geschäfte, um sich später auf höherer sozialer Stufe in ihrem Dorf niederlassen zu können. In vielen Ortschaften des Rifs, des Atlas und der Kabylei sind die meisten neuen Häuser mit Geld aus dem Ausland entstanden. Die Emigration ermöglicht demnach, was der Wirtschafts- und Sozialpolitik der Regierungen nicht gelingt: die Erhaltung und die Festigung der Dörfer und der Landbevölkerung.

Gleichzeitig profitiert der Staat von den Devisen aus den Überweisungen. Vor allem in Marokko und Tunesien decken diese einen Teil des Handelsbilanzdefizits. Das Beispiel Algeriens ist interessant. Nach der Unabhängigkeit erachtete der Staat die Auswanderung als eine schmerzliche und politisch unannehmbare Tatsache und rief die Ausgereisten auf, ihre Koffer zu packen, heimzureisen und beim Aufbau der neuen Nation mitzuhelfen. Noch 1976 war eines der höchsten Ziele der „Charta" des Landes die Wiedereingliederung der Auswanderer. In der erneuerten Version von 1986 erfolgen keine Aufrufe zur Heimreise mehr. Es hieß nur noch, Algerien und die Aufnahmeländer müßten für das Wohl der Auswanderer besorgt sein.

Die Emigration bindet die Maghreb-Länder 30 Jahre nach der Unabhängigkeit weiter stark an Westeuropa. In vielen Landesgegenden gibt es kaum eine Großfamilie, in der nicht ein Vater, Bruder, Cousin oder Onkel in Frankreich lebt. Sie sind das Tor zur Welt, bieten die Möglichkeit, Einblick in die westliche Lebensart zu erhalten, und sei es auch nur auf einer kurzen Reise. Diese Erfahrung ist nicht unbedingt positiv. Die größeren Konsummöglichkeiten und das ungewohnte Ausmaß an Individualismus und Toleranz verlocken zwar, denn die Familienangehörigen kommen aus Frankreich mit Kassettengeräten, Radios und anderem zurück, manchmal aber auch mit einem Schock, dem Gefühl, einer „kalten" Gesellschaft ausgeliefert zu sein.

Der marokkanische Schriftsteller Tahar Ben Jelloun hat diesen Schock in mehreren Büchern, z. B. in „La réclusion solitaire" und „Hospitalité française" beschrieben. Während des Fastenmonats Ramadan finden sich die Maghrebiner in Europa zusammen; sie beten, fasten und essen miteinander und spüren besonders deutlich, daß sie einem anderen Kulturkreis angehören. Ihre Zerrissenheit zwischen finanzieller Notwendigkeit und dem Wunsch nach Geborgenheit wird ihnen bewußt. Mohammed aus Bizerta sagte es in seinem Spezereiladen in Paris so: „Sagt ihnen, sie sollen zuhause bleiben und nicht hierher kommen."

## 2. Geschichte und Bevölkerung

### Der Islam

Fragt man Algerier, Tunesier oder Marokkaner, was sie am meisten verbindet, so lautet die spontane Antwort meist: die Religion. Das Bewußtsein, demselben Glauben anzugehören, sich jeden Freitag an den verschiedensten Orten zur selben Zeit gegen Mekka zu verneigen, dieselben Verse zu sprechen, gibt ihnen eine besondere Kraft. Die Maghrebiner betrachten sich als „Brüder".

Die Islamisierung ist in der Geschichte des Maghreb das bisher tiefgreifendste Ereignis. Interessanterweise stießen die Eroberer und Glaubensverbreiter aus der Arabischen Halbinsel in diesem Gebiet auf den größten Widerstand. Ägypten bezwangen sie in drei, den Iran in vier und Syrien in sechs Jahren, für den Maghreb benötigten sie mehr als zwei Generationen.

Widerstand leisteten die Byzantiner und die Berber. Im Jahre 647 – nur 15 Jahre nach dem Tode des Religionsgründers Mohammed – rückten arabische Reiter über Ägypten nach Westen vor und schlugen ein byzantinisches Heer bei Sbeitla im heutigen Tunesien. Sie vermochten sich aber im Feindesland nicht zu halten. 669 organisierte der Feldherr Oqba ibn Nafi mit rund 10 000 Kriegern einen zweiten Eroberungszug, setzte sich fest und gründete mitten in der Steppe die militärische Base Kairouan. Kairouan ist die erste arabische Stadt des

Maghreb. Heute ist sie die vierte Heilige Stadt des Islam. Die dem Feldherr Oqba geweihte große Moschee gilt als Heiligtum. Oqbas Aufgabe war es, die Byzantiner, die über eine Flotte verfügten und sich an der Küste niedergelassen hatten, sowie die Berberstämme im Landesinnern zu schlagen. Weder das eine noch das andere gelang ihm überzeugend. 683 fällt Oqba einem Angriff des berberischen Stammeschefs Koseila zum Opfer.

Oqbas Nachfolger, Hassan ibn Numan, verfügt über 40 000 Mann Truppen und versucht zuerst, Karthago und seinen befestigten Hafen zu erobern, die Flotte der christlichen Byzantiner zu zerstören und sie so von ihrer Hauptstadt Konstantinopel abzuschneiden. Nach drei Jahren erst ist er erfolgreich. Die Berberstämme, die inzwischen von einer Frau – Kahina – befehligt werden, leisten den Arabern erbitterten Widerstand. Mit Verstärkungen aus Ägypten gelingt es den Arabern nach vier Jahren, 702 die Berber in den Aurès-Bergen zu schlagen. Kahina, die den Freitod wählt, ist heute eine geheimnisumwitterte Gestalt. Die algerischen Geschichtsschreiber sind sich unschlüssig, wie sie sie einstufen sollen. Dieser Feldherr war eine Frau – Berberin dazu – und hielt die Araber in Schach. War Kahina eine Heldin oder eine Hexe?

Das Jahr 702 kann als der Abschluß der Kampfphase in der Eroberung des Maghreb angesehen werden. Ifriqiya (so nannten die Araber die römische Provinz Africa), d. h. das heutige Tunesien, diente den arabischen Eroberern als Operationsbasis. Der neue Gouverneur von Kairouan, Mussa ibn Nussair, fand auf seinem Vorstoß bis in den äußersten Westen keinen nennenswerten Widerstand mehr.

Zur Islamisierung der unterworfenen Berberstämme, die entweder der jüdischen oder der christlichen Religion angehörten, bedienten sich die Araber einer besonders raffinierten Taktik: Sie erzogen die Söhne der Stammesführer an ihrem Hof und hießen sie dann in ihre Stämme zurückkehren, wo sie den neuen Glauben verbreiteten. Den kampferprobten starken Heeren der Berber teilten sie eine neue Aufgabe zu. Sie setzten sie zur Eroberung Spaniens ein. Von 711 bis 714 fiel fast die gesamte Iberische Halbinsel in arabische Hände. Das Hauptwerk hatten Berber unter dem Feldherr Tarik geleistet. Der Name des 400 Meter hohen Felsens von Gibraltar (Djebel al Tarik) zeugt heute noch von jener Zeit.

Schlechte Behandlung und zu hohe Steuern müssen die Gründe zur Berberrevolte gewesen sein, welche um 740 ausbrach. Berberstämme erhoben sich gegen die höher gestellte Minderheit der Fremden und drängten deren Heere nach Westen zurück. Eine Machtverschiebung trat ein. Die Berberstämme waren zwar islamisiert, doch sie lösten sich von der Macht des Kalifen, der im fernen Bagdad residierte, und ließen sich von arabischen Noblen regieren, die vom Sultanshof geflüchtet und Bagdad feindlich gesinnt waren. In Marokko war es die Dynastie der Idrissiden (ab 788), im andalusischen Cordoba regierten Überlebende der Omeyaden; sie brachten Südspanien im 10. und 11. Jahrhundert zu unerhörter Blüte.

Für die Epoche nach dem 8. Jahrhundert fehlen uns entsprechende Dokumente, so daß diese Jahre als „dunkle" Zeit gelten. Über die Organisation von weiten Landstrichen im Landesinnern des Maghreb ist wenig oder nichts bekannt. Größere stabile Machtstrukturen bestanden nur in Ifriqiya und im Westen. Von Fes aus versuchten die Idrissiden ihren Einfluß nach Süden auszudehnen. In jener Zeit wurden bereits die Karawanenwege durch die Sahara nach Timbuktu und Gao wichtig. Von dort brachten Araber Gold und Sklaven zurück. Das relativ fruchtbare Ifriqiya war vom 10. Jahrhundert an auch von den erstarkten Christenfürsten begehrt. Die Normannen griffen mit ihren Flotten Hafenstädte an und konnten sie zeitweilig einnehmen.

Ein einschneidendes Ereignis für den Maghreb war der Einfall der Hilali-Stämme nach 1050. Die in Kairo regierenden Fatimiden erlaubten diesen aus dem bäuerlichen Oberägypten stammenden Nomadenstämmen, in den Maghreb zu ziehen. Sie wollten damit die Ziriden-Fürsten strafen, welche sich in Tunesien selbständig gemacht hatten. Die Hilalier leisteten ganze Arbeit: Sie plünderten Kairouan und verwüsteten weite Landstriche. Ihr Einfall und ihre Herrschaft veränderten den

Maghreb auf Jahrhunderte hinaus. Die Städtekultur verfiel, das Nomadenleben nahm einen starken Aufschwung. Der Maghreb wurde wieder das Land der wandernden Krieger- und Hirtenstämme. Allerdings ein stark islamisiertes: Die Hilalier verbreiteten den Koran und trugen damit dazu bei, daß die letzten christlichen und jüdischen Glaubensgemeinschaften ausstarben.

Der Niedergang der Idrissiden in Marokko führte im 11. Jahrhundert zu einem Machtvakuum, das auf eine überraschende Weise aufgefüllt wurde. Der kriegerische Nomadenstamm der Lemtouna drang von der Westsahara über den Hohen Atlas nach Norden vor. Die folgenden Jahrzehnte gehörten den „blauen Männern" aus der Wüste. Diese schöpften aus ihrem militärisch organisierten, religiösen Puritanismus Kraft und wurden wegen der Gründung von Klosterfestungen („ribat") Almoraviden genannt. Die Almoraviden gründeten um 1070 an strategischer Stelle ein militärisches Hauptquartier – Marrakesch – und eroberten von dort fast das ganze heutige Marokko, Teile Algeriens und sogar Tunesiens. Sie drangen weiter nach Spanien vor und schlugen dort die christlichen Heere, welche sich zur Rückeroberung des Gebietes aufgemacht hatten. Zum ersten Mal war der Hauptteil des Maghreb unter einer Herrschaft vereint – und die Herrscher waren Berber.

In Andalusien stießen die genügsamen Wüstenkrieger auf eine ihnen weit überlegene Kultur. Die Almoraviden brachten von da aus Künstler an den Hof von Marrakesch und verschönten ihre Hauptstadt. Ihre Elite kapselte sich ab und nahm in kurzer Zeit ebenfalls einen raffinierten Lebensstil an.

Nach 1120 drohte aus dem Hohen Atlas eine neue Gefahr. In der Ortschaft Tinmal predigte ein selbsternannter Prophet (Mahdi), Ibn Tumart, Berberstämmen den Krieg gegen die verkommene Almoraviden-Dynastie. Er lehrte die Rückkehr zum asketischen und spirituellen Islam und begann, die Stämme zu vereinen. Die Lehre von der absoluten Einheit Allahs (muwahid) gab den neuen Herausforderern den Namen: Almohaden. Im zweiten Anlauf stürmten sie im Jahre 1147 Marrakesch. Das Almoraviden-Reich hatte ganze vier Generationen überdauert.

Den Almohaden gelang es, in den Fußstapfen ihrer Vorgänger vorzurücken und in zwanzig Jahren den gesamten Maghreb unter ihre Herrschaft zu bringen. Sie stützten sich dabei auf berberische, türkische und sogar christliche Hilfstruppen. Wirtschaft und Kultur blühten unter den Almohaden wie nie zuvor auf. Vom Süden kamen Sklaven und Gold, vom andalusischen Norden Künstler und Architekten ins Land. Die Koutoubia-Moschee in Marrakesch – eine gelungene Kombination von Formenstrenge und andalusischer Ornamentik erinnert noch heute an jene Epoche. Berühmt ist auch der andalusische Philosoph Ibn Ruschd (Averroes, 1126–1198), der u. a. Aristoteles übersetzte.

Auch diese zweite Epoche der Vereinigung des Maghreb dauerte nur kurz. Im Jahr 1212 öffneten sich die christlichen Heere Nordspaniens den Weg nach Andalusien. Dynastiestreitigkeiten führten zum Abfall von Gebieten und zur offenen Feindschaft von Stämmen. 1269 verloren die Almohaden ihre letzten Herrscher und die Hauptstadt Marrakesch.

Heutzutage beeindrucken einige gemeinsame Charakterzüge dieser zwei kurzlebigen Imperien des Maghreb. Beide waren asketisch-religiösen Ursprungs. Die Religion spielte eine noch größere Rolle als im christlichen Mittelalter. Almoravidenchefs suchten nach einer Pilgerfahrt nach Mekka einen Gelehrten, welcher ihren Stamm den Koran lehren konnte. Sie fanden ihn in der Person von Abdallah ibn Yasin. Theologische Sachverständige (faqih) und Krieger führten die Stämme an. Mönche, die in die ribats eintraten, erhielten als Eintritt-Tribut zur Sündenreinigung 100 Peitschenschläge.

Der Gelehrte der Almohaden war Ibn Tumart, ein Mann von prophetischer Kraft, der von seinem Heimatort Igilliz im Anti-Atlas aus eine Pilgerfahrt nach Mekka unternommen hatte. Auf der Heimreise predigte Ibn Tumart Askese und zerschlug in Fes und Marrakesch in den Souks Musikinstrumente und Weinkrüge; er wurde von Berberstämmen im Hohen Atlas als geistliche und weltliche Autorität anerkannt. Nach arabischen Quellen weigerten sich die Almohaden nach dem Fall von Marrakesch, die Stadt zu betreten, weil die Minarette der Moscheen nicht richtig gebaut waren. Auch Tumarts Nachfolger, Kalif Abd al Mumin – der Sohn eines Töpfers – war tiefreligiös; bei seinen Ausritten führte er stets ein reichgeschmücktes Pferd mit, das von hundert Reitern umringt war und in einer edelsteinverzierten Holztruhe ein Exemplar des Koran hinter sich her zog.

Die Zeit nach dem Ende der Almohaden gilt als Epoche des Niedergangs. Der Zerfall des lockeren, von Marrakesch aus organisierten Staatsgebildes brachte überall Regionalfürsten an die Macht. In Tunis waren es die Hafsiden (bis 1574). Deren Einflußgebiet reichte bis nach Constantine. Westalgerien beherrschten von Tlemcen aus die Zyaniden, und in Marokko drängte der Berberstamm der Banu Meri (Meriniden) zur Macht. Zur neuen Hauptstadt wurde Fes erkoren.

Ebenso wesentlich wie der Verlust der politischen Einheit war die kulturelle Stagnation. Der Maghreb verschloß sich Neuerungen und ahmte die vergangenen Epochen nach. Eine Ausnahme bildete der weitgereiste tunesische Gelehrte Ibn Khaldoun (1332–1406), der auf Grund seiner fundierten Beschreibungen der maghrebinischen Gesellschaft als einer der ersten Soziologen angesehen werden kann. Er hinterließ ein umfangreiches Werk und gilt als der größte Denker des Maghreb.

Im 16. Jahrhundert waren die europäischen Mächte so weit erstarkt, daß sie sich in nordafrikanisches Gebiet vorwagten. Im mittleren und östlichen Maghreb begann eine Epoche der großen Änderungen und der Fremdherrschaft, die bis ins 19. Jahrhundert dauern sollte. Um 1510 riefen die Herrscher von Algier den Seeräuber Kheireddin „Barbarossa", der aus Griechenland stammte, gegen die vordringenden Spanier zu Hilfe. Auch der Sultan des Ottomanischen Reiches sah in der Schwäche Algiers eine Chance. Er nahm den gefürchteten Kheireddin in seine Dienste und errichtete über Algerien und Tunesien ein Protektorat.

Türken (Ottomanen) und Seeräuber versuchten nun, Spanier, Genuesen und Venezianer zurückzudrängen und weiter die Handelswege nach Osten zu kontrollieren. Den Spaniern gelang es, für kurze Zeit Algier und Tunis zu erobern, sie vermochten sich aber nur in Oran auf Dauer zu behaupten. Im 17. Jahrhundert erlebte die Piraterie ihren Höhepunkt; islamisierte Christen (Renegaten) und Türken brachen von den Häfen von Sale bei Rabat, Algier, Tunis und Tripoli zu ihren Raubzügen auf; allein im Hafen von Algier lagen zu Beginn des Jahrhunderts einhundert Segelschiffe vor Anker. Die Stadt war höchst kosmopolitisch. Von ihren rund 150 000 Einwohnern waren nur 15 000 eingesessene Algerier, 40 000 hingegen Renegaten, 25 000 aus Spanien vertriebene islamische „Morisken", 10 000 Levantiner, 5000 Türken, 3000 Schwarze, 6000 Juden und mehr als 35 000 christliche Sklaven, die von den Piraten auf hoher See gefangen worden waren und in Gefängnissen schmachteten, bis sie dann auf dem Sklavenmarkt an reiche Einheimische verkauft oder gegen teures Lösegeld in ihre Heimat entlassen wurden.

Diese Art von Wirtschaft verschaffte zwar einer kleinen Minderheit in einigen Küstenstädten Reichtum, das Hinterland profitierte jedoch nicht davon. Die türkischen Regionalherrscher (Beys und Deys) beschränkten sich darauf, von den meist nomadisierenden Stämmen Steuern einzutreiben. Diese Aufgabe wurde von wenigen tausend hart disziplinierten Janitscharen äußerst wirkungsvoll durchgeführt. Drei Jahrhunderte lang regierten im heutigen Algerien und Tunesien Beys und Deys im Auftrag Konstantinopels an der Spitze von nur wenigen tausend Verwaltern und Soldaten.

Der Herrschaftsbereich der Türken endete im Westen am Moulouya-Fluß, der Grenze zu Marokko. Zusammen mit einflußreichen Lokalheiligen (Marabouts) führten dort einheimische Stämme einen „Heiligen Krieg" gegen die Portugiesen, welche an der Atlantikküste Niederlassungen auf ihrem Seeweg nach Indien gegründet hatten. Die Gründung von Santa Maria do Cabo de Gue (das heutige Agadir) im Jahre 1505 war der Anlaß zu heftigem Kampf. Entscheidend in diesem Kampf war der Sieg des Sultans Abdel Malik gegen ein portugiesisches

Heer in der Schlacht von Ksar el Kebir (Alcazarquivir) im Jahre 1578. Am Mittelmeer verblieben noch Ceuta und Melilla in spanischer Hand. Von den Atlantikhäfen hielten die Portugiesen nach 1600 nur noch Mazagão (das heutige El Jadida). Die alte portugiesische Stadt mit ihren Kirchen, ihrer großen gotischen Zisterne und ihren portugiesischen Straßennamen kann man in El Jadida noch heute besichtigen.

Dieser „Heilige Krieg" war unter anderem ein Grund dafür, daß die von 1525 bis 1603 herrschende Dynastie der Saadier den Anspruch erhob, ihre Abstammung auf den Propheten Mohammed zurückzuführen. Gleiches beanspruchten auch die 1666 nachfolgenden Alaouiten, die somit gleichzeitig weltliche und religiöse Herrscher waren.

Eine der außergewöhnlichsten Persönlichkeiten unter den Alaouiten war Moulay Ismail, der von 1672 bis 1727 regierte. Tausende von Sklaven waren für die Errichtung der Gebäude und des riesigen Mauerwerks seiner neuen Hauptstadt Meknes – nach dem Vorbild des kurz zuvor entstandenen Versailles – notwendig; noch heute sind die Bauwerke – zwar arg mitgenommen – zu bestaunen. Nach Moulay Ismails Tod brach eine jahrzehntelange Epoche der Anarchie aus. Eines jedoch ist festzuhalten: Marokko hat vom 16. bis zum beginnenden 20. Jahrhundert keine Fremdherrschaft erdulden müssen und war daher in der Lage, seine eigene Herrschaftsstruktur zu errichten. Diese Tatsache unterscheidet Marokko von seinen Nachbarstaaten, und sie ist für das Verständnis der heutigen politischen Entwicklung der drei Maghreb-Länder sehr wichtig.

## Was vor den Arabern war

Für die Griechen, Römer und die Völker anderer antiker Hochkulturen lag das nördliche Afrika am Rande der Welt. Davon hatten sie nur eine vage Idee, die auf die Epik, die Mythologie und Legenden aufbaute, von denen drei besonders erwähnenswert sind. Am westlichen Ausgang des Mittelmeers vollbrachte der griechische Held Herkules eine seiner vielen

Kraftakte. Er trennte die Landmassen und schuf eine Meerenge. Auf beiden Seiten stellte er zur Verewigung der Tat eine Säule auf – den Fels von Gibraltar und, auf der afrikanischen Seite, den Djebel Mussa. Die Säulen des Herkules stützen die damalige Idee, daß das Firmament auf Pfeilern ruhe.

Das Atlas-Gebirge ist auf ähnliche Weise zu seinem Namen gekommen. Nach der Mythologie herrschte in diesem Gebiet der Riese Atlas. Er beging den Fehler, den Griechen Perseus nicht angemessen zu empfangen. Da verwandelte ihn dieser zu Stein und ließ ihn auf dem Rücken liegen, damit er den Himmel stütze. Der Riese verwandelte sich in das Gebirge und seine Hände in Berggipfel. Unter den Berbern des Atlas soll lange die Ansicht geherrscht haben, das Gebirge sei ein Riese, den man nicht erzürnen dürfe.

Bekannter ist die Legende um die phönizische Prinzessin Dido, welche Vergil in seiner „Äneis" verewigte. Dido floh vor ihrem tyrannischen Bruder Pygmalion aus Tyros und ließ sich mit ihren Getreuen in Karthago nieder. Der gestrandete Äneas erzählte ihr so charmant den Fall von Troja, daß sie sich in ihn verliebte. Die Legende will, daß Dido von den Einheimischen Land erbettelte und eine Zusage erhielt, weil sie nur soviel verlangte, wie eine Stierhaut umspannen könne. Sie ließ aber die Haut in feine Streifen schneiden und übertölpelte so die Verkäufer.

Als Vergil seine Verse schrieb, existierte Karthago schon acht Jahrhunderte lang. Die Forscher haben sich darauf geeinigt, daß die Phönizier die Niederlassung im Jahre 814 v. Chr. gründeten und in Wirklichkeit nicht fliehen mußten, sondern im Mittelmeer Handel treiben wollten. Ihr Einflußgebiet dehnte sich in Nordafrika bald von der Syrte im heutigen Libyen bis über die Meerenge von Gibraltar nach Nordmarokko und sogar nach Gades (Cádiz) aus. Karthago lag strategisch günstig, wurde bald befestigt und mit einem guten Hafen versehen, in dem bis zu 250 Schiffe lagen. Von hier aus gelang es den Phöniziern, die Inseln des Mittelmeers unter ihre Kontrolle zu bringen. Der Stadt- und Handelsstaat Karthago wurde so wichtig, daß man die Geschichte und Kolonisierung

Nordafrikas bis zum Einfall der Araber anhand seiner Entwicklung beschreiben könnte.

Die Handelsaristokratie Karthagos vermochte ihre Handelspolitik bis zur ersten wichtigen Niederlage gegen die Griechen im Kampf um Sizilien (480 v. Chr.) erfolgreich durchzuführen. Danach zog sie sich allerdings zurück und begann, mit Steuererhebung und Landwirtschaft das afrikanische Hinterland auszubeuten. Die Phönizier beherrschten aber auch zu dieser Zeit nur die Nordecke des heutigen Tunesien. Der Versuch, durch die Kontrolle von Sizilien wieder das Mittelmeer unter ihren Machteinfluß zu bringen, führte von 410 v. Chr. an zu einer Reihe von Kriegen, die mit der totalen Niederlage Karthagos endeten. Der Gegner war nun die aufstrebende Militärmacht Rom. Die drei Punischen Kriege (264 bis 241, 219 bis 201 und 149 bis 146 v. Chr.) müssen hier nicht in Einzelheiten beschrieben werden.

Im Jahre 203 v. Chr. verband sich der Berber-Anführer Massinissa mit den Römern und drang bis vor die Tore der Stadt vor. Massinissa erweiterte in der Folge sein Einflußgebiet und errichtete ein Königreich, das große Teile Tunesiens und des heutigen Algerien umfaßte. Mit dem dritten Punischen Krieg machten die Römer dieser Expansion ein Ende. Nach drei Jahren fiel Karthago. Das Schicksal der 55 000 Einwohner war grausam. Sie wurden entweder getötet, versklavt oder aus der Stadt geschleift.

Rom beherrschte von nun an die nordafrikanischen Gefilde. Aus Tunesien wurde eine römische Provinz, die auf den Namen „Africa" getauft wurde. Das Gebiet war von Italien her rasch zugänglich, war flach und zum großen Teil fruchtbar. Deshalb besiedelten es die Römer weit intensiver als das heutige Algerien oder Marokko. Nach traditionellem Muster errichteten sie einen Schutzwall (Limes). Damit drängten sie nomadisierende Berberstämme in das Steppen- und Wüstengebiet zurück. Der Limes verlief nordwärts der Schotts auf der Höhe von Capsa (dem heutigen Gafsa), zog sich durch das Gebiet von Constantine und schützte den Küstensaum des westlichen Algerien und Marokkos. Die Ruinenstädte und

Bauten von El Djem (ein riesiges Kolosseum) in Tunesien, Timgad und Djamila in Algerien und das imposante und unbedingt sehenswerte Volubilis in der Nähe von Meknes stecken noch heute den Einflußbereich Roms ab.

Der Feldherr Julius Caesar ließ im Jahre 45 v. Chr. Karthago wieder aufbauen und taufte es in Colonia Julia um. Die Römer begünstigten den Bau von Städten und verliehen einem Teil der einheimischen Bürgerschicht das Bürgerrecht. Diese „neuen" Römer erwiesen sich als äußerst treue Untertanen und beuteten das Land systematisch wie eine Kolonie aus. Sie machten die Provinz Africa zu einer Kornkammer und begannen auch, Wein und Olivenhaine anzupflanzen. Auf ihre Initiative gehen vermutlich die großen Olivenhaine, die noch heute im tunesischen Küsten-Gebiet (Sahel) stehen, zurück.

Die große Anzahl von römischen Ruinen in Tunesien überrascht. Historiker haben festgestellt, daß Rom in den fünf Jahrhunderten seiner Herrschaft in Nordafrika mehr sichtbare Spuren hinterlassen hat als alle anderen Zivilisationen zusammen. Westlich von Tunesien war die römische Präsenz allerdings weit schwächer. Algerien wurde zur Provinz Mauritania Caesarea (später kam Numidia hinzu), Marokko Mauritanina Tingitanis. In einigen Gegenden fehlte der Limes, und Rom mußte mit Berberstämmen Bündnisse eingehen. Die beiden Mauritanien waren als Folge davon nur schwach romanisiert. Die Beherrschung des gesamten weiten Gebietes ist dennoch erstaunlich, vor allem, wenn man bedenkt, daß Rom insgesamt weniger als 30 000 Mann eigene Truppen darauf stationiert hatte. Den größten Widerstand leistete der Berberfürst Jugurtha – ein Nachkomme Massinissas –, der nach elf Jahren Krieg (116 bis 105 v. Chr.) durch Verrat fiel. Vierzig Jahre darauf bekämpfte König Juba die neuen Herrscher. Dessen Sohn, Juba II., wurde aber bereits in Rom erzogen. Als dessen Verbündeter verweigerte er nachher die Provinz Mauritania Caesarea. Bis zu den ersten Zerfallserscheinungen im 3. Jahrhundert blieb Nordafrika eine für Rom sichere und relativ blühende Kolonie, welche ihm sogar zwei Kaiserfamilien (Septimus Severus und die Gordier) bescherte.

Die römische Präsenz in Nordafrika – vor allem in Tunesien – kann man im Bardo-Museum in Tunis ausgezeichnet nachvollziehen. Das Museum ist 1989 einhundert Jahre alt geworden und damit wohl das älteste des Maghreb. Es ist leicht vernachlässigt, aber allein wegen seiner Mosaike ein herrlicher Ort. Einige der Mosaike fallen ihrer merkwürdig bekannten Motive wegen auf. In einem umkreisen vier Löwen einen hilflosen Daniel in der Löwengrube, unter einem anderen steht „beatissimi martyres". In der Tat hatte das Christentum in Nordafrika Fuß gefaßt und sich erstaunlich stark und lange dort gehalten. Auch Berberstämme nahmen den neuen Glauben an. Um 250 zählte die Kirche in Afrika bereits 150 Bischöfe. Zwei der größten Kirchenväter stammen aus Nordafrika, der Karthager Tertullianus (ein strammer Logiker) und der Berberbischof Augustinus („Sankt Augustin", 354 bis 430), der aus der Gegend von Tebessa stammte, mit unerbitt-

*Abb. 4:* Die Präsenz der römischen Kultur ist erstaunlich. Die Reste der ehemaligen Garnisonsstadt Timigad in Algerien sind noch gut erhalten

*Abb. 5:* Die Sprachsituation ist kompliziert. Viele Anzeigen sind zwei-sprachig abgefaßt

licher Energie gegen alle Ketzereien seiner Zeit vorging und den Bund der Kirche mit der herrschenden Oberschicht festigte.

Der Niedergang Roms führte auch in seinen afrikanischen Provinzen zu Aufständen und Invasionen. Im Jahre 429 über-querte das Volk der Vandalen das Mittelmeer. Nach zehnjäh-rigem Vormarsch und anfänglichen Bündnissen mit dem ge-schwächten Rom nahm sein Anführer Genserich Karthago ein. 80 000 germanische Vandalen, von denen 15 000 das Heer stellten, beherrschten nun die afrikanischen Küstengebiete ein Jahrhundert lang – bis zu ihrer Niederlage gegen den ost-römischen Feldherr Belisarius (533). Aus dieser germanischen Zeit sind keine Spuren zurückgeblieben. Bis zum Einfall der Araber kontrollierte der Kaiser des oströmischen Reiches von Byzanz (Konstantinopel) aus die Provinzen Nordafrikas. Zu einer wirklichen Beherrschung des Gebietes waren die Byzan-tiner freilich zu schwach. Die letzten hundert Jahre christli-

45

cher Oberherrschaft sind von immer wieder aufflammenden Berberaufständen gekennzeichnet.

## Die Berber

In den vorangegangenen Kapiteln sind verschiedene Male die Berber erwähnt worden. Wer sind sie, woher stammen sie, welche Bedeutung haben sie im Maghreb?

Die Antwort darauf ist recht kompliziert. Die Berber sind keine Rasse. Es gibt, vor allem in der Nähe des Mittelmeers, blonde und große Männer und Frauen mit auffallend weißen Gesichtern, aber auch dunkle und kleine Typen. Eine einheitliche Sprache sprechen sie nicht. Sie haben auch nie das Bewußtsein gehabt, daß sie zusammengehören und eine große Familie oder sogar ein Volk bilden, sondern haben in einzelnen, über mehrere Millionen Quadratkilometer verstreuten Stammesverbänden oder in „Dorfrepubliken" gelebt.

Andererseits sind Gemeinsamkeiten in Sprache und Kultur unübersehbar. Die Berbersprachen bauen auf einem gemeinsamen Substrat auf. In ihrem Kunsthandwerk fällt die geometrische Ornamentik auf den Vasen, Schüsseln und Töpfen und auch den farbenprächtigen Teppichen auf, die sie meist in Heimarbeit verfertigen. Es geht auf die Eisenzeit zurück und wird nur noch von den Berbern gepflegt – von Marokko bis Tunesien.

Eines ist sicher: Die Berber sind die Urbevölkerung des Maghreb, versprengte Überlebende einer durch mehrere Invasionen auseinandergerissenen Welt. Sie waren nicht nur vor dem Einfall der Araber, sondern auch vor der Eroberung der Römer und vor der Ankunft der Phönizier da. Woher sie ursprünglich stammen, ist den Forschern nicht klar. Einige vermuten, daß sie rund 7000 v. Chr. aus einem nicht näher definierbaren Gebiet des Orients in den Nordwesten Afrikas einwanderten. Andere glauben, daß sie immer in diesem Gebiet gelebt haben. Selbst der Ursprung ihres Namens ist umstritten. Sind die Berber die „Barbaren", die Völker, welche außerhalb des römischen Einflußgebietes gelebt und eine eigene Kultur gepflegt haben? Gegen diese Vermutung spricht, daß die Römer sie nicht so nannten, sondern entsprechend den einzelnen Stammesverbänden als „Numidier", „Getulier" oder etwa „Mauren" bezeichneten. Oder leitet sich ihr Name von einem Stammvater namens Ben Ber ab? Die Berber selber nennen sich „imazighen", was etwa mit „freie Leute" zu übersetzen ist. Aus den vielen Dialekten ihrer Sprache läßt sich nichts Schlüssiges über ihre Herkunft ableiten. Die meisten alten Inschriften der Berber, die in Libyen und Tunesien gefunden wurden, sind noch heute nicht entziffert. Einige Dutzend Wörter sind jedoch mit dem ebenfalls rätselhaften Baskischen und dem Altgeorgischen verwandt. All diese ungelösten Fragen machen die Berber und ihre Kultur mysteriös und auch attraktiv.

Diese Probleme interessieren die Fachleute viel mehr als die betroffene Bevölkerung. Die Berber leben in ihren Dörfern unbeirrt ihren althergebrachten Alltag weiter. In Imlil etwa. Imlil liegt in einem der engen Täler des Hohen Atlas. Der Weg dorthin ist etwas beschwerlich. Für die letzten 17 Kilometer braucht der Lieferwagen mit der offenen Ladebrücke, der den Einwohnern als öffentliches Transportmittel dient, eine Stunde. Imlil liegt auf 1700 Meter Höhe am Fuße des Toubkal, dem „Berg aller Berge" des Hohen Atlas. Das Dorf verfügt zwar über keinen Strom und kein Telefon, ist aber so schön, daß Europäer es als Ausgangspunkt für Ski- und Wandertouren zu entdecken begonnen haben.

Hier sind wir in reinstem Berberland. Mädchen in enggebundenen Kopftüchern und rotbunten Gewändern hüten einige wenige Kühe oder Ziegen. Männer mit beinahe asiatisch anmutenden strengen Berglergesichtern prüfen, ob ihre Nuß- und die neugepflanzten Aprikosen-, Kirschen- und Mandelbäume gedeihen. Mais und Gerste wachsen auf winzigen, terrassenförmig angelegten Feldern, die dem steinigen Boden abgerungen sind. Die Hausdächer sind mit Holzbalken gestützt und mit Lehm gedeckt. Die Leute von Imlil trinken viel Milch, essen selbstgebackenes Brot, eigene Butter und Honig. Und sie werden alt. Bergführer Hassan Bachki erzählt, daß seine Urgroßväter im Alter von 102 und 110 Jahren gestorben sind.

Die Leute hier sind Muslime wie jedermann in Marokko, sprechen aber untereinander nur ihren Berberdialekt, das Tachelhait (es ist einer der drei Berberdialekte Marokkos) und pflegen ihre Bräuche. Die Männer und Frauen über 50 haben das Arabische nie gelernt, den Jungen wird es heute in der Schule gelehrt. Hassan versichert, daß die eigene Sprache nicht untergehen wird. In die Ebenen und Städte fahren die Dörfler nur, wenn es nicht anders geht. Dort unten leben die Leute, welche die Hand nicht richtig schütteln, Hosen tragen und nur in den Büros der Staatsverwaltung arbeiten wollen. Dort tragen viele Frauen auch den Schleier.

Die meisten Berber leben in den Bergen: in Marokko im Rifgebirge, dem Mittleren und dem Hohen Atlas, in Algerien in der Kabylei und den Höhen des Aurès und in Tunesien ganz vereinzelt in den Hügeln des Südens. Die Araber haben sie nach ihrer Invasion in diese weniger fruchtbaren Zonen zurückgedrängt. Ein Teil von ihnen hat sich auch in den Tälern des Südens und den Oasen der Sahara niedergelassen. Ihre Wohnungen (Kasbahs) etwa im Dades-Tal im südlichen Marokko sind berühmt. Berberstämme gibt es sogar in Mauretanien, Mali, in Niger, dem Tschad und dem Sudan. Einige wenige Stämme nomadisieren mit ihren Dromedaren, Ziegen oder Schafen wie eh und je. Die Berber sind stolz auf ihre Traditionen. Dazu gehört die Dorf-Versammlung (jemaa), in der die Männer wichtige Angelegenheiten wie die Wasser- und Weiderechte diskutieren.

Die moderne Entwicklung hat Berber aber auch in die Ebenen und – durch die Emigration – in die Städte und ins Ausland getrieben. In diesen Gebieten haben sie sich stark an die arabische und auch europäische Lebensweise angepaßt, und ihre Sprache droht zu verschwinden. Ait Imour ist ein Beispiel. Ait Imour liegt in reinem Agrargebiet in der Ebene von Marrakesch. Die Franzosen haben die Bevölkerung während der „Befriedungskriege" um 1930 vom Mittleren Atlas hierher deportiert. Ait Imour ist eigentlich nur ein Marktplatz, der von der Moschee, der Arztpraxis und der Schule eingerahmt ist. Auf dem Marktplatz hört man die Berbersprache nicht mehr, denn die Bauern, die eine oder zwei Wegstunden entfernt in Weilern (douars) leben, sprechen und pflegen ihren Berberdialekt nur dort noch. Auch an der Schule wird nur in Arabisch unterrichtet, die Lehrer sind nicht aus der Gegend. Der Schulleiter rät mir, nicht von den Berbern zu reden, weil bei diesem Thema die Leute „leidenschaftlich" werden. Später kramt er dennoch ein Notizbüchlein hervor und schlägt eine Seite auf. Darauf sind die Buchstabenzeichen des Berber-Alphabets aufgezeichnet. Er gehört zu den wenigen Marokkanern, die es kennen.

Es stimmt: Ernsthaft über die Berber und nicht nur über ihre Teppiche, ihre silbernen Schmuckstücke und ihre Volkstänze zu reden, ist in Marokko nicht einfach. Eine Berberfrage – oder gar ein Berberproblem – existiert offiziell nicht. Die Berber sind Marokkaner und Muslime wie jedermann. Sie haben weder politisch noch sonst einen Sonderstatus. Außerdem haben sie sich in vielen Gebieten in langen Jahren so stark mit dem Rest der Bevölkerung vermischt, daß sie nicht von diesem unterschieden werden können; sie sind nie gezählt worden und halten sich für Araber. Selbst die zwei Frauen von König Hassan sind Berberinnen. Wieso also von den Berbern sprechen?

Es sind die jungen, intellektuellen Berber selbst, die davon zu sprechen begonnen haben, weil sie den Eindruck gewonnen haben, daß die Berber bei den Regierenden ihrer Länder zu kurz gekommen sind. In den Geschichtsbüchern werden sie nur am Rande und meist nicht unter ihrer Bezeichnung erwähnt. Sie leiden darunter, daß die Geschichte von den Siegern geschrieben wird – und das waren die Araber.

In Marokko pflegen die Berber untereinander wenig Verbindung. Sie leben in ihren drei Hauptverbreitungsgebieten wie auf Inseln. Dennoch machen die Berber in Marokko einen großen Teil der Bevölkerung aus. Genaue Schätzungen sind nicht möglich, ihr Anteil dürfte aber etwa die Hälfte ausmachen. In Algerien liegt er bei einem Viertel und in Tunesien ist er verschwindend gering. In Marokko gelten die Berber als besonders fleißig und sparsam, vielfach werden sie als „einfache Leute" und „Bauernvolk" angeschaut, und die politisch wichtigen Posten werden von der „Elite" der Städte besetzt. Ein „Chleuh" (das sind die Berber des Südens) genannt zu werden, ist nicht unbedingt ein Lob.

Nachteilig wirkt sich zudem für sie aus, daß ihre Sprache, die in Dialekte aufgeteilt ist, nicht geschrieben, an keiner Schule gelehrt und auch an keiner Universität studiert werden kann. 1981 erlaubte die Regierung in Rabat das Erscheinen einer Zeitschrift für Berber-Kultur. Von „Imazighen" erschienen aber nur vier Ausgaben. Wegen eines zu gewagten Artikels erhielt ein Redakteur eine Gefängnisstrafe. Auch studieren hauptsächlich Ausländer die Kultur der Berber. Weil sie nicht geschrieben werden, meinen viele Marokkaner, bei den Berbersprachen handele es sich um reine Dialekte. Unter der Schirmherrschaft der UNESCO haben ausländische Forscher zwar eine Berber-Enzyklopädie herauszugeben begonnen. 1989 waren sie allerdings immer noch beim Buchstaben A.

Womit hängt die Zurückhaltung, ja die Angst vor dem Berbertum zusammen? Sie geht auf die Kolonialzeit zurück. In Marokko haben die Franzosen 1930 mit einem einzigen Dekret eine Wunde geschlagen, die noch heute nicht ganz vernarbt ist. Ihr „dahir berbère" (das Berberdekret) bestimmte, daß die Berber nicht mehr arabischer Rechtssprechung, sondern ihrem eigenen Gewohnheitsrecht unterstellt waren. Dieses politische Manöver verfolgte das Ziel, die Marokkaner in ihrem Kampf um Unabhängigkeit auseinanderzubringen und sie gegeneinander auszuspielen. Die islamischen Gelehrten fürchteten noch Schlimmeres, sie waren überzeugt, daß die Franzosen die Berber zu christianisieren versuchen würden. Das umstrittene Dekret bewirkte jedoch das Gegenteil – die gesamte Bevölkerung hielt zusammen. Von nun an gab es für sie weder Berber noch Araber, sondern nur Marokkaner. Wer immer die Eigenart der Berber untersuchen und betonen wollte, war politisch verdächtig.

Marokkos Berberproblem ist verglichen mit demjenigen Algeriens hingegen geringfügig. Algerien hat nach seiner Unabhängigkeit die Minderheitenprobleme stets in den Hintergrund geschoben und die „Einheit" der Nation betont, um, wie die Regierungen glaubten, das Land, das vor der Unabhängigkeit nie eigene politische Strukturen besessen hatte, dadurch zu festigen. Ein Großteil der Berber Algeriens lebt in Algier und in der Emigration in Frankreich. Auch die Tuareg des Hoggar-Gebiets sind Berber, die sich bis vor kurzem als freie Leute fühlten und keine moderne politische Artikulierung wünschten. Als eine Delegation Algiers 1962 in Tamanrasset landete und ihrem Anführer ankündigte, Algerien sei nun unabhängig, soll dieser – als gehörte er nicht zum neuen Staat – gesagt haben: „Ich gratuliere ihnen." Die Berber mußten nach 1965 aber alle die Arabisierungskampagne des Regimes mitmachen und konnten keine Radiosendungen in ihrer Sprache hören, wie dies in Marokko selbstverständlich der Fall ist.

Weitere Unterschiede haben dazu beigetragen, daß das Berberthema in Algerien weit brisanter als im Nachbarstaat war. Die Bevölkerung der Kabylei ist wirtschaftlich und sozial dem Rest des Landes keineswegs unterlegen, hat im kulturellen und auch politischen Bereich immer eng zusammengearbeitet und verfügt über Persönlichkeiten, welche das Bewußtsein ihrer Eigenart und ihres Zusammengehörigkeitsgefühls zu stärken suchten. Früher waren es etwa die Sängerin Taos Amrouche (ihre Schallplatten mit alten kabylischen Gesängen sind ein Kulturschatz) oder der Dichter und Forscher Mouloud Mammeri (zu seinem Begräbnis erschienen 1989 mehr als 100 000 Personen), heute sind es Sänger wie Ferhat Merhenni oder Idir.

Mammeri organisierte beispielsweise an der Universität von Algier außerhalb des Programms einen Berber-Sprachkurs. Es gelang ihm, einen Teil der jungen Elite um sich zu versammeln, aber das Regime sah dies nicht gerne und benützte 1973 eine Programmänderung, um den Kurs zu verbieten. Die kulturbewußten Berber gingen in den Untergrund. Als Mammeri 1980 versuchte, öffentlich alte, meist nur mündlich weitergegebene Berbergedichte vorzulesen, verbot das Regime es ihm wiederum. Daraufhin brach die aufgestaute Unzufriedenheit aus. In Tizi-Ouzou, der Hauptstadt der Großen Kabylei, und der Umgebung kam es zu Kundgebungen, die mit Polizeieinsatz, Verletzten und Toten endeten. Danach versuchte die Regierung, mit Ausschüssen und einem allzu gelehrten „Institut für Volkskulturen" die äußerst aktiven Berber wenigstens teilweise zu befriedigen, jedoch mit nur mäßigem Erfolg. Zwei Beispiele mögen die Schwierigkeiten belegen: Gerichtssprache ist ausschließlich das Arabische. Nur Ausländer haben das Recht auf einen Dolmetscher. In der Kabylei ist aber ein Teil der Bevölkerung des Arabischen nicht mächtig, und so entsteht die unmögliche Situation, daß ein Gerichtsdiener als Dolmetscher einzuspringen pflegt. Ein Professor in Tizi Ouzou schuf ein Handbuch zur Transkription der Berber-Schriftzeichen in die lateinische Schrift. Auf die Anfrage um Veröffentlichung erhielt er vom staatlichen Buchverlag einen abschlägigen Bescheid. Den Antwortbrief sandte bezeichnenderweise die Verlagsabteilung für ausländische Sprachen.

Das Mißtrauen ist heute noch immer nicht ganz überwunden. Die Regierung vergißt nicht, daß sich der Berberführer Ait Ahmed ein Jahr nach der Unabhängigkeit gegen das frischgegründete Regime auflehnte und es später jahrelang an der Spitze einer kleinen Oppositionsgruppe vom Exil in Frankreich und England aus bekämpfte. Ebensowenig vergißt sie die Aktivitäten und Erklärungen der „Akademie der Berber" in Paris, die auch gegen sie gerichtet waren. Die Berber ihrerseits beteuern, daß es das Regime war, das aus Angst die Minderheiten unterdrückte und so die Idee schuf, es existierten zwei Bevölkerungsgruppen mit entgegengesetzten Ideen und Interessen. Sie unterstreichen, daß die nationale Identität Algeriens komplex ist und sie nichts anderes als ein Teil davon sein wollen.

Nach der politischen Öffnung des Regimes waren es bezeichnenderweise Berber der Kabylei, welche die erste der neu erlaubten „Assoziationen" schufen. Die ganze Berberproblematik Algeriens faßt ein Leser der Wochenzeitschrift „Algérie Actualité" lapidar zusammen. Er schrieb: „In dem Augenblick, in dem die Geschichtsbücher unserer Schulen mit dem Satz

‚Unsere Vorfahren, die Berber' beginnen, haben wir uns von einem Komplex befreit, der im achten Jahrhundert begann."

## Die Juden

Im Sommer 1986 geschah im Königspalast von Iffrane bei Fes für Europäer etwas Außergewöhnliches. König Hassan von Marokko empfing Israels Premierminister Peres und sprach sich mit ihm über die Möglichkeiten zur Beendigung des Nahostkonflikts aus. Ein arabischer Herrscher lud einen Vertreter des feindlichen Israel zu sich ein. Europa wunderte sich, und die Regierungen der gegen Israel unversöhnlich eingestellten arabischen Nationen protestierten gegen Hassan.

Für Marokko war das Treffen weit weniger ungewöhnlich. Kurz vorher hatte in Rabat ein Kongreß zu Ehren des jüdischen Gelehrten Maimonides aus dem 12. Jahrhundert stattgefunden. An diesem Kongreß nahmen jüdische Vertreter aus der ganzen Welt teil, und es erschienen auch Vertreter der marokkanischen Regierung. Der Nahostkonflikt vermochte die Stimmung nicht zu trüben, denn die Beziehungen zwischen Marokko und der jüdischen Gemeinschaft waren älter und tiefer: Die Juden hatten in Marokko immer dazugehört.

Jüdische Gemeinschaften haben sich in diesem Land und in ganz Nordafrika schon in frühester Zeit niedergelassen. Schon um den Beginn unserer Zeitrechnung ist ihre Präsenz in Orten wie Karthago, Bizerta und der Insel Djerba belegt. Nach alten Manuskripten sollen Judenfamilien schon von der Gefangenschaft in Ägypten nach Westen bis in die südmarokkanischen Täler des Dades- und Draa-Flusses geflüchtet sein. Tatsache ist, daß es dort bis gegen 1950 Synagogen, Rabbiner und Judengemeinschaften gab.

Das Schicksal der Juden im Maghreb war ungemein wechselhaft. Unter den Römern scheint es keine Verfolgungen gegeben zu haben, während die Christen sie bedrängten und sie mit Berufsverboten belegten. Der Einfall der Araber verschlimmerte ihre Lage nicht, denn der Koran schreibt vor, daß die Juden zu schützen seien, weil sie ebenfalls nur an einen einzigen Gott glauben. Mit den Arabern hatten die Juden mehr gemeinsam als mit den Christen. Beide Glaubensrichtungen kannten die Beschneidung und beide befolgten ähnliche Eßverbote. Zudem sprachen und sprechen die Juden des Maghreb meist den lokalen arabischen Dialekt. Sie genossen den Status von Beschützten (dhimmis), lebten in eigenen Vierteln (in Marokko „mellah" genannt) und waren vor allem Tischler, Schlosser, Schumacher und Goldschmiede, aber auch Händler, Kaufleute und Wissenschaftler. Bis zum 12. Jahrhundert stellten sie auch die Leibärzte der Herrscher. Nur die 130 Jahre unter den intoleranten Almohaden waren für die Juden eine „schwarze" Zeit.

Die Vertreibung der Juden aus Spanien im Jahre 1492 brachte den Städten des Maghreb eine Bereicherung. Die meisten der rund 200 000 Ausgewiesenen ließen sich in den Küstengebieten nieder. In Tanger, Tetouan, aber auch in Fes, Algier und Tunis bildeten sich große neue Judengemeinden. Die eingesessenen Juden nannten die Neuankömmlinge „Megoraschim" (die Vertriebenen) oder „Sephardim" (Sepharad ist der hebräische Name für Spanien). Diese hatten in Spanien mit Christen und Arabern zusammengelebt, meist ein hohes kulturelles Niveau erreicht und brachten nun ihre Musik, ihre Lebensweise und ihre Wissenschaft mit. Bis heute existieren in Nordmarokko Sepharditen-Gesänge, die mit viel Nostalgie an die alte Zeit in Spanien erinnern. Juden arbeiteten in der Folge direkt mit Sultanen zusammen. Sie dienten ihnen u. a. als Botschafter, Übersetzer und Kaufleute. Marokkanische Familiennamen wie Cohen, Bennis und Bennani sind jüdischen Ursprungs und heute meist in den besten Kreisen von Casablanca und Fes zu finden.

In Algerien und Tunesien lebten nach dem 16. Jahrhundert ebenfalls mehrere zehntausend Juden. Sie übten weiterhin ihr Handwerk aus oder begannen, über das Mittelmeer Handel zu treiben. Im 17. Jahrhundert waren Juden in Algier wichtige Zwischenhändler und Vermittler zwischen den Piraten und den Christen in Italien und Spanien. Sie verkauften u. a. die von den Freibeutern auf dem Meer gekaperte Ware an Juden in Livorno und handelten für gefangengenommene und versklavte Christen auch Lösegelder aus. In Tunesien sind im 19. Jahrhundert mindestens 60 000 Juden belegt. Die meisten lebten von nun an in den Städten.

Mit dem Kolonialismus brach für die Juden des Maghreb eine turbulente Zeit an. Die Franzosen bevorzugten sie und brachten sie damit auf Distanz zu der arabischen Bevölkerung. In Algerien erteilten sie ihnen 1870 per Dekret die französische Nationalität. Viele Juden begannen nun, den europäischen Lebensstil nachzuahmen; sie waren nun „bessere" Leute. Die Folge davon war, daß die einheimische Bevölkerung sie immer weniger gern sah und ihnen zu mißtrauen begann.

1940 kamen die Juden vom Regen in die Traufe. Der Antisemitismus erreichte sie über das von den Deutschen beherrschte Frankreich. Die Franzosen erließen noch im gleichen Jahr antijüdische Sondergesetze. Sultan Mohammed V. wehrte sich dagegen und setzte sich energisch für die Judengemeinschaft ein. Die Alliierten landeten 1942 und 1943 in Nordafrika und konnten so Tausende von Gefährdeten vor der Deportierung retten. 1950 zählte Marokko eine blühende Judengemeinde von 200 000 Personen (beinahe ein Drittel davon lebte in Casablanca). In Tunesien waren es 60 000, in Algerien rund 150 000.

Zehn Jahre später lebten nur noch einige zehntausend in den Ländern des Maghreb. Die Gründung des Staates Israel hatte sie zur Emigration veranlaßt, die Angst auch, daß sie in den unabhängigen Maghreb-Staaten ihren Status nicht mehr würden halten können. Aus Marokko wanderten allein in den zwei Jahren vor der Unabhängigkeit 55 000 Juden nach Israel (die Ärmeren), aber auch nach Frankreich und nach Kanada aus (die Reicheren). Israel selber sorgte in den Jahren von 1957 bis 1961 für den Rest. Es schürte unter den in Marokko verbliebenen Juden die Angst vor den Arabern und veranlaßte sie zur Abwanderung. Die wichtigste jüdische Gemeinschaft des Maghreb lebt heute noch in Marokko. Aber auch sie zählt kaum mehr als 20 000 Personen, hauptsächlich Intellektuelle und Kaufleute. Zwei von ihnen sind besonders bekannt. Der eine ist der unbeugsame politische Gefangene Abraham Serfaty, der seit 15 Jahren in Haft sitzt, der andere führt eine alte Tradition weiter, heißt David Ammar und ist einer der wichtigsten Geschäftsmänner im Dienste des Königs.

## 3. Die Kolonisierung – und die Auswirkungen

### Geschichte nach 1830

Der Einfall der Franzosen in Nordafrika hat das über 1000jährige Zusammenleben im Zeichen des Islam beendet und Folgen gehabt, die noch heute – fast zwei Generationen nach dem Rückzug der Kolonialmacht – stark nachwirken. Wie unter den Römern wurde das Gebiet jenseits des Mittelmeers wieder in den Interessenkreis Europas einbezogen und in gewissem Sinne als ein Teil von Europas Süden betrachtet.

Interessant ist, daß man im Falle Algeriens nicht von einer planmäßigen Invasion und Kolonisierung sprechen kann. Die Gründe zu der Besetzung waren dürftig. Der Dey von Algier war in eine komplizierte Schuldaffäre mit Frankreich und zwei algerischen Juden verstrickt. 1827 leistete er sich die Ungehörigkeit, im Verlauf einer Diskussion den französischen Konsul mit einem Fliegenwedel zu schlagen und sich nicht zu entschuldigen. Paris antwortete mit dem Abbruch der diplomatischen Beziehungen und der Blockade des Hafens von Algier. 1830 beschloß Paris eine militärische Eroberungsaktion, die, so die Hoffnung des Kriegsministers, von den großen innenpolitischen Problemen ablenken würde.

Im Juni 1830 landete bei dem heutigen Seebad Sidi Ferrouch, 30 Kilometer westlich von Algier, ein französisches Heer mit 37 000 Mann und nahm drei Wochen später die Stadt ein. Der Dey hatte als Gegenwehr ganze 15 000 Mann reguläre Truppen und einige Hilfskontingente aufbieten können. Die „Expedition von Algier" verfehlte allerdings ihr innenpolitisches Ziel. Im selben Monat fegten die liberalen Kräfte in Paris in einer Revolution die Regierung von der Macht.

Die Machthaber in Paris dachten nicht an weitere Eroberungen und wollten auch den Dey nicht absetzen, sondern forderten die Kontrolle einiger Küstenstädte. 1834 begrenzten sie die „französischen Besitzungen" auf Algier, Oran, Bougie (das heutige Bejaia) und Bône (Annaba). Die Offiziere der Invasionsarmee hingegen dachten keineswegs daran, damit ihr Nordafrika-Abenteuer abzuschließen. Da sich die neue Monarchie in Frankreich unentschlossen zeigte und kein Konzept für die Verwaltung der eroberten Gebiete besaß, war sie in der Folgezeit immer dem Druck ihrer Generäle ausgesetzt. Die Armee verwaltete Algier und „machte Politik".

Umso mehr, als nach 1835 ein junger einheimischer religiöser Führer adeliger Abstammung namens Abd el-Kader sich von einigen Stämmen zum Emir der Araber ausrufen ließ und den Heiligen Krieg (djihad) gegen die christlichen Eindringlinge befahl. Abd el-Kader ging äußerst geschickt vor: Er ahmte die Kriegstechnik der Franzosen nach, gewann mehrere Schlachten und vermochte über Jahre hinaus, große Teile der ehemaligen türkischen Regentschaft zu beherrschen. Sein Ziel war es, in diesem Gebiet einen theokratischen islamischen Staat zu errichten. Zehn Jahre lang hielt er die Franzosen in Atem. 1847 ergab sich Abd el-Kader schließlich der Übermacht der Franzosen und trat den Weg ins Exil an. Heute schwingt er in der Stadtmitte Algiers in Bronze hoch zu Pferd das Schwert. Die Algerier verehren ihn als ihren Nationalhelden, als einen Anführer, der Algerien zum ersten Mal als einen Staat einstufte.

Während der Feldzüge gegen Abd el-Kader beseitigten die Franzosen die letzten Überreste der türkischen Herrschaft und nahmen Constantine und eine Reihe weiterer größerer Orte ein. Um 1850 drangen sie bis an den Rand der Sahara vor. Algerien war erobert, aber nicht befriedet. Die Armee hatte das Land verwüstet, in widerspenstigen Dörfern Vorräte verbrannt, das Vieh weggeführt und sich damit den dauerhaften Haß der Algerier zugezogen. „Vom türkischen Regime haben wir nur die Polizeiknüppel übernommen, alles andere ist französisch", schrieb der Historiker de Toqueville später.

Wenige Jahre nach dem Fall von Algier strömten aus Frankreich, aber auch aus Italien, Spanien und anderen Ländern die ersten Siedler in das neue Gebiet. Es waren meist arme Leute, darunter viele Arbeitslose aus Paris, die sich des fruchtbarsten Landes zu bemächtigen suchten. Die „Eingeborenen-Politik" der Verwaltung half ihnen dabei. Um die Stämme seßhaft zu machen, nahm man ihnen alles Land weg, das für ihr Überleben nicht als notwendig erachtet wurde und gab es den neuen Siedlern, die in den fruchtbarsten Gebieten Dutzende von neuen Dörfern errichteten. 1851 lebten in Algerien bereits 131 000 Europäer. Drei Jahre zuvor hatten sie einen wesentlichen Sieg errungen. Die neue Verfassung erklärte Algerien zu einem Teil Frankreichs. Französische Gesetze galten nun auch in der Kolonie. Die Siedler konnten ihren Besitz ausweiten. Sie waren der einheimischen Bevölkerung meist feindlicher gesinnt als die Militärs, welche diese nun mit den „Bureaux arabes" (Eingeborenenbüros) zu beschützen begannen.

Die gespannte Lage entlud sich 1871 in einem Aufstand der einheimischen Bevölkerung. Rund ein Drittel der 2,5 Millionen Algerier erhob sich – aber der Aufstand konnte niedergeschlagen werden. Nun bot sich den Siedlern (colons) die Gelegenheit, ihre Forderungen rücksichtslos durchzusetzen. Algerien wurde ganz „französiert", und die Einheimischen zu Bürgern zweiter Klasse degradiert. 1873 ermöglichte das „Gesetz Warnier" die Parzellierung und den Verkauf des letzten gemeinsamen Bodenbesitzes der Einheimischen. In den Städten beuteten Finanzgesellschaften, Kaufleute und Händler die Kolonie aus. Der Abgeordnete Jules Ferry kritisierte 1892 die Einstellung gegenüber den „Besiegten" und schrieb: „Es ist schwierig, einen europäischen Siedler zu überzeugen, daß in diesem arabischen Land nicht nur sie, sondern auch noch andere Leute Rechte haben."

Um 1900 lebten in Algerien rund 600 000 Europäer: 200 000 Siedler auf dem Land und doppelt so viele Einwohner in den Städten. Die Franzosen, die in der Kolonie geboren waren, waren bereits zahlreicher als die Generation der Auswanderer.

Von 1870 an liebäugelte Frankreich auch mit der Eroberung anderer Gebiete in Nordafrika. Der Imperialismus stand in hoher Blüte, und eines seiner Hauptopfer war das Ottomanische Reich. 1878 befanden die Politiker auf dem Kongreß von Berlin, daß Tunesien für eine „Übernahme" reif sei. Französische Firmen hatten dort schon vorher Grundbesitz aufgekauft und mit Unwillen festgestellt, daß Engländer und Italiener ihnen in vielen Fällen zuvorgekommen waren.

An einem Vorwand mangelte es nicht. Nachdem der Bey von Tunis – hauptsächlich durch verschwenderisches Haushalten – nach 1860 in eine schwere Finanzkrise geraten war, kontrollierte eine internationale Finanzkommission ab 1868 seine Ausgaben. 1877 entließ der Bey seinen Minister Kheireddin, der eine umfassende Reformpolitik anstrebte, die auch die Sanierung der Finanzen vorsah. Eine französische Expeditionsarmee landete 1881 nach Grenzstreitigkeiten bei Tunis. Der Bey unterschrieb ohne Zögern ein Abkommen (das Abkommen von Kassar Said, auch „Abkommen von Bardo" genannt). Er akzeptierte, daß Frankreich seinen Finanzhaushalt und seine Außen- und Verteidigungspolitik führte. Als Gegenleistung durfte er im Amt bleiben. Frankreich, das alsbald eine Parallel-Verwaltung einsetzte, war die Schutzmacht, Tunesien das „Protektorat". Im Artikel drei des Vertrags von Kassar Said verpflichtete sich die Regierung in Paris, den Bey von Tunis „dauerhaft zu unterstützen" und ihn sowie die „Dynastie Seiner Hoheit" vor jeder Gefahr zu schützen. Istanbul reagierte nicht auf den Machtverlust, die Bevölkerung in den Städten des tunesischen Südens hingegen leistete den Franzosen bewaffneten Widerstand.

Nach der Jahrhundertwende verwandelte Frankreich sein neues Protektorat de facto ebenfalls in eine Kolonie. Ein von Paris entsandter „Résident Général" amtierte in Tunis als Premierminister und kontrollierte immer mehr auch innenpolitische Bereiche des Landes. Er erneuerte den Vewaltungsapparat und das Erziehungswesen. Der Bey war mehr oder weniger nur noch dazu da, die Dekrete zu unterschreiben. In der offiziellen Siedlungspolitik vermachte Frankreich seinen

Siedlern in den fruchtbarsten Gebieten bis 1913 550 000 Hektar Land. In diesen Zonen hatten sich auch italienische Kleinsiedler niedergelassen. Die italienische Bevölkerung in Tunesien war bis etwa 1915 gleich groß wie die französische. Zahlenmäßig waren die Europäer hingegen weit weniger stark als in Algerien vertreten.

Vom Anfang des Jahrhunderts an kämpfte ein Teil der tunesischen Intelligenz für die Respektierung der Rechte der Einheimischen. Frankreich gab diesem Druck nur zögernd nach. Erst 1922 durften die Tunesier erstmals politische Vertreter stellen und wichtige Posten in der Staatsverwaltung einnehmen. Im Gegensatz zu ihrer Politik in Algerien akzeptierten die Franzosen in Tunesien nach dem Zweiten Weltkrieg zur Beschwichtigung des Protests den Grundsatz gemeinsamer Ausübung der Souveränität.

Marokko entwickelte sich ähnlich wie Tunesien, mußte aber ein Protektorat erst 1912 annehmen, weil die europäischen Großmächte sich über dessen Errichtung lange nicht einig wurden. Schon nach 1850 wurde der Sultan immer stärker von europäischen Geldgebern abhängig. Das traditionell orientierte Marokko war für den neuen aggressiven Kapitalismus schlecht gerüstet. Verschwendungssucht des Hofs, Mißernten und Steuerausfälle führten den Sultan dazu, vermehrt Geld zu prägen und bei ausländischen Banken Kredite aufzunehmen. Einer der wichtigsten Gläubiger war die Banque de Paris et des Pays Bas. Bald war der Sultan in den Händen seiner Geldgeber. Er erlaubte Frankreich als Gegenleistung, seine Zolleinnahmen zu kontrollieren. Die „Konferenz von Madrid" hielt 1880 fest, daß die Ausländer in Marokko unbeschränkt Land kaufen konnten, aber keine Steuern zahlen mußten und nicht vor sein Gericht gestellt werden konnten. So wurde Marokko dem Ausland endgültig geöffnet. Die Franzosen bauten in Casablanca einen modernen Hafen, die Spanier legten von ihren Exklaven Ceuta und Melilla aus Straßen- und Eisenbahnlinien durch marokkanisches Gebiet. 1907 entsandten die beiden Länder nach einem blutigen Zwischenfall in Casablanca Truppen ins Land. Die Übernahme Marokkos war nur noch eine Frage der Zeit. Deutschland versuchte, sie zu verhindern. 1905 war Kaiser Wilhelm sogar in Tanger gelandet und hatte den Marokkanern Schutz und Unabhängigkeit versprochen. 1911 vollführte das deutsche Kanonenboot „Panther" in der Bucht von Agadir eine Machtdemonstration.

Der endgültige Schlag für Marokko kam 1912. Frankreich zwang Sultan Moulay Hafid, in Fes eine Protektoratsakte zu unterzeichnen. Die Schutzmacht verpflichtete sich wie in Tunesien, „Seine Majestät" zu schützen. Der Sultan durfte auch religiöser Führer des Landes bleiben. Frankreich übernahm dafür die Außen-, die Verteidigungs- und die Finanzpolitik. Marokko wurde in zwei Teile aufgeteilt. Spanien erhielt die nördliche Zone mit dem Rif-Gebirge sowie Gebiete im Süden (die Stützpunkte Tarfaya und Sidi Ifni), Frankreich den Rest. Tanger wurde zu einer Stadt mit internationaler Verwaltung erklärt. Wie in Tunesien überschritt Paris seine „Kontrollfunktion" bald und verwaltete das Land direkt.

Frankreichs „Résident Général" war ein drahtiger, 58jähriger Mann mit Schnurrbart, weißen Haaren und von ausgeprägtem Charakter, dessen Name bald in jedermanns Mund war: General Lyautey. Lyautey hatte schwere Hindernisse zu überwinden, bis er das Land unter Kontrolle hatte. Auf ihn wartete Krieg. Zwei Wochen nach der Unterzeichnung des Abkommens von Fes erhoben sich die Truppen des Sultans, und die Stadtbewohner töteten die Europäer der Stadt. Ein Teil der Städter und die Stämme der Berggegenden nahmen die neue Herrschaft nicht an. Die Franzosen kostete die Unterwerfung Marokkos 22 Jahre Krieg, über 30 000 Tote und die Bereitstellung von immer neuen Truppen (am Schluß waren es an die 400 000 Mann). Von 1914 bis 1920 bekämpfte Lyautey die Stämme des Mittleren Atlas. Die stärksten Verluste – und internationale Skandale – brachte die Kampagne der Spanier im Rif-Gebirge. Dort hatte Abdelkrim el Khattabi, der Anführer des Berberstamms der Beni Ouriaghel, ein Heer von 20 000 Mann aufgestellt. Abdelkrim, ein Mann von hoher Bildung und politischer Weitsicht, gelang es, 1921 mit einem

Überraschungsangriff bei Anoual eine 60 000 Mann starke spanische Armee vernichtend zu schlagen. Die Niederlage führte zu einer Intervention der Franzosen. Vier Jahre lang hielt Abdelkrim im Rifgebiet, das er zu einer Republik ausrief, dem Druck zweier Heere stand. 1925 wurden seine Truppen geschlagen, und der inzwischen legendäre Berberführer mußte den Weg ins Exil nach Reunion (und anschließend nach Kairo) antreten.

Nach 1931 unterwarfen die Franzosen in mehreren Feldzügen mit schwerer Artillerie und der Flugwaffe den Süden und drangen bis an den Rand der Sahara vor. 1934 war die „Befriedung" Marokkos abgeschlossen. Die Truppen Frankreichs hatten dem Sultan in Fes – ohne es zu wollen – einen Dienst geleistet. Sie hatten sämtliche Stämme, die ihm vorher abtrünnig gewesen waren, besiegt, zerstört oder deportiert.

Die Kolonisierung brachte der Bevölkerung des Maghreb nicht nur Leid, sondern auch Neuerungen, welche ihren Lebensstand erhöhten. Die Konfrontation mit der westlichen Lebensart war für sie ein Schock, der (so sagen es heute ihre eigenen Intellektuellen) auch heilsame Wirkung hatte. Französische Ingenieure bauten Straßen, Brücken und Eisenbahnlinien, brachten die Elektrizität in Städte und Dörfer, errichteten erste Staudämme und bauten um die Altstädte generös angelegte neue Viertel. Das Gesundheitswesen verbesserte sich. Frankreich (und vor allem seine linken Parteiführer) rechtfertigte seine Expansionspolitik mit dem Argument, es bringe der Bevölkerung dieses Gebietes „Fortschritt, Erziehung und Hygiene". Auch wenn der Leitspruch nicht darüber hinwegtäuschen konnte, daß sich vor allem Banken und Spekulationsfirmen stark bereicherten, führte diese Politik doch auch für einen Teil der Kolonisierten zu klarer materieller Lebensverbesserung.

Die einheimische Bevölkerung bezahlte den Fortschritt mit einer raschen Veränderung ihres Gesellschaftssystems. Die neuen Wirtschaftsmethoden brachen alte Stammes- und Familiensitten auf. Die Landverteilung zwang die Stämme, ihr Nomadenleben aufzugeben und seßhaft zu werden. Mehr und mehr Bauern wurden zu Landarbeitern. In Algerien besaßen die Europäer am Ende der Kolonialzeit 40 Prozent des nutzbaren Bodens, in Tunesien waren es 21 und in Marokko 14 Prozent. Um Algier und Oran bauten die Siedler den für die islamische Welt fremden Wein an. Damals begann eine Landwirtschaftspolitik, welche für die Maghreb-Länder noch heute bezeichnend ist: Sie führen aus, was sie produzieren und produzieren nicht, was sie brauchen.

Von dem Fortschritt profitierte hauptsächlich die kleine städtische Mittel- und Oberschicht, die an dem neuen Kapitalfluß teilnehmen konnte. Die besten Schulen waren allerdings den Europäern vorbehalten. Von 1912 bis 1954 bildete Frankreich weniger als 2000 Marokkaner bis zum Abitur aus, 1944 gingen erst zwei Prozent der marokkanischen Kinder zur Schule. Die islamische Kultur und die arabische Sprache erlebten einen Rückschritt, von dem sich die Maghreb-Länder noch heute nicht erholt haben. Der einheimischen Bevölkerung verblieb eine enorme Frustration. Sie mußte die technische Überlegenheit der Europäer anerkennen und in ihrem eigenen Lande um Erlaubnis bitten, sich frei zu bewegen. In Marokko richteten die Spanier und Franzosen an der Zonengrenze – mitten im Land – Grenzposten ein. Die Marokkaner reisten, wenn sie durften, auf eigenem Gebiet von einem Land ins andere. Die Grenzposten stehen heute noch und sind an den Straßen, welche den Loukkos-Fluß überqueren, zu sehen.

*Der Weg zur Unabhängigkeit*

Es überrascht nicht, daß sich in den beherrschten Ländern bald Widerstandsgruppen organisierten. In Tunesien und Marokko hatten die Franzosen im Gegensatz zu Algerien die einheimische Elite nicht völlig ausgeschaltet. In Tunis scharte 1907 Ali Bach Hamba eine Gruppe um sich, die sich die „Jungen Tunesier" nannte. Diese ersten Nationalisten verlangten noch keine politische Unabhängigkeit, auch die Würdenträger der bürgerlichen Oberschicht nicht, die 1920 die erste Partei gründeten und sie „Destour" (Verfassung) nannten. Dies änderte sich 1934, als der junge Rechtsanwalt Habib Bourguiba die Partei erneuerte und in „Neo-Destour" umtaufte. Bourguiba suchte die Unterstützung der Massen, verband sich mit den ersten Gewerkschaften, stachelte das Volk mit Ansprachen auf und unterstützte Streik- und Boykottaktionen.

Frankreich hatte 1930 einen schweren Fehler begangen, der die Tunesier entrüstete und zusammenschweißte. In diesem Jahr feierte es aus Anlaß der 100jährigen Beherrschung Algeriens und der 50 Jahre Protektorat über Tunesien in Tunis einen eucharistischen Kongreß und pflanzte das christliche Kreuz weithin sichtbar im Stadtzentrum auf.

In Marokko verstärkte im selben Jahr das Berber-Dekret den aufkommenden Nationalismus. 1934 gründeten Allal el Fassi und weitere Intellektuelle und religiöse Führer ein „Aktionskomitee" und funktionierten das Thronfest für Sultan Mohammed Youssef um. Sie gewannen den Sultan für sich und mobilisierten ihn gegen die Franzosen. Bald verlangten die Nationalisten die Unabhängigkeit. Auch sie konnten die aufkommenden Gewerkschaften für sich gewinnen und die Waffen des Streiks und des Boykotts einsetzen. Der Sultan seinerseits begann, von seinen Vorrechten Gebrauch zu machen und weigerte sich, die Dekrete der Franzosen zu unterschreiben. Die Nationalisten fühlten sich in ihrer Sache bestärkt, als Präsident Roosevelt während der alliierten Kriegsaktionen 1943 in Casablanca eintraf und Sultan Mohammed seine Unterstützung versprach. 1944 forderte die neugegründete Widerstandspartei Istiqlal (Unabhängigkeit) als Vorbedingung zu Verhandlungen mit Frankreich die Unabhängigkeit.

Nach dem Kriegsende weigerten sich die Regierungen in Paris, den Nationalisten in Tunis, Rabat und Casablanca nachzugeben, verhafteten und deportierten deren Anführer und wandten zur Beruhigung der Lage die Taktik der kleinen Konzessionen an. Doch die Dynamik hatte sich verändert. Die neugegründete UNO und die eigenen Linksparteien drängten nun auf echte Fortschritte. In Tunesien und Marokko brach 1952 offener Widerstand aus. Die Nationalisten riefen das Volk zu Massenkundgebungen und zu Boykotts gegen Wahlen und französische Erzeugnisse auf.

Frankreich glaubte 1953, mit der Ersetzung von Sultan Mohammed durch den willfährigen Ben Arafa einen Trumpf ausspielen zu können. Doch nun sah das Volk in Mohammed, der nach Madagaskar ins Exil reisen mußte, einen Märtyrer. Nach der Niederlage in Indochina und den ersten Kampfhandlungen in Algerien mußte Frankreich sich entscheiden, ob es im Maghreb einen Mehrfrontenkrieg führen wollte. Die eigene Oberschicht in den Protektoraten befürwortete zur Wahrung ihres Standes inzwischen eine politische Lösung und ein „Ende ohne Schrecken".

Paris entschied sich, in Tunesien und Marokko nachzugeben. Schon 1955 hatte Premier Mendes France Tunesien das Recht auf „interne Autonomie" versprochen, und am 16. November traf Sultan Mohammed unter großem Jubel in Tanger ein und errichtete eine eigene Regierung. Die beiden Länder unterschrieben die Unabhängigkeitsakte am 2. März 1956. Tunesien folgte am 20. März. Während Marokko seine Monarchie samt Sultan aufrechterhielt, setzten die Nationalisten in Tunis den letzten Bey ab. Er hatte mit den Franzosen kollaboriert.

Anders entwickelte sich die Lage in Algerien. Hier kämpften mehrere nationalistische Gruppen. Paris verweigerte eine friedliche Lösung, und die Algerien-Franzosen (Pieds noirs) verschärften mit ihrem Widerstand gegen alle Emanzipation der muslimischen Bevölkerung den Konflikt.

Nach der Niederlage des Emirs Abdel Kader und der Revolte von 1871 war der offene Widerstand gegen Frankreich erstorben. 1926 organisierten Emigranten unter Messali Hadj in Paris unter dem Einfluß der neuen kommunistischen Parteien die Gruppe „Nordafrikanischer Stern" (L'Etoile Nordafricaine). 1937 rief Messali Hadj die „Algerische Volkspartei" (PP) ins Leben.

In Algerien selber waren es religiöse Reformisten-Führer wie Ben Badis und Bachir Ibrahimi, welche das Volk zur Abwendung von Frankreich und zur Rückkehr zum reinen Islam aufriefen. Dazu agierten eine kleine bürgerliche Elite unter Ferhat Abbas und eine an Frankreich orientierte kleine Kommunistische Partei. Alle diese Gruppen nahmen 1936 an dem ersten muslimischen Kongreß in Algier ein Projekt an, das den Anschluß Algeriens an Frankreich – bei mehr politischen Rechten für die Muslime – vorsah. Paris wies dieses Projekt zurück. 1943 schlug Ferhat Abbas ebenso erfolglos eine unabhängige Nation Algerien vor, welche von den Pieds noirs und den Muslimen gemeinsam regiert werden sollte.

Der Krieg endete für die algerischen Nationalisten tragisch und war für den offenen Krieg psychologisch entscheidend. Französische Soldaten schossen auf Manifestanten. Dutzende von ihnen starben. In einer anschließenden Meuterei in der Gegend von Constantine wurden 103 Europäer getötet; die Repressalien waren hart und kosteten mehr als 3000 Menschenleben. In dem Statut von 1947 erklärte das Parlament in Paris Algerien zu einer Gruppe von französischen Departementen, in denen den Einheimischen mehr Wahlrechte einzuräumen seien. Das fanden die Algerien-Franzosen entwürdigend, Algeriens Nationalisten hingegen unannehmbar. Mit Schlauheit und auch mit roher Gewalt gelang es den Pieds noirs, die knapp 15 Prozent der Bevölkerung stellten, in den folgenden Jahren in den politisch autonomen Organen immer die Mehrheit zu behaupten.

Unterdessen hatten sich die Nationalisten stärker organisiert und auch aufgesplittert. Eine der kleinen Gruppen, das „Revolutionskomitee für Einheit und Aktion" (CRUA), entschied nach der Niederlage der Franzosen in Indochina, die Zeit für die bewaffnete Aktion sei gekommen. Am 1. November 1954 explodierten an mehreren Orten des Landes Sprengkörper. Von Kairo aus meldete die neue „Nationale Befreiungsfront" (FLN), daß der Kampf „lang", sein Ausgang aber „sicher" sei. Frankreichs Innenminister Mitterrand versicherte, Paris werde Algerien, das „Herz" der französischen Republik, mit allen Mitteln verteidigen.

Die Revolutionäre der Befreiungsfront sollten Recht behalten. Der Krieg dauerte mehr als sieben Jahre und endete mit der Gründung eines unabhängigen Staates Algerien. Er wurde ungemein grausam geführt, hinterließ auf beiden Seiten ein tiefes Trauma und kostete mehr als eine Million Menschenleben. Die FLN hatte eine Nationale Befreiungsarmee (ALN) organisiert, und Frankreich hatte seine Armee in zwei Jahren von 56 000 auf insgesamt 400 000 Mann aufgestockt. Die Regierung in Paris befand sich in einem Dilemma. Die Pieds noirs nahmen deren kleine Zugeständnisse an die muslimische Bevölkerung nicht an, und die FLN wies sie als ungenügend zurück. Die französischen Generäle klammerten sich an die Idee der „Algerie française"; sie wollten mit einer harten und „patriotischen" Haltung ihre Scharte von Indochina auswetzen.

1956 führte die Befreiungsfront im Soummam-Tal in der Kabylei einen geheimen Kongreß durch und bestimmte, daß Algerien ein zentralistisch regierter sozialer und demokratischer Staat werden solle. Ein nationaler Revolutionsausschuß (CNRA) von 34 Personen und ein Exekutivkomitee lenkten den Befreiungskampf nun politisch. Unter Mithilfe der unabhängig gewordenen Länder Tunesien und Marokko nahm Frankreich mit den „Rebellen" geheime Kontakte auf. Am 22. Oktober 1956 kaperte die französische Armee ein Flugzeug mit fünf algerischen Unterhändlern (darunter befanden sich Ahmed Ben Bella und Ait Ahmed) und verhaftete sie. Dies war das Ende der Annäherung; der Krieg verhärtete sich zunehmend.

Anfang 1957 verlegte die FLN ihre Aktionen in die Hauptstadt Algier. Ihre Kommandos legten in Kaffeehäusern, Geschäften und Banken Bomben und schufen allenthalben Panik. Die Antwort kam postwendend. 8000 Fallschirmjäger, die gefürchteten „Paras", halfen mit skrupellosen Methoden, Algier von der FLN zu befreien. Nach neun Monaten war die „Schlacht von Algier" zu Ende. Frankreich hatte einen Pyrrhus-Sieg errungen. Die FLN war in der Hauptstadt nach der systematischen Ausräucherung ihrer Kommandos in der Altstadt besiegt worden, die französische Öffentlichkeit schauderte aber, als herauskam, daß die Paras Verdächtige, auch

Frauen, systematisch gefoltert hatten. Von ihren Basislagern jenseits der Grenze in Tunesien (Ghardimaou) und Marokko (Oujda) griff die ALN-Befreiungsarmee zudem weite französische Stellungen an. Die Generäle versuchten, die Landbevölkerung, welche die Rebellen unterstützte, mit der Politik der Zwangsniederlassung („Regroupement") zu kontrollieren. Zwei Millionen Personen, d. h. 20 Prozent der Bevölkerung, wurden entwurzelt, deportiert und in bewachte Wehrdörfer interniert. Der Krieg ruinierte die Landwirtschaft total.

Das Kriegsjahr 1958 brachte einen Umschwung. Mit einem neuen „Rahmengesetz" für Algerien versuchte die Regierung in Paris, die immer stärker drängende UNO und die internationale Meinung zu befriedigen. Aus Protest dagegen besetzten die Pieds noirs am 13. Mai den Regierungspalast in Algier. Die IV. Republik geriet in eine offene Krise, holte General de Gaulle aus der Versenkung an die Macht und dankte ab.

Zum Leidwesen der jubelnden Algerien-Franzosen vertrat der General keine harte Politik, sondern versuchte, die Aufständischen mit Zugeständnissen zu gewinnen. 1959 schlug er ein Referendum vor. Die Algerier sollten nach einem Waffenstillstand wählen, ob sie zu Frankreich gehören, eine autonome, mit Frankreich assoziierte Nation sein wollten oder die Sezession, d. h. die Unabhängigkeit vorzogen. De Gaulle bevorzugte die Lösung der Assoziation und versuchte, mit der inzwischen gegründeten provisorischen Regierung der Aufständischen (GPRA) in Tunis ins Gespräch zu kommen. Diese mißtraute ihm, stellte Bedingungen für den Waffenstillstand und verlangte Garantien für die Unabhängigkeit. Bis zur Abhaltung des Referendums verstrichen 15 weitere Kriegsmonate. Das Referendum erbrachte trotz des Widerstands der Pieds noirs 69 Prozent Ja-Stimmen für die Unabhängigkeit.

Mitglieder der provisorischen Regierung begannen nun, mit Paris zu verhandeln. Es sollten weitere Monate harten Tauziehens werden. Die Algerier verlangten u. a. den vollen Einbezug des Sahara-Gebiets in den neuen Staat. Ultra-Gruppen und die OAS (die von den Generälen Jouhaud und Salan befehligte französische „Geheimarmee") rebellierten gegen die geplante Lösung und verübten in dieser Zeit schlimme Übergriffe gegen die Zivilbevölkerung. Nach zwei zähen Verhandlungsrunden kamen die Unterhändler beider Seiten am 18. März 1962 in Evian am Genfersee zu einer Lösung. Das unabhängige Algerien schloß die gesamte ölreiche Sahara ein, die Algerien-Franzosen waren während dreier Jahre Doppelbürger und mußten bei Enteignungen entschädigt werden, Frankreich konnte die Sahara-Flugplätze weitere fünf Jahre und die Flottenbase Mers-el-Kebir bei Oran 15 Jahre behalten. Frankreichs Wähler stimmten dieser Lösung mit 91 und die Algerier am 1. Juli 1962 mit 99 Prozent Ja-Stimmen zu.

Die drei Monate bis zur Ausrufung der Unabhängigkeit (3. Juli) benützte die OAS zu einer Reihe von tragischen Anschlägen auf Schulen, Universitäten, Erdöllager – alles, was der jungen Nation hätte zugute kommen können. Diese Politik der „verbrannten Erde" wirkte sich für die gemäßigten Europäer verheerend aus. Aus Angst vor Racheakten verließen in drei Monaten an die 900 000 Europäer völlig im Gegensatz zu den Bestimmungen des Vertrags von Evian – Algerien fluchtartig. Die meisten konnten nicht einmal ihr Hab und Gut verkaufen.

## Der Wandel in Gesellschaft und Kultur

Frankreich hat sich nach 132 Jahren aus Algerien, nach 75 Jahren aus Tunesien und nach „nur" 44 Jahren aus Marokko zurückgezogen. Seine Präsenz hat die Bevölkerung der drei Länder aber nachhaltig beeinflußt. Fast alle Lebensbereiche sind von französischem Gedankengut und westlicher Lebensart beeinflußt, haben einheimische Sitten geprägt oder diese verdrängt. Ein großer Teil der Gesellschaft – wenn nicht alle Maghrebiner – lebt täglich in zwei Welten. Auch in der Sprache kommt dies zum Ausdruck. Es ist interessant, in Rabat, Algier oder Tunis einer Diskussion oder einem Telefongespräch zuzuhören. Mitten im arabischen Sprachfluß tauchen französische Ausdrücke auf. Für Zahlen, Daten, einzelne

Wortwendungen und auch ganze Sätze bedienen sich die Sprecher des Französischen. Dann wechseln sie wieder – wahrscheinlich merken sie es gar nicht mehr – ins Arabische.

Das Neben- und Durcheinander der beiden grundverschiedenen Lebensarten und Kulturen ist derart, daß sich die Intellektuellen fragen, wer die Maghrebiner eigentlich sind und wohin sie gehören. „Wer sind wir, wer sind die anderen?", notierte der Marokkaner Abdallah Laroui schon 1967. Die Diskussion um die Identität läuft heute weiter. In den Standortbestimmungen ist die Frage der Identität (haouia) ein fester Bestandteil, ja ein Reizwort geworden, weil sich die Menschen tagtäglich mit dem Problem konfrontiert sehen.

Zur Lösung des Problems gibt es drei Möglichkeiten – alle drei haben ihre Anhänger. Die einen sind dafür, den Westen mit seiner Technik und seiner Logik resolut nachzuahmen und so den Fortschritt zu sichern, die andern wollen sich im Gegenteil ganz dem Islam und dem Arabischen zuwenden und die dritten versuchen, die Werte der beiden Welten zu verbinden. Alle Gruppen spüren, daß ihre arabisch-islamische Herkunft und Wesensart, die ihre Authentizität ausmacht, sich nur schlecht mit der westlichen Modernität verbinden läßt. Der tunesische Soziologe Elbaki Hermassi sieht in der Frage, wie sich seine Gesellschaft „organisch mit dem Westen verbinden und den Zusammenhalt mit dem Orient bewahren" kann, deren „wichtigste Herausforderung in diesem Jahrhundert".

Die Folgen des konfliktgeladenen Zusammenlebens zweier Kulturen und Lebensarten sind äußerst komplex. Hier können nur einige wichtige Themenkreise und einige markante Beispiele angeführt werden. Die Beziehungen vieler wirtschaftlicher und politischer Führungskräfte des Maghreb zu Frankreich können manchmal als „Haßliebe" bezeichnet werden. Sie nehmen den materiellen Fortschritt an, der von jenseits des Mittelmeers kommt, spüren aber andererseits, daß das französische Element der eigenen Kultur schadet. Mit einiger Überraschung haben die Franzosen vermerkt, daß vor allem Tunesien und Algerien ihr jakobinisches Regierungsmodell übernommen haben, das die zentrale Machtausübung über alles stellt und den einzelnen Regionen und Ethnien keine Eigenständigkeit gewährt. Alle drei ersten Staatschefs der Maghreb-Länder – König Mohammed V., Ahmed Ben Bella und Habib Bourguiba – sind von den Franzosen deportiert oder ins Gefängnis geworfen worden. Alle drei haben trotzdem französische Errungenschaften bewahrt.

Zum Beispiel die Staatsverwaltung. Nach dem Abzug der Kolonialbeamten sind die Strukturen in den Ministerien vielfach beibehalten und einfach von Einheimischen ausgefüllt worden. Diese haben den ohnehin schon komplizierten und papierreichen französischen Verwaltungsapparat durch Stellenvermehrung noch aufgebläht. Die französische Sprache ist in den Ministerien weitgehend beibehalten worden. Ein Staatsfunktionär im algerischen Landesinnern z. B. sagte, er müsse in den Ministerien in Algier Französisch reden, sonst werde er als Bauerntölpel angeschaut. Für den Rest der Bevölkerung sind Ministerien meist fremde und gefürchtete Gebäude, in denen man ohne einen Onkel oder Vetter sein Anliegen nur mühsam oder gar nicht erledigen kann.

Die Gesellschaften haben die moderne Technik ohne Widerstände angenommen, um den wirtschaftlichen Fortschritt zu sichern. Für den Unterhalt von modernen Anlagen müssen sie vielfach Fachleute von Europa einfliegen lassen. Die Gegensätze zwischen den gut verdienenden jungen Kadern, welche die Computer, die Formeln und die Tabellen beherrschen, und den Armen, die täglich um das Lebensnotwendigste kämpfen und auf keine Weise in diese neue Welt integriert sind, verschärfen sich. Die Kontraste sind manchmal für den Beobachter aus dem Norden befremdend. Ein Beispiel: die Strecke von Casablanca nach Rabat durchflitzt fast jede Stunde ein ausgezeichnet eingerichteter Schnellzug. (Die Marokkaner nennen ihn wegen seiner Schnelligkeit wie ihren Weltrekordläufer „Aouita"). Fast lautlos gleiten die luftgekühlten Wagen aus dem Bahnhof von Casablanca. Aus den Lautsprechern erklingt leise Musik von Mozart. Geschäftsleute studieren Papiere. Draußen vor dem Fenster tauchen Armenviertel auf. Mädchen und Frauen tragen zwischen Wellblech und

Holz, Staub und Schutt Krüge und Töpfe. Sie holen am öffentlichen Brunnen Wasser.

In der Sprache sind die Konflikte noch lange nicht ausgestanden. Der tunesische Intellektuelle Aziz Krichen klagte – und andere bestätigen es –, daß nach der Unabhängigkeit das Französische zugunsten des Arabischen abgebaut wurde, mit dem Ergebnis, daß ein guter Teil der Jugend weder das Französische noch das Arabische gut beherrscht. Die französischen Lehrer zogen ab und die einheimischen Lehrkräfte beherrschten das klassische Arabisch nicht gut genug, um es zu unterrichten, weil dies in der Kolonialzeit unterdrückt wurde. Hinzu kommt, daß Tunesier, Algerier und Marokkaner im Alltag einen Dialekt sprechen, der nicht geschrieben wird. „Auch den Dialekt beherrschen wir nicht mehr wie vor 20 Jahren", stellte Krichen fest.

Das Sprachproblem ist aber noch weit komplizierter. Das Französische ist die Sprache der Gebildeten und Reichen geblieben. Auch Neureiche zeichnen sich gerne mit ihm aus. Es ist – vor allem in Marokko – die Sprache, welche den sozialen Aufstieg und den Erfolg anzeigt. Das klassische Arabisch wird den Politikern für ihre Reden, den Imams und Scheichs, die mit der Religion zu tun haben, sowie den Schriftstellern überlassen, der Dialekt dem „einfachen Volk". All das wirkt sich negativ auf die literarische Produktion aus. Diejenigen Schriftsteller, die in Arabisch veröffentlichen, wissen von vorneherein, daß nur wenige Leute ihre Bücher lesen werden. Diejenigen (wie etwa der mit dem Goncourt-Preis ausgezeichnete Marokkaner Tahar Ben Jelloun), welche aus diesem Grund das Französische vorziehen, können sicher sein, daß sie mehrheitlich in Europa gelesen werden – und müssen sich manchmal den Vorwurf gefallen lassen, sie verkauften ihre Länder den Europäern „exotisch". Die Arabisierungskampagnen einzelner Regierungen sind daher verständlich, der Erfolg ist aber keineswegs gesichert. In Presse, Radio und Fernsehen ist die Situation ähnlich. Beide Sprachen werden gepflegt – aber die Minderheit, welche auf das Französische drängt, wird bevorzugt, denn es ist die Elite, welche den Ton angibt.

Der Kulturkonflikt hat auch den religiösen Fundamentalismus genährt. Die französische Sprache drückt die Werte westlicher Logik, des Kapitalismus und des Individualismus aus. Dies alles weisen die Fundamentalisten zurück. Vor der Aggression durch das Wesensfremde ziehen sie sich in die alten Werte der Gruppe und der Solidarität zurück und unterwerfen sich unabänderlichen religiösen Wahrheiten.

## Kleiden, Essen und Trinken

Es ist Sonntagmorgen. Die Szene in der Ankunftshalle im Flughafen Houari Boumediene in Algier könnte kaum vielfältiger und bunter sein. Aus Lautsprechern erklingen amerikanische Musicals und klassische europäische Musik. Es herrscht ein fröhliches Durcheinander von Koffern, Kartonschachteln, spielenden Kindern, Emigranten, ausländischen Technikern und Arbeitern, die an ihre Baustelle spediert werden, von Männern und Frauen, die warten, um Onkel, Tanten und Brüder nach langer Trennung in die Arme zu schließen.

Vor der Anzeigetafel steht eine Gruppe von älteren Männern, deren weiße Turbane nicht nur den Kopf, sondern auch Hals und Ohren bedecken. Dazu tragen sie lange weiße Djellabahs. Das ganze ist sehr einfach, verleiht ihnen aber unbestreitbar Würde und Eleganz. Die Männer sind von irgendwo im Landesinnern, vielleicht von einer Sahara-Oase, gekommen. In der Nähe küssen sich zwei ältere Frauen durch ihre weißen Gesichtsschleier auf die Wangen. Auch sie stecken in ganz weißen Djellabahs. Auf der Stirn zwischen den Augenbrauen sind sie blau tätowiert. Beide schleppen mächtige, rotweißblaue Einkaufstaschen aus Plastik. Daneben unterhalten sich junge europäisch gekleidete Frauen ohne Schleier mit ihren Freundinnen: Eine ist stark geschminkt, trägt ein blaues Deux-Piece und Schuhe mit hohen Absätzen.

Die jungen Männer zeigen meist ein „modernes" Äußeres. Sie tragen Jackett, Pullover und Hose, manche auch Krawatten. Einige stehen in roten Trainingsanzügen herum. Ein Alter mit weißem Schnurrbart und feinem Anzug hat eine Pelzmütze aufgesetzt und wirkt ganz wie ein Patriarch. Er löst ein Kreuzworträtsel. Darüber steht „spécial religion". Wir sind im Fastenmonat Ramadan. Eine der Fragen heißt: „Onkel des Propheten, der im Koran erwähnt wird?" Unter den Djellabahs einiger Männer gucken Hosenbeine hervor. Draußen vor der Halle wirbeln blau-weiß gekleidete Verkehrspolizisten ihre Trillerpfeifen herum, als wären sie französische Gendarmen.

Die Szene am Flughafen gibt in etwa wieder, wie unterschiedlich sich die Maghrebiner kleiden. Die Vielfalt reicht bei Männern vom piekfeinen dunkelblauen Anzug französischer Art der Städter und hohen Beamten bis zum schweren braunen Wollburnus und dem Turban der Bauern, bei Mädchen und Frauen vom weißen Gesichtsschleier und Kopftuch (hijab) bis zu den Blue Jeans. Jedermann kleidet sich nicht nur gemäß dem Stand, sondern auch nach seiner ideellen Ausrichtung: entweder westlich (und das sind fast alle Jungen) oder traditionell-einheimisch.

Daneben gibt es interessante Mischformen bei Leuten, die zwischen den beiden Lagern oder in beiden Welten zugleich zuhause sind. Viele Männer verzichten trotz ihrer westlichen Kleidung nicht auf irgendeine traditionelle Kopfbedeckung. Es muß nicht eine ehrwürdige rote Filzmütze (chechia), sondern kann auch nur eine bunte Wollmütze sein. Bei den Frauen ist das enge Kopftuch und auch der Gesichtsschleier mit Stöckelschuhen und bei Männern die lange Djellabah mit Turnschuhen durchaus vereinbar.

Die Schuhe sind ein interessantes Thema. Weil die Straßen meist staubig sind, pflegen die Männer sie vielfach nicht besonders und stecken sich irgend etwas an die Füße. Europäische Schuhe überwiegen wie die europäische Kleidung klar. Die am Absatz offenen feinen Lederpantoffel (babouches), deren Herstellung einst einen ganzen Berufsstand beschäftigte, sind immer seltener zu sehen, Turnschuhe immer häufiger. Kein Wunder: die Pantoffeln sind Zeugen, ja Symbol früherer Zeit, als es noch keine Eile gab. In ihnen kann man nur gemächlich schreiten oder schlurfen. Aber auch im Maghreb ist die Zeit schnellebig geworden, die Turnschuhe gewinnen das Rennen.

Was die Speisen und Eßgewohnheiten hingegen betrifft, so haben sich die alten Bräuche und Gerichte bestens erhalten. Der Tourist, der in vorgebuchten Hotels mit internationalem Anstrich essen muß, wird von der einheimischen Küche wenig zu kosten bekommen. Wer auf eigene Faust reist, dafür umso mehr. Hier können nur einige wenige Merkmale und Gerichte hervorgehoben werden.

Bereits bei der Vorbereitung zum Essen gilt es, sich anzupassen. Die Familien essen meist in dem recht schmucklosen Gemeinschaftsraum, dessen wichtigste Einrichtung eine mit Kissen gepolsterte Bank ist, die sich an der gesamten Wand entlangzieht. An einer Ecke läßt man sich nieder, das Essen wird auf einem gut verschiebbaren, meist runden Tisch aufgetragen; Gabeln und Messer gibt es vielfach nur, wenn besondere ausländische Gäste anwesend sind. Echt einheimisch ist folgendes: Man nimmt ein Stückchen Brot in die Finger, angelt sich mit diesem Werkzeug aus der Gemeinschaftsplatte ein Stückchen Fleisch oder was auch immer angeboten wird und schiebt beides zusammen in den Mund. Dann wiederholt man die Aktion. Wichtiger als Messer und Gabel und europäische Hygiene ist das Zusammensitzen, das beinahe sinnliche Gemeinschaftsgefühl, kurz, die soziale Bedeutung des Essens. Eine tiefe Einsicht besagt, daß Leute, die aus derselben Schüssel gegessen haben, nicht Feinde sein können.

Damit ist auch gesagt, daß das Brot das wichtigste Grundnahrungsmittel ist, vor allem der einfachen Leute – und das ist die große Mehrheit. Brot gibt es in der französischen Form der Baguette, aber auch in vielen verschiedenen Fladenformen. Wie bei Zucker und Mehl halten die Regierungen seinen Preis durch Subventionen niedrig. Deshalb sieht man auch in ärmeren Vierteln oft Brotreste herumliegen. Brot essen die Maghrebiner zu allem und in Massen.

Das Hauptgetränk ist – Wasser. Wo es rein genug ist, ist Leitungswasser ausreichend. Sonst kommt Mineralwasser auf den Tisch, in Marokko das unvermeidliche „Oulmes" oder

„Sidi Harazem", in Algerien „Saida" und in Tunesien „Sidi Ali". Cola und Fanta sind ebenso geläufig. Bier und Wein sind aus religiösen Gründen nicht Sitte, werden allerdings in einigen Schichten dennoch getrunken. Alle drei Länder produzieren Wein von ansprechender Qualität. Dies ist ein Erbe der französischen Siedler. Bier trinken die Maghrebiner ohne Unterschied flaschenweise in den vielen Stehkneipen.

Eines der Hauptgerichte ist das Couscous, der maghrebinische Eintopf, eine Kombination aus Getreide, Gemüse und Fleisch, die von der einfachsten bis zur kunstvollen Art zu haben ist. Der Hartweizengrieß (semoule) ist die Grundlage. Die Hausfrauen kochen ihn in einem speziellen Topf im Dampf stundenlang weich. Das Gemüse kommt in einer besonderen Schale auf den Tisch, es wird in einer scharfen Sauce (harissa) zubereitet. Fleisch gibt es dazu nach Lust und Laune oder entsprechend dem Geldbeutel. Am verbreitetsten ist Couscous mit Hammelfleisch oder Huhn.

Feiner und weniger alltäglich ist die Tagine, ein Fleischgericht, das stundenlang auf kleinem Feuer in einem Tongefäß exquisit gar gekocht und – aufpassen – sehr heiß auf den Tisch gebracht wird. Nicht nur das Fleisch (meist Lamm, aber auch Rind und sogar Fisch), sondern mehr noch die Zutaten machen die Qualität einer Tagine aus. Hier zeigt sich das Besondere der maghrebinischen Küche (am besten ist ohne jeden Zweifel die marokkanische). Die Tagine oder das Couscous, die Fleischspieße (brochettes) oder die Merguez-Würstchen, die auf offener Straße zubereitet und angeboten werden, erhalten durch die Gewürze ihre ganz besondere Klasse. Daß die Maghreb-Länder mit Gewürzen reich gesegnet sind und den Anbau auch heute noch intensiv betreiben, wird jedem Besucher eines Marktes nachdrücklich klar: Sesam, Kümmel, Koriander, Anis, Safran, Pfeffer, Estragon, Rosmarin, Eisenkraut und Thymian und vieles mehr türmen sich in hohen Bergen an den Verkaufsständen auf und sind weithin sicht- und riechbar.

Die Gewürze gehören zur Welt der Düfte, die im Maghreb fasziniert und selbst die größte Armut veredelt. Düfte, die für

*Abb. 6:* Das Teetrinken ist eine wichtige Zeremonie. Hier Teezubereitung in der Wüste

europäische Nasen vielfach undefinierbar sind und daran erinnern, daß man sich in der Dritten Welt befindet, wo die Leute das Leben viel würziger, direkter und sinnlicher mögen. In einer Tagine, die etwa mit Zitronen, Rosmarin, Estragon und Sesam angereichert wird, die in langem Kochen zu einem einzigen Geschmack verschmelzen, liegt eine der noblen Essenzen des Maghreb. Die Variationen der Tagines sind unerschöpflich. Einige davon sind: Huhn mit Mandeln, Hackfleisch mit Ei, Kalbfleisch mit Quitten und Zwiebeln, Goldbrasse mit Datteln. Immer ist die Gewürzmischung, die sie begleitet, wichtig – und die Zeit die man der Zubereitung widmet. Noch nehmen sich die Hausfrauen zum Kochen viel Zeit, noch gibt es im Maghreb auch viele Dienstmädchen.

Auch den Nachtisch bereiten sie meist lange vor, und zwar mit viel Öl. Eine Platte voller Feinkost nach einem langen Mahl ist sehr normal, aber für viele europäische Mägen schwer verdaulich. Ein Blick in die vielen Konditoreien oder auch auf das öltriefende Spritzgebäck der Straßenverkäufer genügt. Die Maghrebiner lieben ähnlich wie die anderen Araber schweres Gebäck mit Honig, Mandeln, Datteln, Feigen und Rosinen.

Als Abschluß eines Mahles ist in jedem Fall ein Glas Minzetee zu empfehlen. Dieser Trank aus chinesischem Grüntee, in den frische Blätter von Pfefferminze gelegt werden, gehört so sehr zum Maghreb, daß er nicht mehr daraus wegzudenken ist. Die Zubereitung, das Probieren und Umschütten und schließlich das Einschenken des stark gesüßten Minzetees (thé à la menthe) in die Gläser, die meist auf einer versilberten Platte aufgetragen werden, ist ein Zeremoniell, ein weiterer Verbrüderungsritus, den man nicht verpassen darf. Beim Teetrinken – erst dann – rücken die Gastgeber mit den Dingen heraus, die ihnen am stärksten am Herzen liegen. Manchmal muß man Tee trinken, um über eine besondere Angelegenheit sprechen zu können.

Ein Wort muß schließlich noch über den Kaffee gesagt werden. In Marokko, Algerien und Tunesien steht er hoch im Kurs. Arabische Sorten werden fein gemahlen und ergeben eine ausgezeichnete Qualität. In vielen Kaffeehäusern stehen neue italienische Maschinen, in Landgegenden überleben noch riesige alte französische Filterkaffee-Maschinen aus der Kolonialzeit. Kaffeetrinken – richtig serviert wird Kaffee mit einem großen Glas Wasser – gehört für viele Männer zum täglichen Zeitvertrieb, das Kaffeehaus selbst ist ein Ort von höchstem soziologischem Interesse. Stundenlang sitzen die Männer an den Tischen, schwatzen, tun nichts und betrachten die Welt. Hier hat die schnelle Welt der Turnschuhe noch nicht gesiegt. Die Kellner werden wegen solchen Gästen keineswegs unruhig. Das Kaffeetrinken ist heilig. In den Kaffeehäusern spielen die Männer auch Nachmittage lang Karten (es sind vielfach spanische Spielkarten) und Domino. Hier verbreitet sich typisch mittelmeerische Kultur.

## Der Kalender

Die Kolonisatoren kümmerten sich wenig um einheimische Sitten und „verpaßten" dem Maghreb ihren eigenen Rhythmus und ihren Kalender. Nun leben die drei Länder nach zwei Zeitrechnungen, einer offiziellen und einer religiös-privaten.

Die beiden sind stark miteinander vermischt. Sucht man z. B. das Erscheinungsdatum einer Zeitung, findet man meist zwei Angaben: die christliche und die muslimische. Der Vergleich und die Umrechnung eines Datums in das andere ist kompliziert, weil das muslimische Jahr sich nach den Mondmonaten richtet und nur 354 Tage zählt. Momentan befindet sich die muslimische Welt im Jahr 1409 der Hegra, d. h. es sind 1409 Jahre seit der Flucht Mohammeds nach Medina vergangen. In rund 2000 Jahren wird der Gleichstand zwischen den beiden Kalendern erreicht sein.

Marokko und Tunesien haben den Arbeits- und Geschäftsrhythmus von Europa übernommen. Gearbeitet wird von Montag bis Samstag, Ruhetag ist der Sonntag. Algerien hat, wahrscheinlich als Gegenmaßnahme gegen die starke Kolonisierung, den Wochenrhythmus islamisiert. Hier ist der Freitag Ruhetag. Vom Donnerstagnachmittag an (manchenorts schon am Donnerstagmorgen) herrscht in den Betrieben und Geschäften Ruhe. Die Woche beginnt am Samstag (für die Banken am Sonntag). Für die Geschäftsverbindungen mit Europa schafft dies beträchtliche Schwierigkeiten. Für Import- und Exportfirmen, für Botschaften und Konsulate sind die Arbeitstage somit auf Montag, Dienstag und Mittwoch beschränkt. Nachher folgen zwei Wochenenden. Auch Reisende tun gut daran, diese Tatsache in ihre Pläne einzubeziehen.

Der Festkalender ist in allen drei Ländern muslimisch geblieben. Die christlichen Feste finden nicht oder nur in Hotels in den Großstädten und den Touristengebieten statt. Weihnachten kann man zum Beispiel bestens in Casablanca und in Agadir feiern, allerdings wegen der Wärme mit Plastikbäumchen und einem einheimischen roten Weihnachtsmann mit langem weißen Bart. Neujahr ist auch auf die Hotels und die Fremden beschränkt. Nach dem islamischen Kalender findet das Neujahr momentan im Sommer statt. Nach ihm richten sich auch die anderen Festtage. Zehn Tage nach Neujahr wird Achoura, der Tag der Toten, gefeiert. Er entspricht ungefähr unserem 1. November. Rund 60 Tage danach folgt das Geburtstagsfest des Propheten, das um einiges bescheidener als Weihnachten begangen wird. Wie überall auf der Welt sind es vor allem die Kinder, die wegen der Schleckereien (allerdings sind es meist getrocknete Früchte) sehnsüchtig dieses Fest erwarten.

Der größte Einschnitt ist der Fastenmonat Ramadan (1989 begann er am 8. April). Er ist ein harter und fröhlicher Monat zugleich. Während des Ramadans leben die Familien viel stärker zusammen und fasten, kochen, essen und vergnügen sich gemeinsam. Das tägliche Fastenende (iftar) ist ein erhebender Moment. Die Straßen sind leergefegt, zuhause und in den Restaurants wartet jedermann auf den erlösenden Augenblick. Am Fernseher rückt der Sekundenzeiger vor, Sirenen und Kanonenschüsse zeigen an, wenn es soweit ist: In diesem Augenblick tauchen Hunderttausende von Löffeln in die Suppe (harira), mit der man das Fasten für einige Stunden unterbricht. Der Maghreb ißt. Wer ausgerechnet dann eine Telefonistin oder einen Taxifahrer braucht, muß sich gedulden oder verzichten.

Die Nächte des Ramadan sind im Maghreb die besten Nächte. Dann dürfen auch die Mädchen und Frauen auf die Straße gehen. Die Gassen sind gestopft voll. Jedermann ist gut aufgelegt. Bis nach Mitternacht wird gegessen und getrunken, geplaudert und auch geschäkert. Familien laden auch Fremde zum Essen ein, es herrscht eine seltene Eintracht. Musiktruppen, Gaukler und Tänzerinnen amüsieren das Volk in Theatern und in Zelten und Buden der Altstädte: Ramadan ist nicht nur Fasten, es ist auch ein sinnliches Fest, das einen ganzen Monat dauert.

Natürlich leidet der Arbeitsrhythmus, vor allem in der zweiten Tages- und Monatshälfte, beträchtlich darunter. Während des Ramadans verringert die Regierung die Arbeitszeit für die öffentlichen Betriebe. Wer wichtige Geschäfte erledigen will, sucht sich ein anderes Datum dafür aus. Alle drei Länder leben seit einigen Jahren den Ramadan intensiver als früher. Das hängt mit dem Aufschwung des muslimischen Fundamentalismus zusammen. Mehr Kaffeehäuser und Restaurants bleiben den ganzen Tag geschlossen. Auch in Tunis, das sich viele Jahre lang während der Fastenzeit wenig religiös gab und öffentliche Fastenbrecher tolerierte, hat die Rückbesinnung begonnen. Vor allem in Algerien werden die Regeln recht strikt eingehalten; der soziale Druck, dieses muslimische Grundgebot zu befolgen, ist groß. Europäer tun aus Respekt für die Fastenden gut daran, tagsüber nicht vor aller Augen zu rauchen, zu essen oder zu trinken. Während dieses Monats sind Mahlzeiten in Hotels angebracht.

Der Ramadan wird mit dem Aid es Seghir (auch Aid el Fitr) beendet. Dieses „kleine" Fest dauert immerhin drei Tage. Es dient der Bevölkerung dazu, sich essend, trinkend, ruhend oder rauchend von den Strapazen zu erholen. Für die Kinder ist es ein doppeltes Fest. An Aid es Seghir erhalten sie meist neue Kleider. Der Ansturm auf die Kleiderläden vor dem Festbeginn ist beeindruckend.

Das größte Fest ist aber Aid el Kebir, das Opferfest (es wird auch Aid el Adha genannt), das in Erinnerung an das Opfer Abrahams am Ende des muslimischen Kalenderjahres gefeiert wird (1989 war es der 15. Juli). Es ist das Fest, an dem Millionen von Schafen ihr Leben lassen müssen. Nach alter Sitte schlachtet jeder Familienvater an diesem Tag nach dem Gebet ein Tier und verschenkt einen Teil davon den Armen. Schon Tage und Wochen vorher blöken die Schafe auf Terrassen, in Hinterhöfen und Gärten, umhegt von Kindern, die ihnen Gras bringen. Wer sie dann kauft, bekommt sie noch billiger. Das Fest macht deutlich, daß das wichtigste und weitaus häufigste Tier des Maghreb das Schaf ist.

Wirtschaftliche Überlegungen haben in neuester Zeit dieses religiöseste aller Feste mehr und mehr beeinflußt. In den großen Dürrejahren (1981 und 1982) empfahl Marokkos König Hassan, das Schlachtopfer nicht vorzunehmen. Symbolisch für die ganze Nation tötete er ein Tier. So wurde der Schafbestand nicht noch weiter reduziert. Nicht alle Familienväter schlachten heute noch ein Tier. Manchmal findet das Opfer in der Großfamilie statt. Junge Ehepaare, welche den Ritus nicht mehr durchführen wollen, besuchen an diesem Tag ihre Eltern. Aid el Kebir bedeutet drei Feiertage und ist, wie auch die anderen Feste, ein Anlaß, einander zu treffen und zusammenzuleben.

*Die Rolle der Frau*

In fast jedem Buch über die Gesellschaft der islamischen Länder widmet der Autor ein Kapitel dem Problem der Frau. Zu Recht. Über dieses Thema ist in den letzten Jahren auch in Marokko, Algerien und Tunesien – vor allem von Frauen – viel Tinte vergossen worden, und es haben lange Diskussionen stattgefunden. Die eine Seite weist darauf hin, daß die Mädchen und Frauen heute vorher unbekannte Freiheiten genießen, in kurzen Kleidern auf die Straße gehen, immer mehr studieren und immer mehr außer Haus arbeiten; die andere Seite beschreibt mit Vorliebe die Frauen, die hinter dem Schleier abgeschirmt sind und in den eigenen vier Wänden darben und nur der Befriedigung des Mannes dienen. Wie auch immer die Argumente lauten: Es ist klar, daß die Frauen in den Ländern des Maghreb wesentlich unfreier als ihre Kolleginnen in Europa sind und zu ihrer Emanzipation noch einen weiten Weg zurücklegen müssen. Der eine Grund dafür ist der Koran, der andere das, was die Männergesellschaft aus dem Koran macht.

Einige Beispiele aus dem Alltag mögen zur näheren Beschreibung der Lage dienen: Hassan Ouhbib aus Tetouan in Marokko schrieb auf der Jugendseite der Zeitung „L'Opinion" folgende „Gedanken": „Die Frau ist das beste Schaufenster für den Reichtum des Mannes. Frauen und Parfums sind heikel, beide muß man gut unter Verschluß halten. Die Frauen erraten alles, sie täuschen sich nur, wenn sie denken."

Auf der gleichen Seite veröffentlichte die Zeitung ein Gedicht einer Oberschülerin aus Tanger. Es begann so:

„Stets verachtete Frau
Stets bevorzugter Mann
Frau sein heißt alles hinnehmen."

Ein 29jähriger Lehrer aus der algerischen Stadt Saida im Landesinnern verbrachte eine Woche in der spanischen Küsten- und Touristenstadt Alicante. Die Palmenpromenade, die Ladengeschäfte und die Kaffeehäuser gefielen ihm sehr gut, nur die lockere Kleidung der jungen Frauen lehnte er ab. Der Lehrer war verheiratet, aber allein gereist. Der Grund: Zuerst mußte er den neuen Ort inspizieren, kennen und für gut befinden. Erst das zweite Mal durfte seine Frau mitreisen. Während seiner Abwesenheit ging diese nicht aus dem Hause. Der Bruder kaufte für sie ein.

Diese Beispiele und Gedanken gelten für die Mehrheit der Frauen. Es gibt andere, gegenteilige. Schauen wir hinter die Kulissen einer Hauptstadt: Im Juni 1988 befragten in Algier junge Soziologen 1000 verheiratete Männer und Frauen zwischen 25 und 44 Jahren zu ihrer Ehe. Hier die wichtigsten Ergebnisse: 53 Prozent der Heiraten wurden von den Familien der Brautleute arrangiert, nur 47 Prozent der Betroffenen kannten ihren Partner vor dem Hochzeitstag, 22 Prozent waren mit ihrem Partner verwandt. 71 Prozent der jungen Leute haben diesem Verfahren zugestimmt, dem Rest ist es aufgezwungen worden. Die Hälfte der Ehepaare lebt aus Platz- oder Geldmangel bei den Eltern eines Teils, und in einem von drei Fällen arbeitet auch die Frau außer Haus.

Die Kommentatoren dieser Umfrage schrieben über das Ergebnis, das „moderne Ehepaar" mache Fortschritte, obwohl es noch im Banne der alten Bräuche stehe. Dem europäischen Beobachter fällt auf, daß vielfach die Eltern – mit oder ohne Zustimmung der Betroffenen – beschließen, wen ihre Kinder heiraten sollen. Besonders bei Familien der unteren sozialen Schichten ist diese Tradition noch stark ausgeprägt, ist man noch fest in den alten Bräuchen verankert. In diesen Familien ist es normal, daß die Braut von ihrem Zukünftigen eine Mitgift erhält, mit einem Jungfräulichkeits-Zeugnis heiratet, während des splendiden Hochzeitsfestes wie eine Puppe ausstaffiert und zur Schau gestellt wird und nachher den Schleier nimmt. Diese Traditionen haben sich bis in die Mittelklasse hinein unverändert erhalten.

Der Teil der Elite, der sich den Westen zum Maßstab gewählt hat, geht eigene Wege. Eine bürgerliche Familie etwa in Casablanca und eine Bauernfamilie keine 50 Kilometer von der Stadt entfernt leben in zwei verschiedenen Welten. Ein Teil der Berberbevölkerung befolgt wieder eigene Gesetze, da bei ihnen die Frauen wichtiger und angesehener sind.

Das lange Überleben alter Gesellschaftssitten steht manchmal in scharfem Kontrast zu dem modernen wirtschaftlichen Verhalten der Bevölkerung. Die Gründe dafür gehen nicht zuletzt auf den Kolonialismus zurück, der die maghrebinischen Gesellschaften mit neuen Ideen und Werten überschwemmte. In ihrem Privatbereich vermochte sich die Bevölkerung am besten dagegen zu stemmen. Zur Wahrung ihrer islamischen Identität haben sich viele Familien in diesem Bereich als Kompensation besonders stark westlichen Einflüssen verschlossen. Femme, Famille, Foyer (Frau, Familie, Haushalt): in diesen drei Sparten wird die Tradition bewahrt. Die Frau gehört danach an den Herd und zur Familie.

*Abb. 7:* Einmal traditionell – einmal westlich modern. Junge Frauen im Stadtzentrum von Algier

Von Zeit zu Zeit versuchen Gesetzgeber, die Rechte der Frau der wirtschaftlichen Entwicklung anzupassen, stoßen aber auf große Schwierigkeiten. Die konservativen islamischen Kräfte drängen darauf, daß die Gesetze so wenig wie möglich vom islamischen Recht (charia) abweichen. Die Anpassung der Rechte der Frau an das westliche Zivilrecht ist für sie ein Schritt weg von der „Authentizität". Vor allem in Landgegenden haben sie noch einen großen Einfluß auf die Bevölkerung und ist Sitte stärker als Recht.

Die Männer unternehmen im allgemeinen sehr wenig, um die Lage zu ändern. Sie verlegen sich auf Lippenbekenntnisse und verteidigen gleichzeitig ihre Vorrechte. Nehmen wir folgenden Leserbrief eines Algeriers von 1989 zur Kenntnis: „Ich bin 24, Staatsbeamter in den mittleren Rängen und beabsichtige, mit 35 Jahren ein unterwürfiges und folgsames Mädchen von höchstens 19 zu heiraten. Das ist mein absolutes Recht, das ist weder Sünde noch ein Vergehen. Wieso soll ich eine reife, gebildete und moderne Frau heiraten, die ich nicht liebe und die mein Herz zurückweist? Der Allerhöchste hat die Aufgaben jedes Ehepartners verteilt, es liegt nicht an den Menschen, sein Wort in Frage zu stellen."

Noch immer gibt es im öffentlichen Leben für Frauen Tabus. Eines davon ist der Besuch der Kaffeehäuser. Diese sind eine klassische Domäne der Männer. Erscheint eine Frau allein in einem Kaffeehaus, zieht sie feindliche Blicke der Männer auf sich und kann nicht sicher sein, daß der Kellner sie bedient. Auszunehmen sind Ausländerinnen und einige Cafes an den Hauptstraßen der Großstädte.

Allein auf der Straße zu sein, ist für eine modern gekleidete Frau häufig ein Problem. Nach vorherrschender Sitte braucht sie Männerbegleitung, denn die Frau „gehört" immer zu einem Mann. Nur wenn sie zielbewußt einem Ort zustrebt, ist sie sicher. Flaniert sie, betrachten die Männer sie als Freiwild. Deshalb gehen viele Mädchen nur mit Freundinnen aus und kleiden sich unauffällig. Bei Einbruch der Dunkelheit sind Unverheiratete meist zuhause. Am Nachtleben nehmen sie nicht teil. Nachtleben gibt es in Tunis, Algier und Rabat kaum.

Die einheimische Presse bedauert es und sucht die Gründe bei der Wirtschaftskrise und den zunehmenden Überfällen. In Wirklichkeit fehlen die Frauen. Nach neun Uhr abends sind in den Straßen nur noch abenteuerhungrige junge Männer zu sehen. Die Frauen sitzen zu Hause im geschützten Familienkreis und schauen fern. Allein in ein Kino zu gehen, wäre für sie selbst tagsüber ein Abenteuer. Der soziale Druck, dies nicht zu tun, ist zu groß. Sie haben zu verzichten gelernt.

Bei der Arbeit zählen die Frauen hingegen voll, verdienen allerdings meist weniger als die Männer. Insgesamt arbeiten zwar in keinem Maghreb-Land mehr als 15 Prozent der Frauen (dazu ist allerdings die Feldarbeit zu zählen). Doch ihr Anteil nimmt zu. Die Männer vor allem der mittleren und oberen Schichten sind immer mehr einverstanden, daß ihre Frauen auswärts arbeiten. Sie bringen Geld nach Hause oder verlangen ganz einfach, ihren Beruf auszuüben. (Die verbesserte Schulbildung der Mädchen nach der Erlangung der Unabhängigkeit hat sich als eine der wichtigsten gesellschaftlichen Errungenschaften entpuppt.) Als Studentinnen und Arbeitskräfte sind die Mädchen durchaus als vollwertige Personen anerkannt. Das Problem beginnt nachher: Verlassen sie das Büro, die Fabrik oder die Universität, sind sie wieder nur „Frau" und damit den Männern unterstellt. Ähnliche Verhältnisse herrschten vor nicht allzu langer Zeit in Südeuropa.

Traditionelle Hauptaufgabe der Frau ist es nach wie vor, Mutter und Hausfrau zu sein. Als Mutter vor allem von Jungen erhält sie Ansehen und Macht. Nach dem Forscher Abdelwahab Bouhdiba hat die verklemmte patriarchalische Gesellschaft der arabischen Länder zu einem „morbiden Mutterschaftsdrang" geführt, den die Frauen jetzt immer mehr loswerden wollen. Bouhdiba betont, daß die erotische Epoche von „1001 Nacht", welche einst das prüde Europa so beeindruckte, längst vorbei ist und in allen arabischen Ländern eine „sexuelle Krise" herrscht, welche auf den fehlenden Dialog zwischen den Geschlechtern hinweist. Als Kompensation dazu herrscht im Maghreb vielfach stärkerer körperlicher Kontakt zwischen den Männern. Männer, die auf der Straße Hand in

Hand schreiten oder den kleinen Finger eingehakt haben, sind keine Seltenheit; meist handelt es sich um gute Freunde, in den wenigsten Fällen um Homosexuelle.

Die Gesetzgebung hat die Frauen vorwärts gebracht und den konservativen Gesellschaftsdruck, vor allem in den Städten, vermindert. Rechtlich stehen Tunesiens Frauen eindeutig am besten da. Der 1956 verabschiedete „Code du Statut personnel" verbietet die Viel- und die Zwangsehe und reguliert die Scheidung auf moderne westliche Weise. Die Verstoßung ist verboten. Frauen haben das Recht auf Alimente und können die Obhut der Kinder übernehmen. Algerien brauchte bis 1984, bis es die Kolonialgesetze von 1959 erneuerte. Der neue „Code de la Famille" konnte nur nach langem Tauziehen zwischen religiösen Kreisen und „Modernen" verabschiedet werden und ist entsprechend zweideutig ausgefallen. Die Zwangsehe ist verboten, die Vielehe jedoch nicht. Die Scheidung ist erschwert, fehlende Jungfräulichkeit der Braut ist hingegen ein Grund zur Verstoßung. Als Erbin ist die Frau benachteiligt. In Marokko sind die entsprechenden, 1973 revidierten Gesetze ähnlich wie in Algerien. Die marokkanische Soziologin Fatima Mernissi, welche seit Jahren auf moderate, aber beharrliche Art für die Emanzipation der muslimischen Frauen kämpft, erklärte, daß die Vielehe und die Verstoßung die zwei „Haupthindernisse" für die Frauen ihres Landes sind.

Wie kämpfen die Frauen in den drei Ländern für mehr Rechte? Die Wiedergeburt des islamischen Fundamentalismus hat sie in den letzten Jahren vermehrt auf die Barrikaden getrieben. Die „direkte Aktion" hat indes bisher wenig genützt. Junge Frauen der Oberschicht haben in Tunis, Algier, Casablanca und Rabat Diskussionsgruppen gegründet. „Als wir aber aktiv wurden und politische Rechte verlangten, bekamen wir die Repression des Regimes zu spüren", erklärte in Rabat eine junge Frauenrechtlerin. Ohne Polizeimaßnahmen hingegen demonstrierten in Algerien Frauen 1989 vor dem Parlament für die Gleichberechtigung.

So findet die Diskussion hauptsächlich weitab vom Volk auf dem Papier statt. In den Buchläden ist sogar ein Boom der

Frauenliteratur – auf französisch – zu verzeichnen. Vorerst geht es hauptsächlich um die Bestandesaufnahme. Fatima Mernissi widerlegte in ihrem Buch „Der politische Harem, der Prophet und die Frauen" (Le harem politique, le prophète et les femmes) das wichtigste Argument der Männer. Sie zeigte auf, daß der Koran die Frau weit weniger unterdrückt, als Marokkos Männer es tun, und daß daher diese ihre Haltung nur schlecht mit der Religion begründen können. Das Buch wurde in Marokko verboten, auch in den Nachbarländern führen es die Buchhandlungen nicht. „Die Geschichte der Frauen zeigt symbolisch die Angst einer Gesellschaft an, sich zu öffnen", bemerkte Mernissi. Und ihr Kollege Bouhdiba stellte fest: „Die wirkliche Emanzipation der Frau kommt nur über die Emanzipation der Männer zustande."

## II. Die einzelnen Länder

### 1. Marokko

*Ein Streifzug durch das Land: das Küstengebiet*

Die beste Anreise nach Marokko führt über Spanien. In Andalusien wird die enge geschichtliche und kulturelle Verbundenheit beider Länder augenscheinlich, und versteht der Reisende auch die Nostalgie, mit der die Marokkaner von diesem „verlorenen" Gebiet jenseits des Mittelmeers sprechen.

Bereits nach Madrid nimmt die Bevölkerungsdichte ab und beginnen sich die Horizonte zu öffnen. Stundenlang durchfährt man die Hochebene der Mancha. Je näher Andalusien rückt, desto weißer werden die Dörfer. Orangenbäume beginnen die Dorfstraße zu zieren, die Hektik des Alltags nimmt langsam ab. An der Landschaft Südspaniens fällt der große Kontrast zwischen dem fruchtbaren und dem kargen Boden auf; hier grün – da braun. Das Problem des Wassers wird erstmals bewußt. In dem Alhambra-Palast in Granada sprudelt es in Becken und Springbrunnen und rieselt es in steinernen Kanälchen den Abhang hinunter. Am Horizont leuchtet der Schnee der Sierra Nevada. Es sind Eindrücke des Paradieses, ein Vorgeschmack von Marrakesch.

Die Altstadt von Córdoba ist ein weißes Labyrinth von Gassen, die vor neugierigen Augen herrlich kühle, pflanzenüberhangene Innenhöfe verstecken und die Medinas Marokkos ankünden. Plötzlich steht man vor der Moschee. Sie ist jetzt eine Kirche, doch der Gebetsraum steht noch wie einst. Der Säulensaal sucht in der maghrebinischen Welt seinesgleichen. In Sevilla erinnert der Kirchturm der Giralda an die arabische Welt. Die Almohaden haben ihn im 12. Jahrhundert im Stil der Koutoubia von Marrakesch gebaut. Damals war er ein Minarett.

Tanger erblickt man bald nach Beginn der Fahrt durch die Meerenge von Gibraltar. Seine weißen würfelförmigen Häuser schmiegen sich an einen Berghang, als wäre es eine weitere andalusische Stadt. Die Gasthäuser und Pensionen an der Hauptstraße, die in das Stadtzentrum hochführt, tragen vielfach noch spanische Namen, der Markt heißt nach spanischer Manier „Socco": Erinnerungen an die Kolonialzeit.

Plötzlich das Neue: bodenlange Djellabah-Kleider, andere Gesichter, viele Kinder. Die 15 Kilometer breite Meerenge verbindet nicht nur, sie trennt auch zwei Welten. Erste Eindrücke der Dritten Welt klammern sich fest: jugendliche Straßenverkäufer, spottbillige Preise, das Geld der Europäer ist hier mehr wert, die Europäer sollen Haare lassen. In den Gassen des „kleinen Socco", dort, wo es immer enger und unübersichtlicher und die Verkaufstechnik etwas aufdringlicher wird, fühlt sich der europäische Reisende das erste Mal so richtig unsicher.

Dabei ist Tanger (das römische Tingis) eine der europäischsten Städte Marokkos. Vom 15. Jahrhundert an geriet es in das Einflußgebiet von Kolonialmächten, und das blieb so bis 1956. Im Jahre 1415 eroberten es die Portugiesen, am Ende des 17. Jahrhunderts nisteten sich 25 Jahre lang die Engländer in der Stadt am Hügel ein. Englands Krone hatte Tanger als Hochzeitsgeschenk von der portugiesischen Königsfamilie erhalten. In der Folge blieb die Stadt Hafen für Kaufleute aus Gibraltar, Genua und Marseille und Arbeitsplatz für Bankiers aus Paris und London, die in Marokko Geschäfte tätigen wollten. 1912 verleibte Spanien die Stadt als sein Protektorat ein, 1925 legten neun europäische Länder ein internationales Statut für sie fest. Von den 30 Stadträten waren bis zur Unabhängigkeit 21 Europäer und 9 Marokkaner. Tanger wurde Zollfreihafen.

Es war die Zeit der wirtschaftlichen Blüte. Die leicht verlotterten kleinen Paläste von englischen, französischen und amerikanischen Kaufleuten, Mäzenen und auch Abenteurern auf den Anhöhen der Stadt zeugen heute noch von jener Epoche des unbeschwerten internationalen Treibens. Heute hat der

Hafen Tangers stark an Bedeutung verloren; die Stadt ist in erster Linie noch als Handelszentrum für das Hinterland wichtig. Der alte Ruhm, die alten Kanonen, die noch auf das Meer gerichtet sind, und die Paläste dienen nur noch dem Fremdenverkehr. Er ist heute die Haupteinnahmequelle der Stadt.

Die Fahrt von Tanger nach Süden führt zunächst durch wenig bewohntes Gebiet. Die sandigen Strände sind schnurgerade und fast unbenützt. Jungen und Mädchen hüten Kühe und Schafe. Das Land ist grün, manchmal sogar sumpfig, die Städtchen Asilah und Larache stechen wie weiße Flecken daraus hervor. Beide sind seit dem Altertum Anlegeorte für Schiffe. Wer sich für Geschichte und Archäologie interessiert und einen Weg mit Schlaglöchern nicht scheut, kann die phönizischen und römischen Ruinen von Lixus an der Mündung des Loukkos-Flusses heute noch besuchen. Von Larache aus zog im Hochsommer 1578 in schweren eisernen Rüstungen das portugiesische Heer unter dem 24jährigen König Sebastian gegen die „ungläubigen" Marokkaner und erlitt eine fürchterliche Niederlage. Diese flache und gut bewässerte Gegend (der „Rharb") ist heute eine der fruchtbarsten Gegenden Marokkos. Zuckerrohr wird in großen Mengen angepflanzt, Orangen- und Mandarinenbäume stehen in Reih und Glied geschützt hinter Hecken und Reihen von Eukalyptus-Bäumen. In dieser Gegend werden auch Reis und Zuckerrüben angepflanzt.

Die Stadt Kenitra ist ein Produkt der Franzosen. Diese machten den Unterlauf des Sebou-Flusses schiffbar, errichteten einen Hafen und nannten den Ort „Port Lyautey". Heute ist der Hafen wenig bedeutend, die Stadt ist modern, besitzt keine besonderen Reize, ist aber einer der am schnellsten wachsenden Orte Marokkos.

Südlich von Kenitra dann eine Überraschung: der riesige Wald von Mamora. So steht Marokko in keinem Reiseprospekt. Dieser Wald, eher ein lichter Hain von 1400 fast unbewohnten Quadratkilometern, besteht aus Pinien, Korkeichen und Eukalyptus-Bäumen, die industriell ausgebeutet werden.

Die Zwillings-Stadt Rabat-Sale ist für die meisten Touristen der erste obligatorische Halteort. Rabat gehört zu den vier „Königsstädten". Auch die heutige Hauptstadt war lange Zeit hauptsächlich ein Landeplatz und befestigter Etappenort für Eroberer und Heere (ihr Name stammt von „ribat", d. h. Festung). Wer von dem befestigten Viertel Oudaia aus die Mündung des Bou Reg Reg-Flusses überblickt, der die beiden Orte trennt, kann dies verstehen. Am Bou Reg Reg begannen die Almohaden im 12. Jahrhundert mit dem Bau einer Moschee, von der heute noch das 44 Meter hohe, unfertige Minarett, der „Tour Hassan", erhalten geblieben ist; in der Nähe der Flußmündung errichtete die Meriniden-Dynastie einen Grabort (Chellah), der heute von Störchen bewohnt und von der Natur üppig ausgeschmückt ist; an erhöhter Lage über der Mündung hat König Hassan auch das vielbesuchte Mausoleum seines Vaters Mohammed V. bauen lassen. Für die heutige Schiffahrt ist der Bou Reg Reg untauglich. Im 17. und noch im 18. Jahrhundert liefen von Rabat-Sale hingegen Piraten auf Beutefahrt aus. Die Piraterei (la course) brachte den beiden Orten vorübergehend Reichtum.

Es ist interessant festzustellen, daß das Meer auch heute die Bevölkerung kaum interessiert. Die Stadt Rabat wendet ihm den Rücken zu. An einer Uferpartie dehnt sich friedlich ein Friedhof aus. Die schönsten Häuser an den Ufern haben Ausländer gekauft. Am Stadtrand in Richtung Temara befindet sich in Strandnähe – verdeckt hinter einer langen Mauer – ein Armenviertel.

Alle Städte an der Atlantikküste lassen markant europäischen Einfluß erkennen. Rabat haben die Franzosen zur Hauptstadt gemacht, weil ihnen Fes zu rebellisch erschien. Neben die Medina haben sie – wie überall – die weiße Neustadt errichtet und diese mit Beamten gefüllt. Das Gelände mit den Regierungsgebäuden heißt heute „Mechouar" und es umfaßt auch den Regierungsbezirk des Königs. Hier steht nicht nur einer seiner vielen Paläste, sondern auch eine Moschee, Polizeikasernen und auch das College Imperial, an dem die beiden Söhne Hassans, Sidi Mohammed und Moulay Rachid, ihre Ausbildung erhalten. Beide Söhne begleiten den König auf Reisen und nehmen an den wichtigsten politischen Anlässen teil. Grundsätzlich wird der 1963 geborene Sidi Mohammed Nachfolger des Königs, die Wahl steht aber letztlich Hassan frei.

Der Mechouar ist eindrückliche 45 Hektar groß und ganz von alten Mauern umgürtet. Was „da drin" vorgeht, ist für die meisten Leute, selbst für die Diplomaten, die sich in den schicken Vororten niedergelassen haben, ein Geheimnis.

Die Einwohner von Rabat leben in einem wunderbar milden Klima mit viel Sonne. Dennoch gilt die Stadt nicht als lebensfroh. Vielleicht liegt es daran, daß es eine Beamtenstadt mit recht provinziellem Charakter ist. Gegen Abend nach dem Spaziergang der Leute an der breiten, palmenbestandenen Avenue Mohammed V leeren sich die Straßen rasch. Für die kleine Minderheit der Europäer bleibt noch etwa ein Kultur-Programm einer Botschaft oder der Alliance Française.

Doch Rabat ist auch Universitätsstadt. Die Studenten sieht man manchmal spät abends in Parks unter Laternen – beim Lernen. Alle, die zuhause zu wenig Platz finden, spazieren vor den Examen in den Parkanlagen herum und lernen ihre Texte auswendig. Das ist so Sitte. Auch Studentinnen sind dabei, ein Buch oder Notizen unter dem Arm legitimieren ihren nächtlichen Ausgang.

Nach 12 Uhr mittags und nach sechs Uhr abends herrscht Stoßverkehr. Er ist durchaus erträglich und besteht zur Hauptsache aus Hunderten und Tausenden von Mopedfahrern. Das Kleinmotorrad ist das Auto der Beamten und ganz allgemein der unteren Mittelschicht. Ein Moped kostet immerhin gut zwei Monatslöhne. Wer sich einen „Sachs" oder eine Marke „Peugeot" kaufen kann, zeigt an, daß er die Mindeststufe des Wohlstands geschafft hat. Auf dem Moped läßt sich auch die Frau – in Djellabah und im Damensitz – und, wenn es sein muß, noch ein Kind transportieren. Das Moped ist die Lösung, das Fahrrad hingegen gar nicht. Die Stadt ist zwar beinahe flach, doch das Fahrrad ist nicht Mode, es ist zu billig, und selbst in die Pedale zu treten, gilt nicht als elegant.

In dem Oudaia-Viertel, das wie eine kleine Stadt für sich selbst lebt, sind in zwei kleinen Museen (dem „Musée des Arts marocains" und dem „Musée du Costume") Kostbarkeiten eines anderen Marokko, des Marokko des „Hinterlandes" zur Schau gestellt: Musikinstrumente, Kostüme und Teppiche. In den Schaukästen entfaltet sich die ganze Vielfalt des Landes: Berberteppiche aus dem Mittleren und Hohen Atlas, Hirten- und Festgewänder der Frauen und Männer vom Rif bis in die Sahara-Oasen, drei- und sechssaitige einfache Geigen (guenbris), die einsaitige „rbab" mit dem dicken Bogen, die Hirten-flöte aus Bambus (lira) oder die aufdringlich näselnde gheita, die an Umzügen und Festen zu hören ist und von den Tam-bourinen (bendir) und Doppel-Trommeln (darbouka) begleitet wird. Hier klingt ein ganz anderes Marokko an.

Südlich von Rabat nimmt die Bevölkerungsdichte weiter zu. Vorstädte, Dörfer und fruchtbares Landwirtschaftsgebiet vermischen sich. Fachleute behaupten, daß die 80 Kilometer zwischen Rabat und Casablanca in wenigen Jahren von einem zusammenhängenden Großstadt-Gebiet, einer „Megalopolis" von über fünf Millionen Einwohnern aufgefüllt sein werden. Welcher Wandel: Noch zu Beginn des Jahrhunderts ließen Nomaden in diesem Küstenstrich ihr Vieh weiden und mußten Reisende auf dem Weg von Rabat nach Casablanca Flüsse auf der Fähre überqueren.

Heute hingegen verbinden ein Superzug und Marokkos einzige Autobahn die beiden Städte. Die Verbindung zwischen „Casa" und Rabat ist in gewissem Sinne der Lebensnerv der Nation. Casablanca bedeutet Handel, Wirtschaft, Industrie und Geld – die wirtschaftliche Macht – und Rabat die Regierung, die Büros, die Dokumente – das politische Zentrum. Beide brauchen und ergänzen einander, ohne einander können sie nicht auskommen.

Casablanca ist alles das, was Rabat nicht ist: riesig, lärmend dynamisch. Kaum zu glauben, daß es im letzten Jahrhundert noch ein Dorf war, das spanische Kaufleute nach einem Fort „das weiße Haus" (Casablanca, arabisch: Dar el Beida) getauft hatten. Heute hat die Stadt an die drei Millionen Einwohner. Casa ist die einzige Großstadt des Maghreb mit Weltstadtcharakter. Die Bürohochhäuser und die Hotels an der Avenue des Forces Armees in der City bilden eine eindrückliche Silhouette. Kaum jemand merkt, daß die alte Medina sich gleich daneben, eingeklemmt zwischen Meer und Moderne duckt und nun auch von der neuerbauten Moschee Hasan II völlig überragt wird. Casablanca hat keine Zeit gehabt, Patina anzusetzen. Es ist die westlichste Stadt des Maghreb, eine Stadt mit Diskotheken wie keine andere und einer Jugend, welche in einigen Lokalen ungeniert westeuropäischen und amerikanischen Stil lebt. Seine arabische Seele ist – falls sie existiert – nicht recht sichtbar. Die neue, nach altem Vorbild erstellte Medina wirkt aufgesetzt.

Viel echter sind die Ergebnisse des Wirtschaftsbooms, dem der Bau des Hafens zu verdanken ist, der die Villen- und die Armenviertel schuf. Eine Fahrt durch das südlich gelegene Viertel Anfa und entlang dem Strand der „Corniche" erzeugt die Gewißheit, daß der Reichtum hier europäisches Maß hinter sich läßt. Blumenverhangene Riesenvillen mit mehreren Dienern wechseln mit Spezialitätenrestaurants, teuren Klubs und ummauerten arabischen Palästen ab. Hier haben auch reiche Familien der arabischen Golfstaaten Geld investiert, hierher kommen sie, um sich ungeniert nach westlicher Art auszuleben.

Auf der anderen Stadtseite dagegen sind die riesigen, billig erbauten Wohnblocks für Arbeiter zu sehen, dazwischen die Bidonvilles, die Armenviertel der Leute, die auf Arbeitssuche vom Land gekommen sind und sich in Holz- und Wellblechhäusern eingerichtet haben. Auf den Gassen fließen die Abwässer, darum herum versuchen Schafe und Ziegen Fressen zu finden, Mädchen und Jungen stehen an öffentlichen Brunnen an, um ihre Krüge und Plastikbehälter zu füllen. An einzelnen Tagen ist Souk, Markttag. Bis hin zum Hosenknopf wird alles angeboten.

Dem europäischen Reisenden fällt in Casablanca noch mehr als in anderen Teilen des Landes auf, wie gut er sich im Hotel, am Zeitungsstand, im Autobus und selbst in der Medina mit der französischen Sprache durchschlagen kann. Im gesamten Maghreb spricht rund die Hälfte der Bevölkerung von über zehn Jahren – gut oder weniger gut – Französisch. In Marokkos Wirtschaftsmetropole mögen es noch mehr sein. In Wirtschaft und Handel, in Recht und Wissenschaft und auch in der Staatsverwaltung zieht die Sprache des Kolonisators noch immer. Nicht nur, weil das Arabische noch nicht in allen Bereichen den notwendigen neuen Wortschatz geschaffen hat (dies ist kein echtes Argument für das Französische mehr), sondern weil die europäische Sprache zu größerem Ansehen verhilft. Französisch sprechen die „Gebildeten" und die meisten Reichen, diejenigen, welche die westlichen Konsumgüter besitzen. Französisch ist schick, es ist die Sprache, die für den sozialen Aufstieg, für alle, die „dabei" sein wollen, notwendig ist. „Französisierte Berber" nannte eine Arabisch-Professorin die städtische Bevölkerung Marokkos einmal leicht verzweifelt. Solange dieser psychologische Trend vorherrscht, haben die Verteidiger des Arabischen einen schweren Stand. Also denn: lieber „Bonjour" als „sabah al chair".

Von Casablanca aus steuern die meist südwärts Reisenden Marrakesch zu. Die Küstenstraße nach Agadir ist ihnen zu beschwerlich. Außer den drei etwas abseits der Straße gelegenen Küstenstädten El Jadida, Safi und Essaouira gibt es auf den über 500 Kilometern fast nur Landschaft zu sehen. Landschaft, die immer trockener wird und bald die 400 Millimeter-Regengrenze unterschreitet. An den Ausläufern des Hohen Atlas können die Bauern den Steinen nur noch kleine Feldchen abringen, die eine unsichere Ernte bringen.

Kurz vor Agadir gleißen die ersten Verheißungen des Südens auf: Weitgeschwungene, sonnenüberflutete Sandstrände, an denen meist nur wenige Wohnwagen von Nordseelen stehen. Die Stadt Agadir (der Name heißt in der Berbersprache „Kornspeicher") hat eine erstaunliche Entwicklung hinter sich. Das verheerende Erdbeben, das am 29. Februar 1960 kurz vor Mitternacht den Hauptteil der Stadt zerstörte und das Leben von 15000 Menschen auslöschte, scheint weit zurückzuliegen. Still liegt heute das mit Bäumen bepflanzte Unglücksgebiet da.

Daneben ist eine neue Stadt aus dem Boden geschossen. Eine schneeweiße, großzügig gebaute Stadt, die heute bereits 150 000 Einwohner zählt und rasch weiterwächst. In Agadir herrschen „kalifornische" Zustände: Ein herrliches Klima, unternehmerische Dynamik und ungetrübter Optimismus. Immer mehr Leute kommen aus dem Norden des Landes, um in Agadir, der Stadt, die sie früher dem unterentwickelten Süden zurechneten und mißachteten, zu investieren und zu arbeiten.

Agadir ist zu einem Entwicklungspol des Landes, zur Pforte des Südens und zur Stadt der Zukunft geworden. Seine drei Trümpfe sind der Fremdenverkehr, die Landwirtschaft und die Fischerei. In allen drei Sparten liegen noch ungeahnte Expansionsmöglichkeiten – falls die Unternehmer das Maß nicht verlieren. Sie wollen die Anzahl der Touristenbetten von 17 000 auf 50 000 erhöhen und den Anteil von Agadirs Tourismus am nationalen Fremdenverkehr (jetzt beträgt er 30 Prozent) noch erhöhen. Die Agrarunternehmer im angrenzenden Tal des Sous-Flusses, welches über genügend Wasser verfügt, haben die exotischen Früchte und das Frühgemüse entdeckt. Unter Plastik gedeihen immer mehr Bananen, Kiwis und Avocados; Tomaten, Gurken und anderes sollen vermehrt auf den europäischen Markt kommen. Der neue Hafen, an dem Fisch-Konservenfabriken stehen, soll in einigen Jahren die Hochsee-Flotte aufnehmen, welche jetzt noch in Las Palmas ankert. Inzwischen fahren bescheidene Kutter auf Sardinenfang aus, und der Fischfang wird vorerst noch halbindustriell betrieben.

Im Jahr 2005 sollen in Agadir und seiner Umgebung über 800 000 Menschen leben. Touristen, die hier baden und Abenteuer-Ausflüge in das Landesinnere machen wollen, tun gut daran, nicht solange abzuwarten. Noch ist Agadir angenehm zu erleben, noch kann man stundenlang am Strand spazieren und an der Mündung des Sous-Flusses seltene Vogelarten beobachten. Doch das Gebiet befindet sich im Aufwind, und die Entwicklung des internationalen Tourismus wird mitentscheiden, ob es darin bleibt.

300 Kilometer südlich von Agadir liegt der Marktflecken Goulimine, der letzte Ort vor der Wüste. Hinter Goulimine

wird es mysteriös. Konvois von schweren Lastwagen rollen mit Lebensmitteln auf der einzigen Straße weiter nach Süden, die Kilometersteine zeigen an, daß es nach Layoune noch über 500 Kilometer weit sind. Dort „unten" liegt die Westsahara, das umstrittene Gebiet, das Marokko 1976 nach dem Abzug der Kolonialmacht Spanien zur Verwaltung übernommen und in einer Politik der vollendeten Tatsachen annektiert hat. Die Wüstenstadt Layoune zählt heute rund 100 000 Einwohner – dreimal mehr als unter den Spaniern – und verfügt über moderne Schulen, Spitäler und ein Sportstadion. Es ist die Hauptstadt einer der drei neuen Sahara-Provinzen. Zur Bekräftigung der Zugehörigkeit zu Marokko finden in Layoune internationale Kongresse statt. Der Fußballklub der Stadt spielte plötzlich in der ersten Liga. Zur Förderung des Gebiets erhalten Firmen, die sich hier niederlassen, auch Steuererlasse. Viele dieser Unternehmen haben hier ihren Briefkasten und funktionieren in Wirklichkeit in Agadir oder in Casablanca. Agadir ist die neue Hoffnung des Südens, Layoune hingegen die Chimäre, die Milliarden verschlingt.

## Das Landesinnere

Verlassen wir den Küstensaum und treten den Weg in das Landesinnere an, stoßen wir bald auf das ländliche und intime, das „andere" Marokko, das sich dem Reisenden weniger offen darbietet. Die französische Sprache verschwindet langsam, Jackett und Krawatte machen der langen Djellabah und dem schweren wollenen Burnus Platz, an die Stelle der französischen Baguette tritt das runde Fladenbrot. Es ist auch die Welt, in der wenige, aber herzliche Kontakte mit der Bevölkerung zustande kommen, deren spontane und natürliche Gastfreundschaft immer wieder überrascht.

Die Fahrt von Tanger über Tetouan nach Chechaouen (der Ort wird auch Chaouen geschrieben) führt in dieses Marokko ein. Im Anstieg gegen das Rif-Gebirge wechseln kleine Getreidefelder mit Mandel- und Aprikosenbäumen und Schafherden ab. Chechaouen klebt weiß und verträumt an einem Abhang.

Es ist eher ein großes Dorf als eine Stadt. Bei der Einfahrt bemerken wir noch die spanische koloniale Vergangenheit. Der runde Platz in der Neustadt ist die ehemalige „Plaza de España". In gleicher Form existiert dieser Hauptplatz in anderen Ortschaften des Nordens. In Chechaouen tragen die Straßen teils noch die alten spanischen Namen, und das ausgezeichnete Hotel am Rande der Altstadt hieß früher „Parador". Doch in der verwinkelten, traumhaft schönen und farbenfrohen Medina lebt eine andere Welt. Kinder warten mit ihren Schiefertafeln vor der Koranschule, Teppichweber klappern halbversteckt in kleinen Räumen, und Esel tragen Lasten auf den Markt. An Markttagen erscheinen die Bauern und Bäuerinnen der Umgebung, die Frauen mit kuriosen Strohhüten, die mit vielfarbigen Wollsträngen verziert sind. Der Hauptplatz, die Uta el Hammam, ist eher ein Plätzchen. Alles ist hier kleinformatig, einnehmend, wie verzaubert. Chechaouen, das im 16. Jahrhundert als Garnison gegen die an der Küste vordringenden Europäer gebaut wurde, liegt abseits der großen Routen, ist aber ein Geheimtip – eine gute Einführung in das Leben im ländlichen Landesinnern.

Der Weg in das Herz des Rif-Gebirges ist krumm und etwas beschwerlich. Bei Bab Taza verwundert die Frage der Polizei, was die Reisenden in dieser Gegend suchen. Der Grund wird bald ersichtlich. An den Straßenrändern bieten Jungen Haschisch an. Die Pflanze (hier „kif" genannt) wächst auf kleinen, manchmal auch von der Straße aus sichtbaren Feldern des Rif-Gebirges etwa so leicht wie Brennesseln – sie sieht auch ähnlich aus. Der Anbau ist zwar illegal, doch der Verkauf bringt den Rifbauern wichtige, zusätzliche Einkünfte. Das Land ist ärmlich. Korkeichen wechseln mit Pinien und einigen Zedern ab, die Humusschicht ist dünn, die Bodenerosion groß und die Abwanderung der Bevölkerung in die Städte und ins Ausland enorm. Ketama ist auf der Landkarte eine Ortschaft, in Wirklichkeit aber nur eine Straßenkreuzung, an der außer drei oder vier etwas tristen Hotels junge Haschischverkäufer stehen.

Die gewundene Bergstraße nach Fes führt uns an Marktflecken vorbei, etwa auf dem Bergrücken bei Ikaouen. Einmal pro Woche strömen die Bauern der Umgebung in dieses Dorf, stellen ihre Esel in den Eselsparkplatz, schreiten durch die improvisierten Verkaufsstände und kaufen Zucker und Öl, einen Blasebalg oder einen neuen Sattel; manchmal lassen sie sich die Haare scheren und trotten dann mit ihrem Lasttier wieder heimwärts in ihre Weiler (douars), die mehrere Wegstunden entfernt liegen können. Die Distanz stört sie nicht. Der Markttag ist für sie der wichtigste Tag der Woche: Das Dorf bedeutet Kommunikation, Abrechnung, Vergleich und Ansporn.

Marokkos wichtigste Marktorte bieten sich schon auf der Landkarte mit allen nötigen Angaben an. Souk el Arba du Rharb etwa bedeutet, daß an diesem Ort der Rharb-Region am vierten Wochentag (arba heißt vier), das heißt am Mittwoch, Markt (souk) ist; Tleta Ketama zeigt an, daß man hier am besten am Dienstag vorbeischaut (tleta heißt drei), Ortsnamen mit „tnine" (zwei) weisen auf den Montag hin usw.

In Ikaouen, wie überhaupt im Landesinnern, fällt auf, wie verbreitet Esel und Maultiere sind. Nur wenige reiche Verkäufer fahren mit dem Auto oder mit einem Lastwagen vor. Für die meisten Bauern ist der Esel Auto, Lastwagen und Traktor in einem.

Die Fahrt nach Fes führt durch landschaftlich völlig unversehrte Gegenden. Störche nisten auf Hausdächern, das Getreide wird noch mit Maultieren, die im Kreise herumgehen und mit ihren Hufen die Körner von den Halmen trennen, gedroschen, die Straße, die junge Freiwillige nach der Unabhängigkeit des Landes in einem Sondereinsatz zur Erschließung des abgelegenen Rif-Gebiets bauten, weist stellenweise beträchtliche Schlaglöcher auf. An einigen Dorfrändern stehen neue, gut gebaute Häuser: Emigranten haben auf diese Weise ihr Erspartes investiert.

Fes liegt in einer fruchtbaren Talmulde an einem historischen Kreuzungspunkt. Es besteht genau genommen aus drei Städten. Zwei davon, die Neustadt der Franzosen aus dem 20. Jahrhundert und die „Neustadt" (Fes Jedid) aus dem

13. Jahrhundert, in der sich der Königspalast und das alte Judenviertel befinden, interessieren die Reisenden meist herzlich wenig. Sie steuern ohne Umschweife auf die Tore der Stadt zu, die, von Mauern umgürtet, zuunterst liegt und aus dem 8. Jahrhundert stammt: Fes el Bali, das alte Fes.

Ein Streifzug durch Fes el Bali ist ein Eintauchen in das Mittelalter, in die Zeit vor den Fabriken, den Büros und der Hektik. Nur die elektrischen Kabel stören, der Rest ist ein äußerst lebendiges Schaustück des „ewigen" Marokko – Fes ist ein Kulturgut von Weltbedeutung.

Ohne Führer schafft man dieses Labyrinth von wenig mehr als 200 Hektar, in dem 250000 Personen wohnen, kaum (die Führer sind denn auch überall und blitzschnell da). Fes ist die Stadt der Gelehrten, der Händler und der Handwerker. Für die ersten sind die Karaouine-Moschee (ihr wurde bereits im 9. Jahrhundert eine Hochschule angeschlossen) sowie die Universität außerhalb der Gemäuer da; die Händler haben sich in den Hauptgassen niedergelassen, und die Handwerker belegen – wie im Mittelalter säuberlich nach Innungen geordnet – einzelne Gassen und Viertel. Da, wo es von frischgesägtem Holz duftet, arbeiten die Tischler, daneben die Schneider und die Kesselflicker, dort, in ihren schwarzen Löchern hinter Amboß und handbetriebenem Blasebalg die Schmiede, in einer besonders pittoresken, immer von Wasser triefenden Gasse die Färber, in winzigen Boutiquen die Goldschmiede, etwas weiter, hinter uralten Schreibmaschinen, die öffentlichen Schreiber, dort, wo es durchdringend riecht, die paar Dutzend Ledergerber usw. Jedermann arbeitet bei geöffneter Tür, lebt aber versteckt in einer Seitengasse; Fes el Bali ist ein riesiges, eng zusammengepferchtes Dorf mit vielen Minaretten, in dem jedermann zu Fuß geht und nur von den Ho-Rufen der Eseltreiber gestört wird; seine acht Tore können abends geschlossen werden; einen wirklich guten Überblick erhält nur, wer auf einen der umliegenden Hügel steigt.

Am besten für den Besucher ist es, sich im Strom der Menge treiben zu lassen und sich zu verlieren. Nur dann vermag er einen Einblick in versteckte Ecken, in erfrischende Innenhöfe

*Abb. 8:* Eingang zur Altstadt von Fes. Esel und Maultiere sind die wichtigsten Transportmittel

und in geheimnisvolle Eingänge von Bädern (hammams) zu erhaschen, nur dann sieht er auch, wie viele Jungen von zehn, elf und zwölf Jahren täglich beim Schneider, beim Tischler, beim Schmied, beim Gerber und als Verkäufer und Lastenträger arbeiten. Die Kinderarbeit ist weit verbreitet, wird als normal betrachtet und deutet auf den sehr bescheidenen Wohlstand eines großen Teils der Bevölkerung hin.

Das alte Fes ist bedroht. „Es ist ein Gedicht ohne Musik", meinte der Schriftsteller Tahar Ben Jelloun, der darin aufgewachsen ist. Die Stadt ist überfüllt, die Landflucht hat sie an den Rand des Berstens gebracht. Die UNESCO hat sich 1980 des Falles angenommen. Rund 70 000 Personen sollen bis zum Ende des Jahrhunderts in neue Wohnviertel außerhalb der Mauern übersiedelt werden. Die Rettungsaktion wird mehrere hundert Millionen Dollar kosten. Ob sie jemals abgeschlossen werden wird, ist keinesfalls sicher.

Ein besonderes Wort muß über die Elite dieser Stadt gesagt werden, die heute zum Großteil in der Oberstadt wohnt. Die „Fassis" werden im Rest des Landes bewundert, gefürchtet und auch gehaßt. Viele von ihnen sind besonders raffiniert und intelligent. Die jahrhundertelange städtische Kultur (Fes ist die älteste Stadt des Landes, das „Herz" des alten Marokko) und mehrere wichtige Auffrischungen (vom 14. bis zum 17. Jahrhundert suchten Muslime aus Andalusien und Juden hier Unterschlupf) haben ihre Auswirkungen gehabt. Fes war zudem vier Jahrhunderte lang Hauptstadt des Landes. Die Elite pflegte besonders gute Beziehungen zu den Sultanen und später zu dem Königshaus und hat immer auf eine gute Erziehung ihrer Söhne geachtet. Heute ist sie bestens in den Schlüsselposten des Staatsapparates vertreten, beherrscht die Textilindustrie und einen Teil des Handels. Das Gegenteil der Fassis sind die Leute aus der Gegend von Agadir, die „Soussis". Sie gelten als die Neuaufsteiger, die Ehrgeizigen vom Lande, die Krampfer und Sparer und müssen viel Witze über sich hören. Die Soueiden dominieren den Lebensmittelhandel und sind auch in den Banken gut vertreten.

Nach Fes steigt die Landschaft sehr rasch an. Nach wenigen

Kilometern kurven wir auf über 1000 Metern Höhe an den Flanken des Mittleren Atlas. Bis nach Marrakesch wird der mächtige und breite Gebirgszug zu unserer Linken uns begleiten. Der Unterschied zwischen der Stadt und dieser rauhen Landschaft ist frappierend. In Fes leben wir in einem Hort der Kultur und finden wir alle Annehmlichkeiten, hier sind selbst ein Restaurant oder eine Zeitung schwer aufzutreiben. So versteht sich, daß die Städter in Marokko die Bevölkerung auf dem Lande, die „aroubis", immer leicht hochnäsig und distanziert behandeln.

Das Leben in den Dörfern und Weilern des Mittleren Atlas ist in der Tat äußerst bescheiden und hart, wie etwa bei den Berbern der Ait Imi, die mehrere Autostunden von der Hauptstraße entfernt am Fuß des Viertausenders M'Goun leben. Die Häuser der Dörfer sind meist aus getrocknetem Lehm gebaut; wegen der Hitze und vor allem der Kälte in den langen Wintern haben sie nur kleine Fenster. Am Morgen essen die Leute Maissuppe aus großen Kacheln, tagsüber Couscous, selbstgeschlagene Butter, Brot und Eier. Die Frauen und Mädchen weben Teppiche und sind auch für das Brennholz verantwortlich. Manchmal schleppen sie Lasten von 30 und 40 Kilo. Sie tragen immer ein buntes Kopftuch – gegen den Staub, und weil die Männer es so wollen. Schleier gibt es hier jedoch nirgends. Die Männer sorgen sich um das Vieh, um die Weizen-, Mais- und Gerstenfelder und um die Nußbäume. Die Großmütter unterrichten manchmal die Kinder. Die Jungen sind, wenn sie die paar Schuljahre abgeschlossen haben, meist Hirten. Vergnügen gibt es sehr wenige. Im Sommer Steinerutschen und Baden am Flüßchen, im Winter Geschichtenerzählen.

Zur Schönheit dient das Henna, das von den Blättern eines Strauches gewonnen, zu Pulver gestampft und in Wasser eingelegt wird, bis es eine schöne Schlamm-Masse bildet und seine Farbe von grün zu orange wechselt. Dann legen Mädchen und Frauen einander eine dicke Schicht ins Haar. So wird es stark und glänzend. Henna ist auch eine Medizin. Mit einer Henna-Schicht darauf vernarben Wunden schneller und sind

Hände und Fußsohlen gegen Schlangen und anderes gefährliches Getier, auch gegen böse Geister, geschützt. Die Volksheilkunde macht hier wenig Unterschiede.

An den großen Festen reisen die Bergleute stunden- und tagelang, um sich zu treffen und zu ergötzen. Das bekannteste Fest der Gegend ist das der Ait Haddidou, zu dem sich im September bis zu 20000 Menschen auf der Hochebene von Imilchil treffen, um dort dem Mausoleum des Heiligen Sidi Ibrahim ihre Aufwartung zu machen. Das Fest (moussem) von Imilchil ist auch im Ausland berühmt geworden, weil es gleichzeitig nicht nur Jahrmarkt und Kamelmarkt, sondern auch Heiratsmarkt ist. Die 14- bis 18jährigen, überaus bunt gekleideten Mädchen kommen hier in einem sehr einfachen und großzügigen Verfahren unter die Haube.

Marrakesch erinnert wieder an Fes. Die Lage der Stadt ist jedoch so einmalig, daß Winston Churchill sie als „die schönste Stadt der Welt" bezeichnete. Wie auch immer die Meinung sei: Der Anblick der gänzlich rostroten alten Stadt mit ihrem Palmenhain, der Silhouette der 77 Meter hohen Koutoubia-Moschee und dem glänzend flimmernden Schnee des Hohen Atlas im Hintergrund ist faszinierend. Marrakesch ist die erste Hauptstadt und hat dem Land den Namen gegeben. Sie blickt auf eine ruhmreiche Vergangenheit zurück und ruht in sich selbst. Die Tatsache, daß die Küstenstädte ungestüm anwachsen, während Marrakeschs Bevölkerung bei rund 500000 stehenbleibt, stört die Bewohner nicht. Im Gegenteil: Die „Marrakschis" sind für ihren Humor und ihre langen Siestas bekannt. Marrakesch ist der Ort des Ausruhens und des Genießens.

Und des Einkaufens. Die Altstadt von Marrakesch ist enorm groß und weit weniger eng als diejenige von Fes (die Neustadt Gueliz ist erst nach 1920 entstanden). Sie birgt so viele Reize, daß die wenigsten Besucher ihr widerstehen können. Das Einkaufen ist aber ein anderes, ein wesentlich schwierigeres Geschäft als in Europa. Als Grundregel gilt: Man nehme sich viel Zeit dafür und verliere nie die Fassung. Die Wahrung der Haltung (hachouma) ist für die Marokkaner – und mehr noch für die Marrakschis – der Inbegriff der Klasse. Wer ungeduldig wird, laut redet, gestikuliert oder den Anfangspreis gar zu tief ansetzt, wirkt verletzend; er ist ein schlechter Kunde, für den man sich nicht anstrengt. Für die Dauer gilt das marokkanische Sprichwort: „Zum Einkaufen nehme dir Zeit".

Das Einkaufen ist ein Spiel, ja ein Ritual, das die Händler mit Vergnügen und viel List spielen. Weil keine festen Preise existieren, kommt der Käufer nicht umhin, seine eigene Strategie zu entwickeln. Am besten ist es, er durchschaut die Absichten und Phrasen seines Partners, gibt es ihm aber nicht zu verstehen, sondern spielt das Spiel – zu seinem eigenen Profit – mit. Beide Seiten dürfen dabei alle Phantasie walten lassen, maßlos übertreiben und auch etwas flunkern, müssen jedoch das Gesicht wahren.

Mehr als ein Drittel des verlangten Preises sollte man nicht anbieten. Wer die Hälfte zahlt, hat vielfach schon Geld verloren. Zieht sich das Feilschen hin, muß man die Einladung zum Minzetee unbedingt annehmen. Die Feilschenden sind „Freunde", das Geschäft ist ein sozialer Akt, es bringt sie zusammen. Viele Käufer lassen sich von dieser berechneten Gastfreundschaft einwickeln, runden ihr letztes Angebot nach oben auf, lassen sich ihren Teppich, ihre echt silberne Teekanne oder ihre echt alten Berber-Armbänder einwickeln und verlassen glücklich den Laden, weil ihnen der Verkäufer abschließend noch ins Ohr flüstert, er habe für denselben Gegenstand einem Landsmann viel mehr Geld abgeknöpft. Erst später nagt der Zweifel an ihnen, ob sie dafür doch nicht einiges zuviel, ja unverschämt viel bezahlt haben.

Deshalb sollte eine weitere Grundregel beachtet werden. Bevor man sich durch die Rufe: „Ali Baba, kommen Sie herein, es ist nur für das Vergnügen der Augen", der Verkäufer anlocken und auf einen ernsthaften Handel einläßt, ist es gut, bei der Konkurrenz die ungefähren Preise zu erfahren. In Agadir ist die Sache für die Fremden bestens gelöst. Sie können Souvenirs aller Art zu festen Preisen in einem Supermarkt erstehen. In Marrakesch ist dies unmöglich, es wäre für die

Zunft der Händler entwürdigend. Das Spiel des Handelns muß sein, der feste Preis gefällt nur dem Europäer, bringt aber die arabisch-marokkanische Lust an der List und der Improvisation zum verkümmern.

Die Medina lebt alte Tradition weiter. Hier wohnen die Menschen noch wie vor der Ankunft der Franzosen zusammen, hier kennt jeder jeden wie im Dorf. Das Gemeinschaftsgefühl der Menschen ist noch wichtiger als Geld und Gewinn. Viele Familien bereiten das Brot zu Hause vor. Die Mädchen und Jungen decken die Teiglaibe mit einem feuchten Tuch zu und tragen sie auf einem Brett zum Bäcker. Dieser ritzt ein Zeichen – das Zeichen der Familie – darauf und schiebt sie in den Ofen. Später holen es die Kinder gegen ein kleines Entgelt wieder ab. Die Tagine kann man zum Heizer des öffentlichen Bades bringen. Dieser stellt das Tongefäß in die Glut. Dort brutzelt das Fleisch stundenlang, und es wird butterweich. Diese und ähnliche kleine Hilfeleistungen sind gang und gäbe. Und immer respektieren die Kinder die Älteren, die Söhne ihre Väter und Großväter. Die Alten spielen eine Rolle, sie wissen mehr, ihre Autorität ist im Maghreb noch unangetastet.

Ein Teil der Besucher macht sich in Marrakesch nicht die Mühe, die mittelalterlichen Medersen (Koran-Hochschulen) und den splendiden Grabort der Dynastie der Saadier zu besichtigen, welche die Stadt im 16. Jahrhundert nochmals zu Reichtum brachten und verschönerten. Viele begnügen sich mit einem Rundgang durch den Badia-Palast, der erst 100 Jahre alt ist, und verweilen dann auf dem Hauptplatz, der Djemaa el Fna. Er ist nicht mehr, was er einmal war – aber er ist noch viel: Ort der Unterhaltung und des Nervenkitzels, der Belehrung und Weissagung und auch der Erlabung; ein Freilufttheater mit dauernd wechselnden Akteuren: Affendressierern, schwarzen, mit ihren metallenen „Kastagnetten" halb ekstatisch schlagenden Tänzern, geheimnistuerischen Geschichtenerzählern, Volksheilkundigen, listigen Schlangenbeschwörern, Zirkusmännern mit nicht endenwollenden Nummern, Verkäufern und Köchen – vielen Köchen.

Am Abend zünden alle ihre Gaslampen an, damit ihr Publikum nicht wegläuft. Das ist die beste Zeit – die Zeit der Intimität. Um jeden Akteur, um jede Gruppe bildet sich ein Menschenkreis, sieht zu, drängt nach vorne, setzt sich auf den Boden und lauscht Geschichten und Rätseln, vernimmt Ratschläge und Mahnungen. An der Djemaa el Fna lebt die mündliche Tradition weiter, welche der Landbevölkerung Unterhaltung und Wissen bedeutet. Wir, die wir täglich die Zeitung lesen und fernsehen, mögen das lächelnd zur Kenntnis nehmen. Auch auf der Djemaa el Fna wird in einigen Jahren die Zeit der Geschichtenerzähler und Volksheilkundigen vorbei sein. Vorläufig aber sprechen die Zahlen für sie: In Marokko können rund drei Viertel der Frauen und die Hälfte der Männer nicht lesen und schreiben.

Ein Lob gebührt den Garküchen auf dem Platz. Wer die anfängliche Scheu ablegt und in die maghrebinische Welt der kollektiven und direkten Empfindungen taucht, bemerkt, daß die Köche aus ihren einfachen Kesseln und von ihren Rosten herunter äußerst leckere Sachen zaubern. Die Harira-Suppe ist gut gewürzt, die gebratenen Fische schmecken ausgezeichnet, das Couscous wird mit der großen Schöpfkelle und mit Schwung serviert. Die Kunden setzen sich auf einfache Holzbänke rund um die Garküche. Die Köche werken vor aller Augen in der Mitte. Die Garküchen verschwanden eine Zeitlang von der Djemaa el Fna. Nun sind sie wieder da – sie gehören einfach zum Land und zum Maghreb. Ein Detail: an vielen Orten verkaufen fliegende Händler nur Eier – Berge von hartgesottenen Eiern. Das Ei ist ein guter Fleischersatz, es enthält die Proteine, die der Mensch braucht.

*Der König, das Volk und die Demokratie*

Wie funktioniert die marokkanische Gesellschaft, wie ist sie politisch gegliedert? Die Antwort auf diese Fragen ist kompliziert. Die Denkart und die Haltung der Marokkaner sind verwirrend: Viele Europäer vermögen sie auch nach jahrelangem Aufenthalt im Land nicht zu ergründen. Wahrheiten, die heute gelten, sind morgen vergessen; Freunde können gleichzeitig Gegner sein; westliche Logik gilt nur in beschränktem Maß, Überraschungen und Veränderungen werden mit großer Selbstverständlichkeit hingenommen. Wenn ihnen etwas mißfällt, sprechen es nur ganz wenige Marokkaner aus. Das wäre unhöflich. Wer einen Formfehler begeht oder eine Bitte abschlägt, kann sie hingegen tief verletzen. Dann ist plötzlich wieder die Entfremdung, die Schranke da, die man schon abgebaut wähnte. Dann bekommen Europäer wieder zu spüren, daß sie in diesem Land Eindringlinge sind.

Auf den ersten Blick existieren keine Schwierigkeiten. Marokko schätzt und lockt Kapitalgeber und Touristen aus Europa an, es hat von den Franzosen politische und gesellschaftliche Werte übernommen. Casablanca ist die Stadt mit dem westlichsten Lebensstil des ganzen Maghreb. Das Land ist zwar eine Monarchie, nach der Verfassung von 1972 allerdings eine „konstitutionelle, demokratische und soziale" Monarchie. Im Lande funktionieren Parteien, deren Abgeordnete in Rabat im Parlament sitzen, es gibt Wahlen und auch Gewerkschaften, und an den Zeitungsständen herrscht Pressevielfalt. Sogar die Kommunisten haben ihre Zeitung.

Andere Eindrücke widersprechen diesem westlichen Bild. Wenn König Hassan II. eine Fernsehrede hält, versammeln sich fast alle Familien vor dem Bildschirm. Der König beginnt seine Ansprache mit „mein liebes Volk". Etwa zwei Drittel der Leute verstehen nicht recht, was er sagt, denn der König spricht in klassischem Arabisch, der Mann von der Straße beherrscht jedoch nur den Dialekt. Das Thronfest vom 3. März ist ein sehr wichtiges Ereignis. Besonders ausgewählte Vertreter aus allen Provinzen reisen an diesem Tag nach Marrakesch, um dort dem König in einer Zeremonie mit einem tiefen Kopfnicken zu huldigen. Wehe dem Arzt, dem Richter, dem Geschäftsmann, der auserlesen wurde und an diesem Akt nicht teilnehmen will. Er kann nicht frei entscheiden, ein Nein würde das Ende seiner Laufbahn bedeuten.

Die Auftritte und Reisen des Königs sind immer große Ereignisse, welche das Leben in den Städten mehrere Tage verändern und ganze Bevölkerungsgruppen in Beschlag nehmen. Sie sind perfekt organisiert. Ein Beispiel: Im Juni 1988 landete der inzwischen 60jährige Hassan II. auf der Rückkehr von dem arabischen Gipfeltreffen im Hafen von Tanger. Das Fährschiff „Marrakesch" war für diese Reise requiriert und umgebaut und für sämtliche bereits gebuchten Reisen gesperrt worden. Der Weg zum Bahnhof war mit Tausenden von Städtern gesäumt. Dort wartete eine Delegation von islamischen Gelehrten, Politikern und Offizieren auf den Monarchen. Mädchen in Trachtenanzügen warfen aus Körben Rosenblätter vor die Füße Hassans. Dieser schritt auf Berberteppichen und reichte den Persönlichkeiten seine Hand. Rechtsgelehrte, Politiker und Militärs knieten einer nach dem anderen nieder, ergriffen sie, zogen sie rasch an sich und küßten sie auf beiden Seiten. Am Schluß drehte sich der König um, winkte und stieg in den besonders hergerichteten Eisenbahnwagen. An diesem Abend fuhr zwischen Tanger und Rabat kein anderer Zug. Bei der Abfahrt spielte am Bahnhof in Rabat bereits ein Orchester, und sangen und tanzten auf dem Platz vor dem Palast Männer und Frauen des königlichen Haushalts aus Anlaß der Ankunft.

Ein anderes Beispiel: 1987 fand der König bei einem Besuch in Casablanca, daß für diese Stadt ein architektonisches Wahrzeichen gebaut werden müsse, am besten eine mächtige Moschee. Der Innenminister, Driss Basri, ließ darauf im ganzen Lande Geld für den Bau sammeln, umgerechnet insgesamt 700 Millionen Mark. Den Staatsangestellten wurde ein Teil ihres Monatslohns abgezogen, Freiberufliche bezahlten über ihre Berufsorganisationen, Geschäftsleute erhielten von den Gouverneuren den Befehl, gewisse Summen abzuliefern. Manche mußten ein zweites Mal erscheinen und nachzahlen. Ausländer – ob Christen oder Juden – zahlten mit, es handelte sich um eine „Staatsangelegenheit". Nach 40 Tagen war die Kampagne beendet, mit dem Bau konnte begonnen werden. Geschäftsinhaber, Handwerker und Händler stellten das geschmückte Zertifikat, das bescheinigte, daß sie ihren Beitrag zur neuen Moschee geleistet hatten, in ihren Lokalen aus. In

Casablanca arbeiteten bald über 2000 Personen Tag und Nacht an dem Riesenwerk, das Hassan II.-Moschee heißen sollte. Der Boden, auf dem die Moschee steht, mußte zum Teil dem Meer abgerungen werden. Die Moschee ist heute das größte Gotteshaus des Maghreb. 20000 Gläubigen bietet der Betsaal Platz. Von dem Minarett wird ein Laserstrahl in 35 Kilometer Entfernung die Größe Allahs verkünden. Einweihen wird das Bauwerk Hassan II. Hassan ist der Führer der Gläubigen (Amir al mouminine) von Gottes Gnaden, er ist König (malik) und Staatschef, der auch regiert, er ist – mißt man ihn mit europäischer Elle – der Papst, Mitterrand und Thatcher in einem. Seine Person ist unantastbar und heilig, so steht es in der Verfassung von 1972.

Um diese Rolle zu verstehen, muß man in der Geschichte zurückblättern. Die Dynastie der Alaouiten hatte es auf die ungewöhnlich lange Herrschaftszeit von 300 Jahren gebracht. Um 1660 brach der Begründer der Dynastie, Moulay Rachid, aus seinem Heimatgebiet im südöstlichen Oasengebiet des Tafilalet auf und besetzte mit einem Heer 1666 Taza und Fes, drei Jahre später Marrakesch. Eine Vorfahre war vier Jahrhunderte zuvor aus der Arabischen Halbinsel eingewandert und hatte Stämmen der Gegend als religiöser Führer gedient. Nach ihrer eigenen Auffassung waren die Alaouiten direkte Nachkommen des Propheten Mohammed und durften somit den entsprechenden Ehrentitel „Cherif" tragen (diesen Titel tragen heute in Marokko mehrere hundert Familien).

Nach dem Ende der Blütezeit im 18. Jahrhundert gelang es den Alaouiten, ihre Macht mit geschickten Pakten zu halten. Wie ihre Vorgänger beherrschten sie nie das ganze Land, sondern versuchten, die Stämme, die ihnen ergeben waren und Steuern zahlten, gegen die unabhängigen Berber-Gruppen, welche die Autorität des Sultans nicht anerkannten, einzusetzen. War das Königshaus stark genug, unternahm es Feldzüge zur Unterwerfung der unabhängigen Stämme. Das Gebiet, in dem die „Rebellen" herrschten (es konnte die Hälfte der Bevölkerung und mehr umfassen), wurde „bled siba" genannt, die königstreuen Gegenden hingegen „bled Makhzen". Als

*Abb. 9:* Zu einem Fest gehören die Landesfahne und das Bild des Königs

Autoritäten wirkten in den unabhängigen Gebieten islamische Weise und Ratgeber (Marabouts) oder religiöse Bruderschaften (zaouias), die manchmal eine echte Gegenmacht zum Sultan darstellten, weil sie, wie dieser, die göttliche Gnade (baraka) an das Volk weitergeben konnten.

Die Kräfteverhältnisse wechselten andauernd. Die Alaouiten trieben so hohe Steuern als möglich ein, um mit Hilfsstämmen Heere aufzustellen und das Land zu beherrschen. Je stärker die Stämme ausgepreßt wurden, desto geringer war die Gefahr, daß sie sich bereicherten und gegen den Sultan rebellierten. Wie wichtig das wirtschaftliche Motiv war, zeigt der Ausdruck „Makhzen" an, mit dem die gesamte Machtorganisation des Sultans bezeichnet wurde. Der Makhzen war das Gebäude der Zentralmacht, in dem die Stämme und Ortschaften ihre Steuern abzuliefern hatten. Die Franzosen machten daraus ihr Wort „magasin".

Historiker wie Waterbury, Montagne und Terrasse sind zum Schluß gekommen, daß das System des Makhzen zur Bildung von Interessengruppen geführt hat, die keine konstruktive Idee des Staates pflegten und nicht an den Aufbau der Zukunft dachten, sondern sich auf die Machterhaltung verlegten. Mit ihrer Dynamik der unkontrollierten Kräfte trachteten sie nur zu zerstören oder zu lähmen. Diese Politik führte dazu, daß das Land keine Zukunftsdynamik entwickelte und für die eindringenden Europäer eine leichte Beute wurde. Mehr noch: Die Sultane zogen im 19. Jahrhundert, um an der Macht zu bleiben, auch die Europäer in ihre Paktpolitik ein. Der Makhzen, das waren die königlichen Berater, die Sekretäre, Soldaten, Gendarmen und Steuereintreiber. Das Volk verehrte, fürchtete und haßte sie.

Die Franzosen dachten nicht daran, den archaischen Machtapparat des Sultans während des Protektorats aufzulösen, sie benutzten ihn vielmehr für ihre eigenen Zwecke. Auch nach der Kolonialzeit unternahmen Sultan Mohammed V. und vor allem sein Sohn, Prinz Hassan, alles, um die vorkoloniale Herrschaftsstruktur wieder aufleben zu lassen. Dabei stützten sie sich auf dem Land auf die großen Grundbesitzer und die Dorfvorsteher, in der Stadt auf die Schicht des Finanzbürgertums. Heute ist der Makhzen so stark wie selten zuvor. Es ist deshalb zulässig, die politische Entwicklung Marokkos seit 1956 hauptsächlich als ein Kräftespiel zwischen dem König und dem Rest der Nation zu sehen.

Die Alaouiten-Familie hatte bei ihrem Unternehmen eine gute Portion Glück, zeigte aber auch viel Geschick. Glück hatte Sultan Mohammed. Die städtische Elite suchte zur Verstärkung des Unabhängigkeitskampfes gegen Frankreich ein Symbol der nationalen Einheit und verlegte sich auf seine recht schwache Person. So konnte Mohammed V., der anfänglich mit den Franzosen zusammengearbeitet hatte, moralischer Anführer des Freiheitskampfes werden. Er paktierte nun mit der nationalistischen Istiqlal-Partei, übernahm nach der Unabhängigkeit die Führung des Landes und nannte sich fortan König. Die Regierung des Landes übergab er als Belohnung den Politikern der Istiqlal-Partei (d. h. „Partei der Unabhängigkeit"), welche die Bevölkerung in den härtesten Jahren angeführt hatte.

Bald brach jedoch ein Widerspruch auf. Sollte der König und religiöse Führer des Landes die Macht mit den Politikern teilen? Wer vertrat das Volk – die Partei oder der König? Mohammed V., der wegen seines bescheidenen Auftretens und seiner konzilianten und paktbereiten Haltung auch der „Gütige" genannt wurde, hat diesen Widerspruch nie gelöst. Vielleicht hatte er keine Zeit dazu. Seine Amtszeit dauerte nur fünf Jahre. Im Februar 1961 wachte der Monarch überraschend nach einer harmlosen Operation nicht mehr aus der Narkose auf. Die älteren Marokkaner erinnern sich mit Wehmut an ihn.

Den Thron bestieg sein Sohn Hassan I., der damals 32 Jahre alt war und in Rabat und Frankreich ausgebildet worden war. Hassan war von anderem Schlag als sein Vater. Er besaß viel politisches Gespür, konnte aber hart und zynisch sein und zeigte einen vorher unbekannten Hang zum Luxus. Der neue König wollte die Macht nicht teilen. Hassan nahm ein modernes Parteiensystem an, beabsichtigte aber, diesem seinen eigenen Machtapparat überzustülpen. Als Prinz hatte er bei der Machtausübung geholfen und zusammen mit seinem Berater, Rada Guedira, damit begonnen, die Weichen für die Zukunft zu stellen. Zuerst bekämpfte er die Nationalistenpartei des Istiqlal. 1958 entstand mit seiner Hilfe eine neue Formation, die Berberpartei der „Volksbewegung" (Mouvement populaire, MP). Im selben Jahr rebellierte die Bevölkerung des Rif-Gebirges. Hassan ließ die Revolte brutal niederschlagen. Seither ist er nie mehr in dieses Gebiet gereist. 1959 trennte sich eine fortschrittliche Gruppe unter dem Rechtsanwalt Mehdi Ben Barka von der zögernden bürgerlichen Istiqlal und nannte sich „Nationale Union der Volkskräfte" (UNFP).

Nach der Machtübernahme verstärkte der König das Mehrparteiensystem noch, indem er königstreue liberale Gruppierungen förderte. Hassan konnte sich nun über die einzelnen Parteien stellen und als Schiedsrichter walten. Die Verfassung von 1962 konsolidierte seine Rechte. Die Istiqlal-Partei lehnte sich nun gegen die steigende Allmacht des Königs auf und trat 1963 in das Lager der Opposition über. Von dort aus griff die neue linke UNFP-Partei, die in den Städten Unterstützung fand, die Sozialpolitik Hassans an. Der „Palast" (so nennen die Marokkaner die königliche Macht) kämpfte nun offen gegen diese beiden wichtigsten Parteien und ließ ihre Spitzenmitglieder verhaften. 1965 griff Hassan zu radikalen Mitteln. Er ließ einen Aufruhr der Armen von Casablanca, die von Studenten angeführt wurden, von der Armee unterdrücken und setzte darauf die Verfassung außer Kraft. Alle politische Tätigkeit war den Parteien verboten, der König regierte per Dekret. Im Oktober 1965 wurde Mehdi Ben Barka in Paris ermordet. General de Gaulle klagte später General Oufki, einen engen Vertrauten Hassans, an, hinter der Tat zu stehen.

Der Ausnahmezustand dauerte bis 1970, die Zeitspanne ohne ein gewähltes Parlament bis 1977. In dieser Zeit zeigte sich deutlich der Widerspruch der marokkanischen Politik. Das herkömmliche Regierungssystem – die Theokratie des Makhzen – ließ sich nicht mit der westlichen parlamentarischen Demokratie verbinden. Die Parteien mußten ihre anfängliche Illusion, effektiv am Aufbau der jungen Nation teilnehmen zu können, begraben und sich ducken.

Die Machtmittel des Königs umfaßten fast alle Bereiche. Hassan besaß – und besitzt – das Recht, alle Beamten zu ernennen und abzusetzen. Dies erlaubt ihm, sich der jeweiligen Lage anzupassen, indem er die aufsteigenden Kräfte berücksichtigt. Der König hat sich so vor allem im Innenministerium und in der Armee ein Netz von absoluten Vertrauensleuten gesponnen. Sein Kabinett von Beratern war wichtiger als die Regierung. Diese war da, um Befehle des „Palasts" auszuführen. Der König legte die Hand auch auf das Rechtswesen. Er war befugt, in Prozesse einzugreifen, sein Wort konnte Rechtskraft haben, er ernannte die Richter, und diese sprachen in seinem Namen Recht. Die Presse war neutralisiert. Keine Zeitung durfte den König und seine Familie kritisieren, alles, was die „öffentliche Ordnung" in Gefahr brachte, war verboten. Hassan war auch Vorsitzender des islamischen Gelehrtenrates. Dies erklärt, warum der islamische Fundamentalismus in Marokko sich nicht so stark entwickelt hat.

Als letztes Kontrollmittel verblieb dem Palast das Geld. Politiker, Intellektuelle und Geschäftsleute, die dem Königshaus schaden konnten, wurden mit lukrativen Angeboten angelockt und in den Bannkreis der Monarchie gezogen. Der König machte sie auf diese Weise abhängig und – im Notfall – wehrlos. „Encadrer la societe" (die Gesellschaft einfassen) wird auch heute die Methode des Königshofs genannt, sämtliche wichtigen Gesellschaftskreise in seine Einflußsphäre zu ziehen. „Der Makhzen ist überall in der Gesellschaft gegenwärtig und mit normalen rechtlichen und verfassungsmäßigen Konzepten nicht faßbar", schrieb die Spezialistin Rachida Cherifi dazu. Der König selber verteidigte seine Idee der Monarchie in seinem Buch „Die Herausforderung" (Le Défi) so: „Unsere gesamte Geschichte zeigt auf, daß Marokko ohne eine Volksmonarchie nicht existieren würde. Zwölf Jahrhunderte lang hat sich diese Wirklichkeit nicht verändert. Mehr denn je braucht das marokkanische Volk eine populäre, islamische Monarchie, welche auch regiert."

Der König hatte die Rechnung jedoch ohne die Armee gemacht. Eine Minderheit verfolgte sein absolutistisches Verhalten und sein volksfernes Leben mit Abneigung. Im Juli 1971 benützten zwei Berberoffiziere, General Medbouh und Oberst Ababou, Hassans Geburtstagsfeier zu einem Putschversuch. Sie führten die Kadetten der Akademie von Ahermoumou zum Königspalast in Skhirat bei Rabat, erklärten ihnen, der Monarch sei in Gefahr, und ließen sie auf die versammelte Geburtstagsparty los. In wenigen Minuten lagen 100 Tote auf dem Rasen und in den Sälen. Der König flüchtete sich in ein Versteck. Sein Leben verdankte er der fehlenden Koordination der beiden Putschführer. In Rabat war das Volk während Stunden überzeugt, Hassan sei tot. Niemand ging auf die Straße, niemand rührte sich. Am Abend jenes 10. Juli gelang es den loyalen Truppen schließlich, die Ordnung wiederherzustellen. Neun Putschoffiziere wurden nach einem Prozeß hingerichtet, rund hundert verschwanden in einem Militärgefängnis bei Rich im Mittleren Atlas. Dort sind sie heute noch. Zugang zu ihnen hat niemand.

Ein Jahr später entging der König einem weiteren Anschlag. Als er von Frankreich heimkehrte, griffen vier F-5-Jäger der eigenen Luftwaffe seine Boeing an und beschädigten das Flugzeug. Die Besatzung fingierte Ergebung. Als dem angreifenden Oberst Kouera die Munition ausging, wagte er es nicht, mit seinem Jäger die Boeing zu rammen. Das königliche Flugzeug vermochte trotz der Beschädigung im Flughafen von Rabat-Sale zu landen. Unter den wartenden Ehrengästen fehlte General Oufkir. 12 Stunden später war der General nach einem Besuch im Palast tot.

Eine dritte Gefahr für den König bedeutete die UNFP-Partei, welche bewaffnete Kommandos in Berber-Gegenden entsandt hatte und einen Aufstand anzetteln wollte. Die Kommandos wurden 1973 getötet und die Rädelsführer vor Gericht gestellt, ebenfalls die kleine Gruppe von Marxisten-Leninisten, welche mit Pamphleten und Straßenkundgebungen gegen den König vorging.

Angesichts der Anfechtung hielt es der König für angebracht, eine Phase der Versöhnung einzuleiten. Hassan schlug in Ansprachen selbstkritische Töne an und versprach eine Politik der Öffnung und Demokratisierung. Zur Befriedigung der linken Kräfte ordnete er noch 1971 die Verstaatlichung von Landgütern an, welche nach dem Rückzug der Franzosen in der Hand von Ausländern geblieben waren. 1973 folgten ausländische Handels-, Industrie- und Dienstleistungsbetriebe. Diese Nationalisierungsaktion ist unter dem Namen „Marokkanisierung" bekannt geworden.

1974 rückte ein Thema in den Vordergrund, das die Marokkaner jahrelang mobilisieren und die Nation neu zusammenbringen sollte: der Konflikt um die West-Sahara. Schon vor dem Rückzug Spaniens aus seiner Kolonie hatte Marokko angemeldet, daß das Wüstengebiet zu seinem Territorium gehöre, weil die dort lebenden Nomadenstämme vor dem Eindringen der Spanier (1885) dem Sultan Tribut gezollt hatten. Fast alle politischen Parteien waren sich in diesem Punkt einig. Für König Hassan war der West-Sahara-Konflikt ein ausgezeichnetes Mittel, um Parteien und Volk wieder hinter sich zu scharen und seinen Führungsanspruch zu stärken.

Er nützte die Situation voll aus. Während eines Jahres ließ der König heimlich ein gewagtes Unternehmen vorbereiten, das den Namen „Grüner Marsch" erhielt. 350 000 Freiwillige aus dem ganzen Land sollten unbewaffnet in das Wüstengebiet einmarschieren und Spanien moralisch zum Rückzug zwingen. Was ausländische Beobachter für unmöglich hielten, trat ein. Anfang November 1975 ergoß sich diese Menschenmenge mit Fahnen und Koran in die Wüste. 7800 Lastwagen hatten sie von Marrakesch aus zusammen mit 17 000 Tonnen Nahrung, 23 000 Tonnen Wasser, Benzin und Zelten rund 700 Kilometer weit nach Süden transportiert. Logistisch war der Marsch eine Großleistung, politisch ein voller Erfolg. Spaniens Heer blies zum Rückzug. Der Sieg gab den Marokkanern jahrelang psychologischen Rückhalt. „Geehrt seid ihr, Freiwillige, ihr habt Marokko ein neues Bewußtsein und eine neue politische Tradition gegeben, dieser Marsch hat aus uns ein neues Volk gemacht", erklärte der König nach der Unterzeichnung des Abkommens von Madrid, das den nördlichen Teil der West-Sahara Marokko zur Verwaltung übertrug.

Die Stimmung der Eintracht ermöglichte 1977 Parlamentswahlen. Die Parteien nützten sie, um ihre Kraft und ihre Verbreitung im Volk zu messen, und der König, um sein Interessenbündnis mit der Elite zu erneuern. Die Partei, die er gründen geholfen hatte (die „Bewegung der Unabhängigen") erhielt die Mehrheit der Stimmen, Hassan II. übte erneut die totale Kontrolle aus und konnte sich dazu noch auf einen „demokratischen" Wahlgang berufen.

In den Dörfern und Städten wurden nach westlichem Vorbild neue Gemeinderäte gewählt. Zwei Hindernisse schränkten aber ihre Macht stark ein. Die Bürgermeister erhielten keine angemessenen Geldmittel zur Ausübung ihrer Pflichten, und sie mußten vom König ernannt werden. Neben diesem westlichen System funktionierte die alte Machtstruktur weiter. In jeder Provinz amtete ein Gouverneur, der in den Städten Khalifas und Scheichs einsetzte. Diese wiederum befehligten Moqaddims, Mohtassibs und Oumana. Alle diese Namen mögen dem Leser wenig sagen, sind den Marokkanern aber bestens bekannt. Es sind die Vertreter des Königs an ihrem Wohnort; sie – und nicht die Parteienvertreter – müssen bei den wichtigsten Problemen angerufen werden.

Die Etappe der Versöhnung erlitt 1981 ein jähes Ende. Die anhaltend schlechte Wirtschaftslage hatte die inzwischen USFP genannte sozialistische Partei drei Jahre zuvor veranlaßt, nach europäischem Vorbild eine eigene Gewerkschaft (die Confédération Démocratique des Travailleurs, CDT) ins Leben zu rufen. Fabrikarbeiter, Lehrer, Post- und andere Staatsbeamte begannen massiv, für höhere Löhne zu streiken. Im Juni 1981 führte die Ankündigung von Preiserhöhungen bei Grundnahrungsmitteln in Casablanca zu einem Generalstreik, der in einen Aufruhr des Volkes ausartete. Die Armee schritt ein und tötete mehrere hundert Personen. Der König verschob die angesagten Wahlen auf 1983. Die 16 sozialistischen Abgeordneten blieben aus Protest dem Parlament fern. Doch der König zwang sie, ihre Haltung aufzugeben. Den alten Sozialistenchef und Freiheitskämpfer Abderrahim Bouabid (der einzige Mann, der dem König die Hand nicht küssen muß) steckte Hassan ins Gefängnis, weil er in der Sahara-Frage eine andere Meinung als er vertreten hatte.

Im Januar 1984 kam es zu einer neuen sozialen Explosion. Ankündigungen und Gerüchte von neuen Preisaufschlägen genügten, um Studenten und Arbeiter auf die Straße zu treiben. In einem halben Dutzend Städten und vor allem im Rif-Gebiet führten Jugendliche Kundgebungen gegen das Regime durch, plünderten Geschäfte und warfen Steine gegen Staatsgebäude. Polizei und Armee unterdrückten auch diese Revolte.

Die Wahlen brachten die erwarteten Ergebnisse. Die vom Palast organisierten Parteien erreichten zusammen die absolute Mehrheit. Der König selber hatte die Sitzzahl aller Parteien von vorneherein festgelegt und darauf geachtet, daß keine Partei zu stark wurde. Die Sozialisten waren zermürbt. Seither sind sie sich bewußt, daß sie Gefangene des Königs sind. Stellen sie sich energisch gegen den Monarchen, werden sie verfolgt, fügen sie sich den Spielregeln Hassans, müssen sie mit Brosamen Vorlieb nehmen. Erzielen sie gute Wahlergebnisse, werden diese gefälscht. Die beiden anderen „echten" Parteien, die historische Istiqlal und die im Volk wenig verbreiteten Kommunisten (PPS), die 1974 erlaubt worden waren, haben früher dem Druck des Palastes nachgegeben und die ihnen zugewiesenen Machtparzellen angenommen.

Die Bevölkerung, vor allem der Städte, ist sich der besonderen politischen Spielregeln bewußt. Als Folge davon hat sie das Interesse an Parteien und Wahlen weitgehend verloren. Das Volk hat zur Kenntnis genommen, daß keine echte politische Einflußnahme möglich ist und der König alle wichtigen Entscheidungen selbst fällt. Die Meinung des Königs ist ein Befehl für das ganze Land, der Satz „Sidna a parlé" (der Herr hat gesprochen) bedeutet das Ende der Diskussion.

König Hassan versteht sich als die „Klammer" des Landes, welche die traditionelle Bauernschicht und die modern denkenden Städter umfaßt. Er ist der vielgesichtige Monarch, der einmal in der langen Djellabah, ein andermal in Anzug und

Krawatte auftritt, der Herrscher, der einen Harem führt und seine Tochter Lalla Mariam in einem Riesenfest nach traditioneller Art verheiratet hat, der aber andererseits der marokkanischen Olympiasiegerin Nawal el Moutawakal ein Sportstipendium gewährt hat.

Während die einen danach trachten, durch wohlgefälliges Verhalten in den Genuß des königlichen Privilegiensystems zu kommen, sind diejenigen, die an den gemeinsamen Aufbau eines modernen Marokko geglaubt haben, frustriert und politisch abgestumpft. Den Armen dient von Zeit zu Zeit der Protest auf der Straße als „Ventil".

*Marokkanische Werte*

In den vorangegangenen Kapiteln ist von der Verwirrung und der Vermischung der Werte gesprochen worden, welche der Einbruch des westlichen Kolonialismus in den Gesellschaften des Maghreb bewirkt hat. Im Falle von Marokko ist dies besonders klar ersichtlich. Der amerikanische Maghreb-Experte Clifford Geertz erlebte auf einer Flugreise ein besonders lapidares und symbolhaftes Beispiel dafür. Neben ihm saß ein marokkanischer Student, der in New York studierte. In der einen Hand hielt dieser ein Glas Whisky, in der anderen den Koran – ein Beweis dafür, daß das Zusammenleben der beiden Mentalitäten manchmal nur möglich ist, wenn das Bewußtsein ausgeschaltet wird.

Durchdringt man den westlich-kapitalistischen Firnis, stößt man auf traditionelle Verhaltensweisen, welche aller Modernität und allen materiellen Fortschritten zum Trotz die marokkanische Gesellschaft noch immer prägen. Nur die städtische Großbürger-Elite von Casablanca und Rabat – die obersten zwei oder drei Prozent der Bevölkerung, die ganz europäisch leben – ist davon auszunehmen. Sie verkehrt nur unter ihresgleichen, reist viel eher nach Paris oder London als nach Meknes oder Tanger, liest keine arabisch geschriebenen Texte und hört selten einheimische Musik.

Das Essen ist ein gutes Beispiel. Dem Europäer sind die tiefen Tische, das unbekümmerte Zugreifen mit den Fingern und die ganz informelle Sitzordnung fremd. Alles sieht provisorisch aus, auch die Wohnungseinrichtungen. Die Einfachheit und Anspruchslosigkeit marokkanischer Wohnungen ist beeindruckend. Ein paar Kissen, eine Bank, ein Teppich auf dem Boden dienen als Lagerstätte. Auch die Leichtigkeit, mit der Möbel und Teppiche verschoben werden, ist bemerkenswert. Der marokkanische Autor Yahia Benslimane sieht in dieser Art zu wohnen und zu leben alte Nomadentradition. Er weist darauf hin, daß bis Anfang dieses Jahrhunderts die meisten Berberstämme und viele Araber nomadisierten und ihren Wohnort mit Leichtigkeit wechselten. Für den Autor sind die traditionellen Wohnungen „wie früher die Zelte" eingerichtet und „campieren" die Familien in und um den Gemeinschaftsraum. „Doch wir campieren elegant", bemerkt Benslimane, der immerhin Direktor des königlichen Kabinetts und Industrieminister war.

Die Namengebung ist sicherlich auf die Zeit der Stämme und des Nomadismus zurückzuführen. Gut ein Drittel der Marokkaner nennt sich nach ihren Vätern und Großvätern und verwendet dazu deren Vornamen. Ein Beispiel? Youssef ben Ali ben Mohammed (Youssef, Sohn des Ali, Enkel des Mohammed). Viele andere bilden ihren Familiennamen der Einfachheit halber nach dem Herkunftsort ihrer Ahnen. Geburtsscheine und Identitätspapiere erhielten die meisten Marokkaner erst während der Kolonialzeit. Lange nicht alle Geburtsdaten stimmen. Wenn ein Mädchen zu jung zur Heirat war, schaffte man das Hindernis mit einer „Korrektur" auf dem Dokument ab – und fügte gleichzeitig allen anderen Kindern einige Jahre hinzu.

Derselbe Einfluß liegt auch der sehr bekannten und geschätzten Gastfreundlichkeit zugrunde. Einzelne Familien vor allem auf dem Lande laden auch Unbekannte, mit denen sie auf der Straße gesprochen haben oder die in der gleichen Richtung reisen, zum Essen ein. Dies gehört für sie einfach dazu – wie es früher für die Stämme dazugehörte, Reisende aufzunehmen und zu beherbergen. Für eine Weile gehört der

Fremde zur Schicksalsgemeinschaft der Familie, der Sippe oder des Dorfes.

Auch der Begriff „Geduld" gehört in dieses Kapitel. Die Fähigkeit und die Selbstverständlichkeit, mit der die Marokkaner warten, ist beeindruckend. Viele Reisende haben das Bild von Bauern in der Erinnerung, die mit einigen Säcken neben sich einsam an einem Straßenrand kauern und auf ein Auto oder sonst ein Vehikel warten, das vielleicht gar nicht kommt. Das Zutrauen, daß es vielleicht doch kommt, scheint grenzenlos.

Es ist nicht klar, ob die Fähigkeit des Wartens oder die Unpünktlichkeit zuerst da war. Auf jeden Fall ist der Zeitbegriff in Marokko um einiges lockerer als in Europa zu handhaben. Die Marokkaner scheinen viel mehr Zeit als andere Leute zu haben. Bekannt ist der Spruch des Mannes, der in einem Kaffeehaus auf seinen Freund wartete und sagte: „Um acht Uhr haben wir abgemacht, um neun Uhr bin ich gekommen, bis zehn warte ich, wenn er um elf Uhr nicht da ist, gehe ich um zwölf." Das Ungefähre, das Fehlen von genauen Zeitangaben, das Warten- und auch das Sitzenlassen werden nicht als Untugenden eingestuft. Selbst der König praktiziert diese Gewohnheit. Er zitiert Leute in den Palast, oder er läßt sie in einem Hotel in dessen Nähe unterbringen. Dort warten sie und halten sich bereit – manchmal tagelang –, bis er sie für einige Minuten zu sich ruft. Der Monarch scheute sich auch nicht, die englische Königin während ihres Staatsbesuchs in Marokko warten zu lassen.

Alles geschieht aber mit Stil und mit viel Höflichkeit. Sich aufzuregen gilt als nicht schick. Ein paar schöne Worte – und vergessen ist der Ärger. Gastfreundschaft und Höflichkeit sind auch der Deckmantel, unter dem die zuvorkommendsten Menschen handfeste, persönliche Interessen anmelden. Wer wagt es, nein zu sagen, einen Handel auszuschlagen, wenn er vorher mit erlesener Freundlichkeit eingeladen, bewirtet und gelobt wurde? Wer ist bereit, die Stimmung zu zerstören und den Gastgeber zu „beleidigen"? In der zweideutigen Handhabung der Gastfreundschaft sind die Marokkaner Meister.

Die Höflichkeit kann soweit gehen, daß sie die Wirklichkeit vertuscht und die Wahrheit verhindert. Dies kommt auch in der Sprache zum Ausdruck. Viele arabische Wörter beschönigen harte Tatbestände. Die Blinden werden in Marokko z. B. „Seher" genannt, die meisten Städte sind „Perlen". „Es kommt so weit, daß wir schließlich nichts mehr beim Namen nennen", bemerkt Benslimane. Diese Tendenz zur Vertuschung gehört zu den guten Umgangsformen. Wer allzu direkt nach der Wahrheit fragt – vor allem wenn sie unbequem ist –, zeigt Unhöflichkeit und riskiert Schweigen oder Ärger. „Unhöflich" war ein französischer Reporter, der König Hassan allzu direkt nach Pressezensur und Verhaftungen von Politikern fragte. „Wie lästig Sie doch sind", antwortete der König sichtlich verärgert. „Wir reden nicht darüber, was uns nicht gefällt, wir hören die Wahrheit nicht gerne", erklärte ein Marokkaner diese Sitte. Diese Verhaltensweise erschwert es ungemein, den Dingen auf den Grund zu kommen, Probleme zu lösen und Unzulänglichkeiten zu verbessern. Der Autor Benslimane, der sich beklagt, daß in seinem Land fast keine Bücher über die Hintergründe der gesellschaftlichen und politischen Entwicklung zu kaufen sind, kommt zu dem Schluß, daß nur eine „ruhige, nicht selbstgefällige Analyse" seinen Landsleuten die Lage ins Bewußtsein bringen kann.

Dies ist eine Aufgabe der Erziehung. Marokkos Schulen sind stark von den traditionellen Koranschulen beeinflußt. In vielen alten Stadtvierteln hört man heute noch, wie in offenen Räumen Kinder die Koranverse, die sie auswendig gelernt haben, zum Takt des Lehrers hersagen. Das Auswendiglernen ist an den Schulen – und selbst in der Universität – nach wie vor die wichtigste Methode, sich eine Materie anzueignen. Der Einfluß des französischen Erziehungssystems hat diese Tendenz nicht abgebaut, sondern eher noch verstärkt. Diese Methode mag zu viel formalem Wissen und zu guten Noten führen, erschwert aber selbständiges Denken und die Suche nach dem Grund der Dinge, die für allen Fortschritt entscheidend ist. Die meisten Marokkaner akzeptieren, daß sie eine Vorliebe für die wohlformulierte Sprache und die Form, hingegen viel weniger Interesse für den Inhalt der Dinge haben.

Wer alles auswendig lernt, kann nicht alles im Kopf behalten, vor allem, wenn es etwas Unbequemes ist. Das Vergessen ist denn auch sehr menschlich und wird entschuldigt, denn nur Übermenschen können alles im Kopf behalten. „Vergiß Deine Sorgen, sie werden Dich auch vergessen", heißt eine marokkanische Volksweisheit. Hier spielt auch die Religion hinein. Der Mensch ist fehlbar, nur Gott ist allwissend. Es ist auffallend, wie oft die Marokkaner – und die Maghrebiner ganz allgemein – sich in den Schutz Allahs stellen. Der Wortschatz ist durchdrungen von Ausdrücken wie „Gott behüte Dich", „Preis sei Gott" (hamdulillah) und „so Gott will" (inschallah).

Alles im Leben ist unsicher, alles kann schiefgehen. Dann muß es eben hingenommen werden, denn Glück und Unglück liegen in der Hand Gottes. Auch Männer des öffentlichen Lebens stellen sich in diesen Schutz. Steht ein Politiker auf und beginnt eine Rede von einer gewissen Wichtigkeit, heißt sein erster Satz mit Sicherheit „Bismillah arrahman arrahim" (im Namen des gütigen und barmherzigen Gottes). Diese Anrufung ist inzwischen eine Floskel geworden, ohne die der Sprecher sich aber nicht wohl fühlen würde.

Eine Folge dieser Sitten ist es, die Verantwortung für begangene Taten zu umgehen und die Konsequenzen davon nicht zur Kenntnis zu nehmen. Dies beginnt bereits in der Erziehung der Kinder. Die Reaktion von Kindern und Eltern nach Fehlverhalten der Kleinen ist vielfach frappierend. Ist ein Kind gestürzt, kann man nicht selten beobachten, daß der Vater ihm nicht erklärt, wie man dies verhindert, sondern dem Boden die Schuld gibt und zur „Bestrafung" mit der flachen Hand auf die Steinfliese oder das Parkett schlägt. Schlägt das Kind den Kopf an einer Wand an, kriegt die Wand Schläge, und es heißt, „die Wand hat Dich geschlagen". Ähnliche Verhaltensweisen sind auch bei Erwachsenen zu beobachten. Wenn ein Autolenker von hinten auf den vorderen Wagen auffährt, heißt die Erklärung etwa: „Die Bremse wollte nicht funktionieren". Die Folge: Eigentlich ist die Bremse, nicht der Fahrer Schuld an dem Zusammenstoß.

Ein besonderes Wort ist zu der Staatsverwaltung zu sagen. Diese ist wie in den meisten Ländern groß, bewegt immense Papierberge und erschwert sich das Leben durch mannigfache formale Finessen und Komplikationen. Es ist schwer, ein Problem in Kürze zu erledigen. Für die große Anzahl von Analphabeten ist die Verwaltung ein Labyrinth, in das man nicht ohne eine Schutzperson – am besten den Vorsteher des Dorfes – eindringen kann. Das System bringt es auch mit sich, daß Beamte mit Leichtigkeit den Bürgern Hindernisse in den Weg legen können. Sie haben alle Macht dazu und geben manchmal zu verstehen, daß sie nicht dazu da sind, um zu dienen, sondern um bedient zu werden. Denn um zu ihrem Posten zu kommen, haben sie alle möglichen und unmöglichen Anstrengungen unternehmen müssen. Der Staat ist noch immer der wichtigste und der sicherste Arbeitgeber. Die Schulabschlüsse, welche für die Qualifikation für mittlere und hohe Staatsposten notwendig sind, sind für viele Jugendliche „Entscheidungsschlachten" im Leben. Um die Examenszeit im Juni verlieren viele Familien ihren normalen Lebensrhythmus. Jedes Jahr kommt es zu Skandalen. Examenstexte werden gestohlen und verkauft, Lehrer bestochen (eine oppositionelle Zeitung kommentierte einmal, man dürfe die Examensskandale ruhig veröffentlichen, damit die Jugend den Ernst des Lebens früh genug erfahre). Ein bestandenes Examen ist beinahe so wichtig wie eine Geburt. Deswegen kündigen glückliche Familien die Namen ihrer erfolgreichen Söhne und Töchter vielfach in Zeitungsanzeigen an. Ein anderer Weg, zu einem Staatsposten zu kommen, ist die Beziehung zu einem der Mächtigen und die entsprechende Bestechungssumme (bakschisch), wodurch die Bittsteller zu Abhängigen gemacht werden.

Ist die Hürde einmal geschafft, ist eine Schutzperson in den oberen Rängen zu suchen und eine weitere wichtige Regel zu befolgen. Im Zweifelsfall sollte der Staatsbeamte keine eigene Initiative entwickeln. Wichtiger als die Eigenleistung ist meist die strikte Anwendung von Befehlen. Die können auch ausbleiben. Der französische Universitätsprofessor Philippe Brachet, der in Marokko unterrichtete, ging den Gründen der ihm rätselhaften Logik im Staatsapparat nach und legte sie, leicht verzweifelt, in seinem Buch „Descartes ist nicht Marokkaner" dar. Er folgerte, daß die Untergebenen ganz in der Hand ihrer Vorgesetzten sind und Marokkos gesamte Gesellschaft im wesentlichen nur das nachahmt, was der König auf der obersten Stufe der Hierarchie vormacht. Es ist die „Logik der Clans". „Der Monarch achtet darauf, daß alle begehrten Güter und Posten – sei es eine Ernennung zum Minister, eine Einfuhrlizenz oder das Recht auf den Kauf eines Grundstücks – nicht verdient sind, sondern durch seine Gunst verteilt werden", schreibt Brachet. Entscheidend ist für ihn daher auf allen Stufen nicht die Anstrengung und die Leistung, sondern die Kunst, in der Gunst der Vorgesetzten zu stehen. Er schließt daraus, daß viele Marokkaner Angst vor Eigeninitiative haben, ihren heimlichen Frust darüber an ihren Untergebenen auslassen und die Gesellschaft so „blockiert" ist. Jede hochgestellte „Schutzperson" führt einen Clan an und begünstigt ihn. Dies bekam z. B. ein Universitätsprofessor in Rabat zu spüren. Manchmal mußte er stundenlang warten, bis seine Sekretärin geruhte, ihm ein Telefongespräch zu vermitteln. Entlassen konnte er sie nicht, denn sie war durch die Gunst einer hochgestellten Person angestellt worden. Der Professor mußte weiter auf seine Gespräche warten, er hatte weniger Macht.

## Die wirtschaftliche Entwicklung

Die Franzosen hatten dem unabhängig gewordenen Marokko ein recht gutes Straßen- und Schienennetz hinterlassen, aber nur einige wenige Städte des Landes industrialisiert. Der Schwerpunkt war Casablanca. Dort standen Hochöfen, Zement-, Textil- und Konservenfabriken. In Fes und Marrakesch lebte das alte Handwerk weiter. Mehr als zwei Drittel der Bevölkerung lebten aber von der Landwirtschaft.

Statt zu einem Aufbau kam es vorerst zu einem Abbau. Die

meisten Franzosen und Spanier zogen ab. Von den über 500 000 Ausländern lebten um 1960 nur noch etwa 100 000 im Land. Die Auswanderer hatten auch ihr Kapital aus Marokko abgezogen. Zur Erhaltung und zum Ausbau der Industrie mußte somit das einheimische Bürgertum einspringen. Eine breite Mittelschicht gab es nicht, kapitalkräftig war nur eine ganz kleine Oberklasse. Große Pläne waren unmöglich zu realisieren.

Die Regierung mußte bald eine zweite Enttäuschung einstecken. Die meisten reichen Familien zeigten wenig Interesse, ihr Geld in langfristige und unsichere Industrieprojekte zu investieren. Sie handelten lieber mit Häusern von abziehenden Ausländern, spekulierten mit Grundstücken, führten Import- und Exportfirmen oder leiteten Textilunternehmen, die rasche Gewinne abwarfen. 1957, ein Jahr nach der Unabhängigkeit, betrugen die Investitionen in Marokko noch die Hälfte des Betrags von 1952, im Jahre 1962 hatten sie erst 60 Prozent davon erreicht. Das einheimische Bürgertum hatte rund ein Zehntel des von ihm erwarteten Betrags in den Aufbau der Industrie gesteckt.

In dem ersten Fünfjahresplan, der 1960 begann, übernahm der Staat die Führung der Wirtschaft. Er verkündete eine „liberale Planwirtschaft", rief das Auslandkapital zurück und bot ihm günstige Investitionsbedingungen an. Privatkapital floß aber nur wenig nach Marokko. Der Staat suchte deshalb ab 1963 Finanzmittel bei öffentlichen Geldgebern. Erste Kredite flossen von der amerikanischen Entwicklungsbank B.I.R.D. Damit begann die neue Abhängigkeit Marokkos vom Ausland, vor allem von amerikanischen und französischen Finanzkreisen. Das war auch der Beginn einer rasch steigenden Auslandsverschuldung. 1964 betrug diese bereits 40 Prozent seiner jährlichen Produktion (1986: über 100 Prozent). Zu den Hauptgläubigern gehörten bald die Weltbank und der Internationale Währungsfonds. Sie stopften die Löcher in dem Staatshaushalt und der Zahlungsbilanz und bestimmten mit ihren „Empfehlungen" den Wirtschaftskurs mit.

Ein rascher Wirtschaftsaufbau war dringend nötig. Die Bevölkerung wuchs nun jedes Jahr um drei Prozent an, Zehntausende von Jugendlichen suchten jährlich Arbeit. Größter Auftraggeber blieb der Staat. Er war aber nicht fähig, ein wirksames Steuersystem zu errichten und hatte somit zu wenig Geld zur Verfügung. Zur Linderung der Arbeitslosigkeit stellte der Staat in dem Sonderprogramm der „Promotion Nationale" Männer im Straßenbau und der Aufforstung von Wäldern an. Das Programm war ein Tropfen auf den heißen Stein. Es vermochte von 1961 bis 1972 ganze vier Prozent der Arbeitslosen zu beschäftigen. Dafür blähten die Minister den Verwaltungsapparat auf. 1968 arbeiteten fünf Prozent der aktiven Bevölkerung in Industriebetrieben, 12 Prozent hingegen in den Verwaltungsbüros.

In dem Problem der Arbeitslosigkeit spielte die Agrarfrage eine große Rolle. Konnten die Bauern an die Scholle gebunden werden oder wanderten sie in die Bidonvilles der Städte ab? Kurz nach der Unabhängigkeit ging eine Begeisterungswelle durch das Land. 1956 hatte König Mohammed V. den besitzlosen Bauern, den „fellahs", Land versprochen, zwei Jahre später pflügte er auf einem Traktor als Auftakt zu der „Operation labour" eigenhändig einige Furchen, um anzuzeigen, wie wichtig die Agrarfrage war.

Die Bauern wurden enttäuscht. Der Nachfolger Hassan ließ die Pläne zur Landverteilung versickern und ersetzte sie durch technische Projekte. Die Hälfte der Grundstücke in ausländischer Hand (es waren die Ländereien aus der staatlichen französischen Kolonisierung) wechselte zwar in den Jahren nach der Unabhängigkeit den Besitzer. Die Käufer – oder auch illegalen Erwerber – waren aber hauptsächlich reiche Einheimische, hohe Funktionäre und Armeeoffiziere. Größter Landbesitzer war bald der König. Er war nicht an einer tiefgreifenden Landreform interessiert, sondern stützte sich lieber auf die traditionelle ländliche Oberschicht. Diese entwickelte auf den neuen, meist guterhaltenen Gutsbetrieben eine moderne, exportorientierte Landwirtschaft. Sie hob sich stark von den Gütchen der Kleinbauern ab, die weiter mit Esel, Holzpflug und Spitzhacke arbeiteten und zufrieden waren, wenn sie sich selbst versorgen konnten. Um 1965 besaßen 40 Prozent von Marokkos Bauernfamilien weniger als einen halben Hektar oder gar kein Land, aber durchschnittlich acht bis zehn Kinder. Sie nahmen nur am Rande oder gar nicht am wirtschaftlichen Kreislauf des Landes teil. Die Abwanderung in die Städte wurde beunruhigend groß. Am Ende des sechziger Jahre war die soziale und wirtschaftliche Lage prekär. Die zwei Putschversuche gegen den König in den folgenden Jahren waren eine Folge davon.

Als Antwort auf die Bedrohung des Throns dekretierte König Hassan 1972 und 1973 die „Marokkanisierung" der in ausländischer Hand verbliebenen Ländereien und der Industrie- und Dienstleistungsbetriebe. Die privaten, ausländischen Landgüter gingen nun an die Marokkaner: rund ein Drittel an einen Reservefonds des Staates, ein Drittel an reiche Gutsbesitzer und ein Drittel an 24 000 Kleinbauern. Das waren zwei Prozent der Bauernfamilien. Fünfmal mehr besitzlose Bauern hatten sich zu der Landverteilung eingeschrieben. Am Anfang hatte der König seine Aktion eine „Agrarrevolution" genannt.

Von dem Marokkanisierungs-Programm blieb der Bergbau und der Fremdenverkehr ausgeschlossen. Diesen beherrschte das Unternehmen „Omnium Nord-Africain" (ONA), das heute das größte Holding-Unternehmen des Landes ist und von einem Schwiegersohn des Königs geleitet wird. In dem Rest der Betriebe mußten die Ausländer 50 Prozent des Kapitals an Marokkaner abtreten und einen Einheimischen zum Unternehmensleiter wählen. Nur Marokkaner, welche ein Vermögen von über 500 000 Dirhams besaßen, konnten sich beim Staat um einen Kredit bewerben, um die freigewordenen Aktien aufzukaufen. Die Marokkanisierung führte so zu wenig sozialen Veränderungen. Sie war für die Ausländer auch harmloser als angekündigt. Firmen aus dem Ausland konnten sich mit den marokkanisierten Unternehmen assoziieren und so die Mehrheit des Kapitals kontrollieren.

Von 1976 an erschwerte der Krieg in der West-Sahara die Wirtschaftsentwicklung. Keine offizielle Stelle hat je genau angegeben, wieviel Geld für die Kriegsanstrengung abgezweigt werden mußte. Womöglich übertriebene Schätzungen erreichten die Summe von einer Million Dollar pro Tag und eine Belastung des Staatshaushaltes durch die Armee von rund 40 Prozent. Tatsache ist, daß die rund 100 000 Mann Truppen in der West-Sahara doppelten Sold verdienten, die Armee ihr Waffenarsenal erneuern mußte und das Volk bald für die meisten Wirtschaftsprobleme den Krieg verantwortlich machte. Tatsache ist auch, daß die einzelnen Ministerien wegen der Kriegskosten weniger Finanzmittel erhielten, als die Statistiken angaben. Das befreundete Herrscherhaus von Saudi-Arabien begann damals, Defizite im Staatshaushalt zu decken.

Marokkos Wirtschaftssystem blieb liberal. Es handelte sich allerdings um einen besonderen Liberalismus. Der Staat beherrschte rund 60 Prozent der Wirtschaft. Er ließ den Privatfirmen große steuerliche Freiheit, erschwerte ihre Entwicklung aber mit anderen Maßnahmen. Der Staat war – und ist – ein säumiger Zahler. Privatunternehmen müssen monatelang auf die Begleichung von Lieferungen warten und geraten an den Rand des Konkurses. Für Ausfuhren mußten sie beim Staat eine Lizenz anfordern. Das staatliche Exportbüro (ONE) vergab diese vielfach verspätet und nach politischen Kriterien. Wer gefiel, durfte exportieren. Die technisch guten, jungen Kader, welche in jenen Jahren in die Ministerien eintraten, konnten wegen politischer Interessen und der weitverzweigten Günstlingswirtschaft ihre Pläne vielfach nicht verwirklichen.

Um den drückenden westlichen Einfluß zu vermindern und Manövrierfähigkeit zu behalten, schloß König Hassan 1978 mit der Sowjetunion einen Vertrag zum Abbau der Phosphatlager. In diesem „Vertrag des Jahrhunderts" verpflichteten sich die Abnehmer, für technische Erneuerungen in dem von den Franzosen übernommenen staatlichen „Office Chérifien des Phosphates" (OCP) zwei Milliarden Dollar zu investieren. Als Gegenleistung sollte die Sowjetunion in 30 Jahren Phosphate im Wert von neun Milliarden Dollar kaufen können. Die Phosphatlager in der Ebene von Khouribaa zwischen Casablanca und Marrakesch sind Marokkos größter Exportbetrieb. Das Land besitzt rund 40 Prozent der Weltreserven und errichtete in Casablanca, Safi, Cap Sim und El Jorf Lasfar vier Ausfuhrhäfen, Anlagen zur Herstellung von Phosphorsäure und weiteren Derivaten. Die Phosphate trösten zum Teil darüber hinweg, daß das Land keine Erdölvorkommen besitzt und es die Energie-Einfuhr im Gegensatz zu seinem Nachbarn Algerien teuer bezahlen muß. Ein Schwerindustrie-Komplex in Nador bei der spanischen Exklave Melilla hat den armen Norden des Landes leicht entwickelt.

Sinkende Weltpreise des Phosphats und steigende Erdöl-Rechnungen brachten Marokko am Ende der 70er Jahre in eine tiefe Wirtschaftskrise, die sich wegen einer schweren landwirtschaftlichen Dürrezeit bis 1984 hinzog. Die fehlenden Strukturanpassungen und die große Kluft zwischen Arm und Reich traten nun besonders deutlich zutage. 1979 nannte der Wirtschaftsfachmann Mohammed Lahbabi fünf Gründe für den Notstand: Ungleiche Verteilung des Landbesitzes, niedrige Löhne, Immobilienspekulation, Staatsinvestitionen zugunsten des Privatsektors und ein Steuersystem, das die Reichen begünstigt.

Die Statistiken belegen die krassen Unterschiede. Sechs Prozent der Landbevölkerung verfügte zu Hause über fließendes Wasser, fünf Prozent hatte Strom, 72 Prozent der Erwachsenen waren Analphabeten (1985: 67 Prozent). Das rasche Wachstum der Bevölkerung und die Wirtschaftspolitik hatten sogar zu Rückschritten geführt. 60 Prozent der Unternehmen zahlten Löhne, die unter dem staatlich festgelegten Mindestbetrag (SMIG) lagen, 40 Prozent der Marokkaner lebten 1978 unter der Schwelle des Existenzminimums. Das Land, das bis 1962 Getreide ausgeführt hatte, mußte es nun einführen. 1978 gingen 46 Prozent der Kinder zwischen sieben und vierzehn Jahren zur Schule (1968: 52 Prozent), 1980 lebten die Marokkaner nach einer Analyse der Weltbank insgesamt schlechter als 20 Jahre zuvor.

Der König und seine Regierungen versuchten, diese Entwicklung mit neuen Liberalisierungsmaßnahmen zu verändern. 1977 handelte Marokko ein Freihandelsabkommen mit dem Gemeinsamen Markt aus, 1985 erklärte Premierminister

Lamrani, die Marokkanisierungsmaßnahmen seien nun aufgehoben, das Auslandkapital werde Marokko „neuen Atem" bringen. 1987 bewarb sich das Land um die Aufnahme in die EG und erhielt das erwartete höfliche „Nein" zur Antwort; 1988 verkündete der König im Parlament ein Liberalisierungsprogramm, das zu der Privatisierung von Staatsbetrieben führen sollte. Bis zum Sommer 1989 geschah nichts dergleichen.

Marokko konnte hingegen die Banken des „Klubs von Paris" mehrmals dazu bewegen, die Rückzahlung seiner Außenschuld umzustunden. Um zahlungsfähig zu bleiben, braucht das Land dringend die Devisen seiner Gastarbeiter (deren Überweisungen sind heute der erste Devisenbringer) und des Fremdenverkehrs. Im Tourismus, in der Entwicklung der Fischerei (Marokko besitzt 3000 Kilometer Küsten) und auch den Lohnveredelungsbetrieben (ein Fabrikarbeiter verdient rund 300 Mark im Monat) liegen Möglichkeiten, die wirtschaftliche und finanzielle Lage des Landes zu verbessern.

Das Großprojekt eines Tunnels durch die Meerenge von Gibraltar könnte die Annäherung Marokkos an Europa stark fördern. Noch steckt es erst in der Sondierungsphase. Vor dem Jahre 2000 wird es nicht verwirklicht werden können. Bis dann werden sich Marokkos wirtschaftliche Hauptsorgen nicht ändern. Es sind die übermäßig hohe Arbeitslosigkeit, die fehlende langfristige Planung, die Devisenknappheit und die übermäßige Abhängigkeit vom Ausland.

## 2. Algerien

### Von der Küste ins Landesinnere

Um einen wirklich richtigen Gesamteindruck von Algier zu gewinnen, sollte man – so die Eingeweihten – nicht im Flugzeug, sondern mit dem Schiff anreisen. Weiß und dicht aneinandergedrängt ziehen sich die Häuser der Hauptstadt von den Hügeln zum Meer hinunter. In dem rechten Teil des Halbkreises der Bucht ist das Häusergewirr noch dichter. Die Zitadelle – der Sitz der türkischen Deys – verschwindet im Labyrinth der Medina. Die fünf Inselchen, welche der Stadt den Namen gegeben haben (Algier stammt von djazair, d. h. „Insel"), sucht der Ankommende vergeblich, sie sind alle in die Hafenanlagen eingebaut worden. Man kann sich jedoch noch gut vorstellen, daß diese gut geschützte Stadt im 16. und 17. Jahrhundert ein gefürchtetes Piratennest war.

Seeräuber-Romantik kommt dennoch nicht auf. Das neue Wahrzeichen der Stadt, das Märtyrer-Denkmal Riad el-Feth, das auf einer Anhöhe schlank und elegant in den Himmel sticht, zieht den Blick des Reisenden unweigerlich auf sich. Das helle und hohe Betondreieck wurde zur Erinnerung an den Unabhängigkeitskrieg erbaut, die ewige Flamme, die unter seiner luftigen Kuppel brennt, gedenkt der toten algerischen Freiheitskämpfer (moudjahidine). Das Mahnmal beherrscht seit 1982 die Stadt, es ist ein Symbol der algerischen Nation und erinnert an Krieg, Schmerz – und auch an Sieg.

Genau besehen gibt es mindestens drei Algiers. Da ist einmal die europäische Stadt. Gleich hinter den Hafenanlagen erhebt sich ein Saum von soliden, gleichmäßig gebauten fünf- und sechsstöckigen Gebäuden. Es sind hauptsächlich ehemalige Verwaltungsgebäude der Franzosen. Dahinter steigen gegen die Anhöhen die einstigen europäischen Wohnviertel an, eng aneinandergereihte Häuserblocks, die sich an die Hänge schmiegen und dem Besucher sogleich deutlich machen, daß die Stadt überbevölkert ist. Von den Balkonen flattert Wäsche, auf den vielen Treppen sieht man spielende Kinder und verschleierte Frauen mit Einkaufskörben, die die Treppen hinaufkeuchen; auch diese Bilder hinterlassen einen bleibenden Eindruck von der Stadt.

Algier war lange eine „ausländische" Stadt. 1830 – beim Einfall der Franzosen – zählte sie 30 000 Einwohner, die Mehrheit waren Türken, Juden und Italiener. 1906 war sie auf 145 000 Einwohner angewachsen; drei Viertel waren Ausländer, hauptsächlich Franzosen. Von 1930 bis 1960 erlebte Algier einen schnellen wirtschaftlichen Aufschwung. Es waren vergnügte und sorglose Jahre (allerdings nur für die gutgestellten Europäer); aus Frankreich kamen Operetten- und Theatergruppen, halb Algier flanierte abends auf den Rampen, unter den Galerien und auf den Plätzen am Meer; die Kaffeehäuser der Unterstadt blieben bis nach Mitternacht offen (die Kaffeehäuser stehen heute noch, Registrierkassen und Kaffeemaschinen aus den 40er und 50er Jahren erinnern an jene Zeit). 1962 zählte Algier dann bereits 800 000 Einwohner und war nach Paris die zweitgrößte „französische" Stadt.

Im selben Jahr aber ging die koloniale Herrlichkeit zu Ende. Die Franzosen zogen ab, die verlassenen Häuser wurden von Algeriern besetzt. Die Hauptstraßen erhielten sehr bald die Namen der bekanntesten Freiheitskämpfer Didouche Mourad, Larbi Ben M'Hidi und Zighout Youssef, und das altehrwürdige Hotel Aletti wurde in Es-Safir umgetauft. Auf den Anhöhen, über der europäischen Stadt, hat sich das unabhängige Algerien seine eigenen Zeichen gesetzt. Neben dem Märtyrer-Denkmal Riad el-Feth entstanden Großbauten, welche die Aufbauleistung der jungen Nation anzeigen sollen. Das Luxus-Hotel Aurassi beispielsweise, ein unförmiger Klotz, der das Stadtbild beherrscht, steht für Kongresse und Gipfeltreffen aller Art zur Vefügung. Der Regierungspalast und der weiße Kulturpalast gehören auch dazu. Neben dem Märtyrer-Mahnmal ist ein fünfstöckiges Einkaufszentrum Symbol des „neuen Algerien". Boutiquen verkaufen eingeführte Kleider, Nippes und Parfums zu entsprechenden Preisen an die europäisch orientierte Oberschicht. Wasserspiele, Zierpalmen und lichte Innenhöfe machen diesen für Algerien einzigartigen Ort auch zu einem obligaten Treffpunkt für die Jeunesse dorée. Riad el-Feth bietet aber auch Tanzateliers, Konferenzsäle, Kindertheater, eine Diskothek und einige Kinos. Bemerkenswert ist das ganz moderne Militärmuseum am Ende des Gebäude-Komplexes. Hier zeigt sich die alte Zivilisation der Region, aber auch die vielen historischen „Löcher" und die sehr kurze Zeitspanne der Unabhängigkeit des Landes werden offenkundig. Die Galerie der zur Schau gestellten militärischen Ahnen beginnt mit dem legendären Jugurtha aus der Römerzeit, es folgt der Berberherrscher Abdel Mumin aus dem

12. Jahrhundert und als wesentlichste weitere Figur der Emir Abdelkader aus dem 19. Jahrhundert. Anders als Tunesien und vor allem der Nachbar Marokko, dessen Nationalgefühl sich bereits im 16. und 17. Jahrhundert im Kampf gegen Eindringlinge aus Spanien und Portugal herausbildete, hat Algerien seine nationale Identität sehr viel später entwickelt.

Das dritte, das alte Algier, ist in dem Viertel der Kasbah zu suchen. Seine Geschichte versteckt sich in den verwinkelten Gassen, den sonderbar mit Holzbalken abgestützten Häusern und den kleinen versteckten Palästen. Auf den Terrassen des Volkskundemuseums, das in einem der ehemals über 100 Paläste türkischer Paschas untergebracht ist, kann das historische Algier mit seinen Mauern, seinen fünf Stadttoren, den Moscheen und dem Hafen – das Algier der Seeräuber und Türken – noch am ehesten rekonstruiert werden. Heute ist die Kasbah hauptsächlich wegen ihrer Rolle im Unabhängigkeitskrieg bekannt. Sie war das Symbol des Kampfes und des Widerstandes, hier versteckten sich algerische Kämpfer, hier spielten sich blutige Szenen ab, die der Regisseur Pontecorvo in seinem Film „Die Schlacht von Algier" festgehalten hat.

Leider befindet sich die Kasbah in einem ziemlich desolaten Zustand. Nicht als Folge des Krieges, sondern der Überbevölkerung. Die Stadtverwaltung hat einen Großteil der Familien, die während der Franzosen-Zeit vom Land wegzogen und bei Angehörigen in dem Viertel Unterschlupf fanden, in Wohnblocks an den Stadtrand umgesiedelt, um die vielen halb zerfallenen Gebäude mit internationaler Hilfe zu restaurieren. Doch die Zeiten der Kasbah sind endgültig vorbei. Das traditionelle Handwerk, das bis etwa 1950 darin blühte, ist Vergangenheit. Die Einfuhr von Massenartikeln hat die Handwerker ruiniert und dazu geführt, daß die Söhne des Handwerk der Väter nicht mehr ausüben.

Für Europäer dürfte es ziemlich schwierig sein, in Algier eine Adresse zu finden. Auf den blauen Straßenschildern wurde die französische Beschriftung säuberlich mit weißer Farbe übermalt, so daß nur noch der obere, der arabische Teil, zu lesen ist (überlebt haben nur ganz wenige französische Straßenbezeichnungen, bezeichnenderweise die „Rue de la Liberté"). Diese Maßnahme geht auf eine Arabisierungskampagne zurück, welche die Regierung in den Jahren nach der Erlangung der Unabhängigkeit zur Förderung der eigenen arabisch-islamischen Identität durchführte. Von der komplizierten Sprachsituation haben wir bereits gesprochen. Vor einigen Jahren hat die Stadtverwaltung begonnen, Plätze und Hinweistafeln und auch Aufrufe an die Bevölkerung wieder zweisprachig zu beschriften. „Algier, gesund und sauber, bravo", heißt zum Beispiel ein Leitspruch. Nicht zufällig. Die Stadt muß einiges aufholen, um dem alten Ruf von „Algier la blanche" (Algier, „die Weiße") wieder einigermaßen gerecht zu werden. Die Behörden haben die Infrastruktur seit der Zeit der Franzosen nicht wesentlich verbessert; obwohl die Stadt heute über 2 Millionen Einwohner zählt, d. h. rund dreimal mehr als 1962, hatten über lange Jahre hinweg andere Dinge Vorrang. So blätterte die Farbe der Hausfassaden ab, so huschen heute Katzen über den Abfall und fließen aus durchgerosteten Rohren unvermutet allerhand Abwässer auf Gehsteige. In den letzten Jahren hat die Stadt in dieser Beziehung einige Fortschritte gemacht. Neu angelegte Plätze, eine Fußgängerzone und einige nachts beleuchtete Gebäude zeigen den Willen zu gepflegter Ästhetik an. Nachts ist Algier hingegen nach wie vor tot. Zwischen acht und neun Uhr stellen in den Kaffeehäusern die Kellner die Stühle auf die Tische und beginnen die Lichter zu löschen, auf den Plätzen lösen sich die letzten Gesprächsgruppen auf. Algerien pflegt ganz besonders ausgeprägt die maghrebinische Tradition, nach der der Abend zuhause in der Familie verbracht wird. „Tagsüber leben wir westlich, nach dem Sonnenuntergang sind wir aber zuhause, etwas anderes ist undenkbar", erklären zwei junge Frauen das Phänomen.

Oran, die zweitgrößte Stadt Algeriens, hat hingegen einen ganz anderen Ruf. Wie auch andere Mittelmeerstädte gilt die Stadt als lebenslustig, was aber nur bedingt zutrifft. Die Stadt, die heute knapp eine Million Einwohner zählt, hat einen besonders abrupten Wandel durchgemacht. Bis zur Unabhängigkeit galt Oran als kosmopolitisches Zentrum; Juden, Spanier,

Franzosen und Einheimische lebten bunt gemischt miteinander. Ab dem 10. Jahrhundert war Oran Warenumschlagplatz und am Ende des 15. Jahrhunderts erlangte die Stadt Bedeutung als Seeräuberhafen. 1509 besetzten es die Spanier und machten dem Treiben ein Ende. Die Festung Santa Cruz, die auf dem Murdjadjo-Hügel über der Stadt thront, ist heute die markanteste Erinnerung an die Zeit der Spanier. Nach dem großen Erdbeben im Jahre 1791 zogen sich die Spanier aus der Stadt zurück, aber noch heute erinnern einzelne spanische Ausdrücke, die die Menschen im Hafenviertel La Marina gebrauchen, an ihre Anwesenheit. 1832 zählte Oran nur noch 3200 Einwohner, zwei Drittel davon waren Juden. Erst unter den Franzosen erlangte die Stadt wieder einige Bedeutung und einen gewissen Wohlstand durch den Weinhandel. Der Handel blühte, von den 300 000 Einwohnern, welche die Stadt 1954 zählte, waren sechzig Prozent Europäer. Oran baute sich ein Opernhaus mit fliegenden Engeln, ein imposantes Stadthaus und die Kathedrale Sacré Coeur. Noch heute sind diese Gebäude die Merkmale der Stadt.

Die Übernahme Orans durch die Algerier war dramatisch. Drei Tage lang brannten die Benzintanks, welche die französischen Terroristen der OAS vor dem Rückzug aus „Rache" für die Unabhängigkeit angezündet hatten. Die Europäer flüchteten. Oran wurde nun von den Bauern aus dem Hinterland „übernommen", die den Lebensstil der Stadt total veränderten. Die alten Viertel, die ihr berühmter Bewohner Albert Camus in seinem Roman „Die Pest" beschrieben hatte, zerfielen, Oran entwickelte sich, wie ein Beobachter noch Jahre nach 1962 anmerkte, zu einer Art „Schlafstadt". In den siebziger Jahren wurde sie dank einem großzügigen Industrialisierungsprogramm der Regierung wieder zum unbestrittenen Zentrum Westalgeriens. Das neue Oran wandte sich weniger als vorher dem Exportgeschäft zu, es ist vielmehr für das eigene Hinterland zum Handels-, Verwaltungs- und auch Schulzentrum geworden. Riesige neue Mietblocks deuten auf eine rasche Expansion in den letzten Jahren hin – die Wohnungsnot konnte jedoch auch dadurch nicht behoben werden. Tatsächlich sind die Wohnungsnot und auch die Probleme des öffentlichen Transports in Oran besonders groß. Aber Oran verbleiben die Strände. Wollen sie sich vergnügen, fahren die meisten Städter an die Strandorte Ain Turk, Les Andalouses und Canastel.

Die Stadt hat in den vergangenen Jahren ihren Ruf als lebensfreudiger Ort teilweise zurückgewonnen. Und zwar wegen der Rai-Musik. In Oran geht der Rai um. Die neue Musik, zu der sich Tänzer allein und in Gruppen in freier Manier bewegen, begeistert Jugendliche im ganzen Maghreb und neuerdings sogar in Europa. Aus Musikgeschäften pulsiert der Rai den ganzen Tag aus Lautsprechern auf die Straße. Die Jungen hören ihn am Transistor-Radio an den Straßenrändern, die Taxichauffeure legen im Wagen die neueste Kassette etwa von Cheb Khaled ein, brave Mädchen hören ihn heimlich zuhause. Rai bedeutet Rhythmus und Schwung, er ist nach den Jungen nicht „langweilig" wie die traditionelle „Chaabi"- und „Andalouse"-Musik, sondern ansteckend frisch und auch herausfordernd. Die vielen Sänger tragen die Texte in dialektalem Arabisch vor und besingen Alltagsprobleme, unter anderem auch ganz frei die Liebe und den Alkohol. Für die traditionell und religiös denkenden Algerier sind die Texte dieser Musik, die vom westalgerischen Landesinnern stammt, profan, ja frevelhaft. Aber der Rai (der Ausdruck heißt übersetzt „freie Meinung") hat sich durchgesetzt, er ist ein Symbol der modernen algerischen Jugend.

Nach Oran ist Tlemcen mit seinen rund 200 000 Einwohnern die zweitwichtigste Stadt Westalgeriens. Bis zu der Machtübernahme der Türken im 16. Jahrhundert war sie die wichtigste, ein umkämpftes Machtzentrum, das in bester Lage auf dem Landweg nach Marokko lag. „Man kann weder in den westlichen Maghreb gelangen noch ihn verlassen, ohne durch Tlemcen zu kommen", schrieb ein Chronist der Epoche. Heute sind in der Stadt noch außerordentlich viele Überreste der goldenen Jahrhunderte des Mittelalters zu sehen, u. a. das Minarett der Mansoura-Moschee und die Zitadelle des „Mechouar".

Tlemcen war eine Stadt der Religion und der Kunst. Dort

lebte der Marabout Sidi Boumediène, von dem der Unabhängigkeitskämpfer und nachmalige Staatschef, Houari Boumediène, seinen Kriegsnamen übernahm. Nach Tlemcen strömten auch muslimische Künstler und Handwerker nach ihrer Vertreibung aus dem spanischen Andalusien. Die Stadt hat bis heute ihren traditionellen und konservativen Charakter bewahrt und hebt sich stark von Oran ab. Hier verschleiern sich besonders viele Frauen. Wer sie fotografiert, kann durchaus mit der Polizei in Konflikt kommen. Tlemcens besonders schöne Lage ist viel gelobt worden. Die Stadt liegt auf 800 Metern Höhe am Fuße von bewaldeten Bergzügen. Doch seit 1980 fehlt ihr immer mehr das Wasser. Eine anhaltende Trokkenheit hat einen Teil ihrer Quellen versiegen und ihre berühmten Wasserfälle austrocknen lassen; auf dem Grund des ausgetrockneten Stausees in der Nähe spielen Jugendliche Fußball. Tlemcen (das Wort heißt übersetzt „Quellen“) dürstet wie viele andere Orte im Landesinnern.

Constantine kann als ein Gegenstück zu Tlemcen im Osten des Landes angesehen werden. Auch Constantine ist Stätte alter Zivilisation, liegt an dem historischen Durchgangsweg von Tunesien nach Marokko, ist auch Etappenort zwischen Meer und Landesinnerem und hat seine Traditionen bewahrt. In numidischer Zeit war die Stadt bereits Kapitale und hieß Cirta. Für die Römer war sie Zentrum eines Gebietes, das reichlich Getreide produzierte. Ihren heutigen Namen erhielt die Stadt von Kaiser Konstantin, der sie nach einer Rebellion wieder aufbauen ließ. Von den historischen Überresten hat sich allerdings beinahe nichts mehr erhalten.

Die „Kapitale des Ostens“ hat heute über 400 000 Einwohner. Die Algerier sprechen mit einer gewissen Ehrfurcht von ihr. Constantine ist etwas Besonderes. Allein seine Lage ist außergewöhnlich. Die Häuser der Stadt klammern sich an zwei Hochplateaus, zwischen denen tief eingebettet der Fluß Rhummel in Richtung Mittelmeer fließt. Die Brücken schwingen sich kühn und beeindruckend bis zu 150 Meter über dem Flußbett, unter ihnen gähnen tiefe Schluchten.

Der Eindruck, die Stadt habe etwas Besonderes, wird vielleicht durch die Kargheit und Düsterkeit noch betont, die das Stadtbild erweckt. Anders als die übrigen Küstenstädte leuchtet Constantine nicht in einem strahlenden Weiß, seine Farben sind grau, braun und schwarz. Grau und braun sind die meisten Häuser, braun die Erde, schwarz die Kleider der Frauen. Die älteren Frauen vor allem gehen verschleiert und tragen einen schwarzen Überwurf (milaya), eine Tradition, die niemand mehr so recht zu erklären weiß. Es heißt, die Frauen hätten aus Trauer für einen ermordeten türkischen Bey der Stadt im 18. Jahrhundert schwarze Kleider angelegt und diese Kleidung so lange beibehalten, bis sie allgemein Sitte wurde. Zu dem düsteren Eindruck trägt auch das Alkoholverbot in den Kaffeehäusern der Stadt bei. Nur in den wenigen Ausländerhotels gibt es Bier und Wein, die Religion ist in der Stadt besonders verwurzelt. Von hier stammt der Reformer Ben Badis, der zu Beginn dieses Jahrhunderts gegen die „westlichen" Ausschweifungen in den Städten eiferte, aber auch gegen den ländlichen Wunderglauben, der sich um die Marabouts rankte, ankämpfte und den Algeriern eine Art „protestantischen" Islamismus verschrieb. Dieser steht im Gegensatz zu der Tradition in vielen Landstrichen Marokkos, ist puritanisch, richtet sich auf das geschriebene Wort, verzichtet auf Devotion und Ritus und ist durchaus mit der technischen Modernisierung des Landes vereinbar.

Der religiöse Reformismus ist im Aufbau des modernen Algerien ein wesentlicher Wert gewesen. Das Land wollte sich nicht wie die Türkei gegen, sondern mit dem Islam modernisieren. Ein Ausdruck dieses Willens ist die neue islamische Universität Abdel Kader von Constantine. Ihr Rektor Talbi trägt nicht etwa Bart und Djellabah, sondern Anzug und Krawatte. Die 1400 Studenten, welche hauptsächlich Religionslehrer werden, müssen auch Vorlesungen in Sozialgeschichte, Physik, Astronomie und vergleichender Religion belegen. Die Abdel Kader-Universität soll auch ein Planetarium erhalten. Außerdem besitzt die Stadt eine große, laizistische Universität, die allerdings, wie auch einige neue Beton-Häuserblöcke, schlecht ins traditionelle Stadtbild paßt.

Von Constantine sind es 80 Kilometer bis zum Meer. Was für Tlemcen Oran ist, ist für die Kapitale des Ostens Annaba. Die Hafenstadt Annaba entwickelt sich äußerst schnell und ist im Begriff, Constantine zu überholen. Annaba „die Kokette" liegt zwischen sanften Hügeln am Meer. Seine Dynamik verdankt es der stark entwickelten chemischen Industrie, der Textil- und Schwerindustrie in seiner unmittelbaren Nähe (in El Hadjar gibt es Eisen- und Stahlwerke) und nicht zuletzt seinem Hafen. Die Stadt ist zukunftsorientiert. Daß die Stadt bereits in römischer Zeit Bedeutung erlangt hatte – sie hieß damals Hippo Regius, römische Überreste können besichtigt werden –, wird mehr oder weniger beiläufig von ihren Einwohnern erwähnt.

Die drei Hafenstädte Algier, Oran und Annaba bilden heute die dynamischste Achse des Landes. Tlemcen und Constantine symbolisieren die geistige Substanz. Auf der Landkarte sieht man, daß sie alle ein Gebiet einnehmen, das weniger als ein Zehntel der gesamten Oberfläche Algeriens ausmacht. Den Rest nimmt der immens weite Süden ein, in dem eine Reihe von kleineren Oasenstädten versuchen, sich zu entwickeln und zur Zukunft des Landes beizutragen. Keine Eisenbahn gelangt hierhin, auch der Weg mit dem Auto zu den Zentren des Nordens ist lang, vielfach nur mit dem Flugzeug zu erreichen. Der große Süden ist ein Ort des Widerspruchs: supermoderne Installationen zur Ausbeutung von Erdgas und Erdöl, ein Hort der Ruhe und des Konservativismus im Schatten von Palmen, Moscheen und Zentren religiöser Bruderschaften; immer mehr auch Erkundungsgebiet für abenteuerhungrige europäische Touristen. Hier treffen Ingenieure, muslimische Djellabah-Träger und verwegene Wüstenfahrer aufeinander.

In Ghardaia sieht man hauptsächlich die Djellabah-Träger. Die Fünf-Orte-Oase – ehemals ein Durchgangsort für Karawanen – liegt in einer recht trostlosen Senke, die von dem meist trockenen Flußbett des M'zab durchzogen wird. An diesem Ort hat sich die Sekte der Mozabiten nach langer Verfolgung im 11. Jahrhundert niedergelassen. Diese „Puritaner der Wüste" (ihr kharedschitischer Ritus verpflichtet sie zu einem sehr sittenstrengen Leben) haben in langer und harter Arbeit Brunnen gebohrt, Palmenhaine angelegt und sich neben der Landwirtschaft dem Handel gewidmet, der sie reich gemacht hat. Ein Teil der Bevölkerung hat die Oasen früh verlassen, ist in die Städte des Nordens geströmt, hat sich dort niedergelassen und sich einen berechtigten Ruf als tüchtige Händler und Ladenbesitzer erworben. Die Mozabiten nehmen in Algerien eine ähnliche Stellung wie die Soussis in Marokko ein. Handel und Religion gehen in einem. Am Ende ihres Lebens kehren die meisten Mozabiten nach Ghardaia zurück, um dort begraben zu werden. Vorher vergessen sie nicht, Geld in ihren Heimatort zu investieren.

Die Religionsgemeinschaft von Ghardaia hat trotz der stark zentralistischen Verwaltung des Landes eigene Entscheidungsstrukturen behalten können. Hier geben eine Volksversamm-

*Abb. 10:* Berber in traditionellen Gewändern schließen auf einem Markt im marokkanischen Atlas einen Handel ab

*Abb. 11:* El Oued, die Stadt der tausend Kuppeln

lung und ein Ältestenrat den Ton an. An ihren Sitten halten die Mozabiten trotz des stark aufkommenden Fremdenverkehrs fest. Fotografieren ist an den meisten Orten verboten, noch immer wird abends die heilige Stadt Beni Isguen zugeschlossen. Die Frauen sind tief verschleiert, so daß von ihrem Gesicht nur ein Auge zu erblicken ist. Die Kehrseite der Medaille: Für die Mädchen gibt es wenig Entscheidungsfreiheit. Sport gibt es z. B. für sie kaum. 1986 durfte eine Mädchen-Volleyballmannschaft zum ersten Mal einen Wettkampf vor den Augen der Männer im Freien austragen. Seither spielt sie nur zweimal im Jahr – in einer Halle. Und mit 17 hören die Mädchen wegen der vorherrschenden Sitten mit der Leibesertüchtigung auf.

El Oued liegt mitten im Meer der Sanddünen des großen östlichen Ergs. Die Oase ist außergewöhnlich. Der Grundwasserspiegel liegt nur zehn bis 15 Meter unter der Oberfläche, weshalb die Bauern die Dattelpalmen bis zur Krone im Sand steckend anpflanzen. So gelangen sie direkt an das Naß und müssen nicht bewässert werden. Die einzelnen Baumgruppen wachsen in trichterförmigen Vertiefungen von rund 100 Meter Durchmesser. Vom Flugzeug aus sieht El Oued und das umliegende Gebiet des Souf wie ein Meer von Kreisen mit dunklen Punkten in der Mitte aus.

El Oued ist die Stadt der „tausend Kuppeln". Im Kuppelbau haben die Bewohner ein Abwehrmittel gegen die Hitze gefunden. Die schneeweißen Halbrunde brechen außen die Sonnenstrahlen und lassen innen die Luft zirkulieren, so daß die Zimmer kühl bleiben. Die Bewohner sind auch auf andere alte Einrichtungen stolz, wie z. B. auf die Ziehbrunnen und die Wollpantoffeln, mit denen die Sandtemperaturen, die bis zu 60 Grad ansteigen, und auch die kalten Wintertage ausgehalten werden können. All diese Eigenheiten möchten einige initiative Leute für den Fremdenverkehr ausnützen, der bisher nur in Ansätzen existiert. Einschränkungen im Wasserverbrauch kennt das Gebiet nicht. Neben dem Grundwasserspiegel werden mit Bohrungen in 150 und neuerdings auch in 2000 Meter Tiefe weitere Reserven angezapft. Hier in der Wüste fließt jederzeit Wasser aus den Hähnen. Den Bewohnern von Oran und Algier, die fast jeden Sommer wegen mangelnder Reserven einige Stunden pro Tag auf Wasser verzichten müssen, muß dieser Überfluß seltsam vorkommen.

Doch nicht alles ist vollkommen. Seit Jahren leiten die Behörden die Abwässer zum größten Teil in die Wüste ab und haben damit den Grundwasserspiegel verschmutzt. Jetzt müssen sie an eine Kläranlage denken. In El Oued leben immerhin über 50000, im ganzen Souf-Gebiet rund 200000 Menschen. Trotz der Fülle an Wasser arbeitet nur etwa ein Zehntel der Bevölkerung in der Landwirtschaft. Etwa 30 Prozent arbeiten in der Verwaltung, und der Hauptteil ist wie die Mozabiten im Handel tätig und reist viel.

El Oued ist reich. Doch man sieht es nicht. Die begüterten Familien horten ihren Reichtum in Form von Gold zuhause. Niemand bringt sein Geld zur Bank. Die Zinsen werden von der Teuerung aufgefressen, und außerdem könnte die Regierung die Konten kontrollieren und fragen, woher das Geld kommt. Der Kauf von Gold ist das beste Mittel zur Werterhaltung. Unnütz zu sagen, daß dieses Verhalten nicht zu einer wirtschaftlichen Dynamik in der Region führt. Dabei beginnt auch in dieser Oase, in der sieben Kinder pro Familie der Durchschnitt ist, die Arbeitslosigkeit sehr spürbar zu werden. Die Regierung hat begonnen, im Umkreis von El Oued kostenlos Land an arbeitswillige Leute abzugeben und Kredite für Pumpen und Setzlinge zu erteilen. Die ersten Experimente sind geglückt. Aus dem Sand sprießen Wunder: Kirschen, Aprikosen, Pfirsiche und riesige süße Kartoffeln. In drei Jahren sind erst wenige hundert Hektar verteilt worden. Die Leute von El Oued müssen sich zuerst an den Wandel gewöhnen. „Wir Algerier haben uns wegen der jahrelangen hohen Einnahmen aus dem Erdöl an ein gemütliches Leben gewöhnt, jetzt müssen wir erwachen", erklärt ein Einheimischer.

Nachdem die Teppichweberei in den siebziger Jahren stark zurückgegangen war, hat sie wieder einen leichten Aufschwung genommen. Die Teppiche aus dem Souf (das Wort bedeutet „Wolle", doch diese stammt aus den Aurès-Bergen) sind wegen ihrer extrem langen Haare und dem Kreuz-Symbol bekannt. Eine Genossenschaft und Heimarbeiter widmen sich wieder diesem Kunsthandwerk. Interessanterweise weben nur Männer Teppiche.

Ein weiteres Problem der Oasengegend ist die Freizeitgestaltung – wenn auch nur für die Jugend. Die ältere Generation ist nach wie vor von unendlicher Genügsamkeit. Stundenlang sitzen die Männer im Sand, spielen im Schatten Domino, schlürfen ihren Tee und plaudern. Viel freie Zeit zu haben, ist für sie gleichbedeutend mit Reichtum. Die Jugendlichen hingegen sind auf andere Unterhaltung aus. Sie möchten Sport treiben und wünschen sich mehr kulturelle Einrichtungen, ein Leben nach westlicher Art, mit Alkohol, Tanz und Flirt. Sportmöglichkeiten jedoch gibt es in der Oase nur wenige, und an Kultureinrichtungen gibt es nur ein dürftiges Jugendzentrum und ein einziges Kino. Und westlicher Lebensstil ist hier wie auch in den meisten Gebieten und Städten Algeriens undenkbar.

*Sozialismus – aber welcher?*

## Die Phase der Improvisation (1962–65)

Die ersten Juli-Tage des Jahres 1962 sind für ältere Algerier unvergeßlich. Die Unabhängigkeit war errungen, die Waffen schwiegen, Algerien war ein einziger Freudentaumel. In den Städten defilierten unter dem Jubel der Bevölkerung und den grünweißen Landesfahnen Jugendorganisationen und die Soldaten der Befreiungsarmee. Am 6. Juli schrieb die Zeitung „La Dépêche" von Annaba (damals hieß die Stadt noch Bône), daß in Algier die Yu-Yu-Rufe der Frauen, das Freudengehupe der Autofahrer, die Hochrufe auf die FLN-Partei und die Unabhängigkeit nun fünf Tage lang ununterbrochen andauerten und der Enthusiasmus der Bevölkerung schon bald die Ausmaße eines „sportlichen Dauerwettbewerbs" annehme.

Die Begeisterung der Bevölkerung war groß, die der Regierenden hingegen nicht. Hinter den Kulissen war bereits ein harter Machtkampf im Gange. Sieben Jahre lang hatte der Befreiungskampf die algerischen Nationalisten zusammengehalten. Nun zeigte sich, daß diese über den Gedanken der Unabhängigkeit hinaus nur sehr wenig gemeinsam hatten. Die FLN-Partei splitterte sich in Interessengruppen auf. Sie war zwar die offizielle politische Führungskraft im Land, in Wirklichkeit aber nur ein lose verbundenes Machtgebilde ohne geeinte Ideen. Neben ihr existierte die provisorische Regierung (G.P.R.A.), die im Ausland auf die Unabhängigkeit hingearbeitet hatte. Dazu kam das Militär, das in die guerillaartig organisierten Kommandos der sechs Wehrzonen (wilayas) im Landesinnern sowie in die zwei straff strukturierten Grenzarmeen, die rund 35 000 Mann unter den Fahnen hatten, aufgeteilt war. In der Mitte dieser Machtinteressen stand der neue Staatspräsident, Ahmed Ben Bella. Der 46jährige Politiker hatte die letzten fünf Jahre des Befreiungskampfes im Gefängnis gesessen und versuchte nun, zwischen den Machtgruppen zu lavieren und seine Position zu stärken.

Über den allgemeinen politischen Kurs herrschten keine Zweifel. In Algerien stand die Uhr auf Sozialismus. Im Gegensatz zu Marokko und Tunesien hatten nicht die bürgerlichen Städter und die Intellektuellen, sondern die Bauern und Arbeiter das Hauptgewicht des Befreiungskampfes getragen. Der Elan war vom Hinterland, dem Maquis, ausgegangen, wo die soziale Ungerechtigkeit in der Kolonialzeit am bedrückkendsten gewesen war.

Zudem entsprach der Sozialismus dem Zeitgeist. In Jugoslawien herrschte Tito, in Ägypten Nasser und in Kuba Fidel Castro. Nach der Unabhängigkeit vieler Länder um 1960 ging eine Euphorie und die Gewißheit durch die Dritte Welt, daß nun eine neue Weltordnung jenseits des Kolonialismus und Kapitalismus errichtet würde.

Algerien sah sich wegen seines beispielhaften Unabhängigkeitskampfes in dieser Aufbauarbeit in einer führenden Rolle. Ben Bella besuchte Fidel Castro, in Algier erschien Nasser. Algerien half vielen Unabhängigkeitsbewegungen moralisch, politisch und finanziell. Seine Hauptstadt wurde zum „Mekka der Revolutionäre", sie gewährte Anführern aller Schattierungen, von den amerikanischen schwarzen Panthern bis zu den namibischen Swapo-Kämpfern, Unterschlupf.

Über die Art des Sozialismus war man sich aber nicht einig. Ben Bella merkte bald, daß weder der FLN-Chef Mohamed Khidder, der zu islamischen Ideen neigte, noch der eher bürgerliche Parlamentspräsident Ferhat Abbas, noch der Berberchef Ait Ahmed, der seine eigene Partei unterhielt und sich gegen die Regierung in Algier auflehnte, den Schlüssel zur Macht in den Händen hatte, daß vielmehr die Armee unter Verteidigungsminister Boumediène der einzige gut funktionierende Machtapparat war. Der Präsident fürchtete den starken Einfluß der Uniformierten und begann, sich vermehrt direkt auf das Volk zu stützen. Er war kein Militär und wollte keinen Sozialismus von der Art Nassers, sondern einen Populismus vom Stile Fidel Castros.

Ben Bella, eine umstrittene Persönlichkeit, dessen Verdienste und Fehler heute noch heftig diskutiert werden, erließ eine

Reihe von reichlich improvisierten Maßnahmen, welche dem Volk direkte Macht geben sollten. Das Schlagwort hieß „Selbstverwaltung" (autogestion). 1963 wurden die von den europäischen Siedlern verlassenen Güter sowie anderes, schlecht bewirtschaftetes Land – insgesamt 2,65 Milliarden Hektar – an 2150 Bauerngenossenschaften verteilt; im gleichen Jahr begann Ben Bella auch die Nationalisierung und Selbstverwaltung in Industriebetrieben.

Sehr bald mußte das Volk aber ernüchtert feststellen, daß Regierungsbeamte die neuen Agrarbetriebe leiteten und nur zehn Prozent der Bauern beschäftigt wurden. Die Masse der Kleinbauern mußte nach wie vor mit ihren Äckerchen vorliebnehmen, auswandern oder sich zu den Arbeitssuchenden in den großen Städten gesellen. In der Industrie waren von der Selbstverwaltung nur fünf Prozent der großen Betriebe betroffen. Die Minen, die Erdölfelder und Banken blieben in französischer Hand. Die Ernüchterung war umso größer, weil die Wirtschaftslage sich zunehmend verschlechterte. Der Abzug sämtlicher europäischen Verwaltungsbeamten sowie der meisten europäischen Unternehmer und Techniker hatte dazu beigetragen.

Als Ben Bella von der Armee Abstand zu nehmen begann und sich in einem diplomatischen Manöver mit dem Berberführer Ait Ahmed versöhnte, schlugen Boumediène und seine Unterstützer zu. In der Nacht des 19. Juni verhafteten Offiziere den Staatspräsidenten. Keine drei Jahre nach der Unabhängigkeit hatte Algerien seinen ersten Staatsstreich hinter sich. Im Volk erhob sich kaum eine Stimme des Protestes. Ein militärischer Revolutionsrat (CNR) von 26 Mitgliedern unter Boumediène übernahm die Macht. In seinem ersten Kommuniqué nannte er als Gründe für das Eingreifen der Armee die „schlechte Verwaltung, die Verschwendung von öffentlichen Geldern, die Instabilität, Demagogie, Anarchie, die Lüge und die Improvisation" der Regierung von Ben Bella. Die Offiziere warfen der Regierung weiter vor, die Armee in Mißkredit gebracht zu haben. „Die Armee ist aus dem Volke gewachsen und läßt sich von ihm nicht trennen", schrieben die Militärs.

## Boumediènes Sozialismus „von oben" (1965–78)

Der neue Staatschef war das Gegenteil seines Vorgängers. Ihm fehlten der Charme, das leichte Wort und die diplomatische Geschmeidigkeit Ben Bellas. Mohammed Boukharrouba (so Boumediènes wirklicher Name) war ein Militär mit mönchischen Angewohnheiten, der nie zu essen schien. Sein Image interessierte ihn nicht, Einheit, Organisation und Disziplin hingegen sehr. Boumediène war 1956 in den Widerstand gegangen, 1958 war er erst 26 Jahre alt (nach anderen Quellen 29), aber bereits ein gefürchteter Offizier, der seinen Kollegen im Revolutionsrat überdies etwas Entscheidendes voraushatte: Boumediène hatte ein Universitätsstudium hinter sich.

Der neue Staatschef begann, den populistischen durch einen rigoros strukturierten und zentral gelenkten Sozialismus zu ersetzen. An die Stelle der revolutionären Romantik sollte die Wissenschaft treten. Das Ergebnis war ein Staatskapitalismus. Boumediène stellte in den 13 Jahren seiner Amtszeit mehr auf die Armee, die ehemaligen Unabhängigkeitskämpfer und junge Techniker als auf Arbeiter, Bauern und Intellektuelle ab; die „Aktion der Massen" faszinierte ihn nicht. Der Maghreb-Experte Ernest Gellner sprach von einer relativ kompakten, neuen „Herrschaftskaste" (später nannten die Algerier sie sogar „Nomenklatura"), die aufgrund ihrer Teilnahme am Krieg oder ihrer technischen Fähigkeiten ausgewählt wurde.

Boumediène konzentrierte sich nach politischen Säuberungen (1967 versuchte Oberst Tahar Zbiri einen Putsch gegen ihn) auf die Stabilisierung und den Aufbau der Industrie. Er vernachlässigte die Landwirtschaft. Den Schlüssel zu Algeriens Größe sollten Erdöl und Erdgas liefern. Seine Regierungen handelten in der Folge mit den staatlichen französischen Unternehmen neue Verträge aus. Von 1965 bis 1971 verdreifachten sich die Erträge, und die Deviseneinnahmen aus diesem Sektor stiegen auf 75 Prozent aller Erträge an. Mit den steigenden Einnahmen aus diesem Sektor sollte rasch eine starke Schwerindustrie entwickelt werden. Diese wiederum würde automatisch neue verarbeitende und zuliefernde Industrien ins Leben rufen.

Boumediène und seine Techniker begannen, diese Theorie der „arbeitsschaffenden Industrie" (industrie industrialisante) in die Praxis umzusetzen. 1967 legten sie erstmals einen wirtschaftlichen Dreijahresplan vor. Bereits im Vorjahr hatten sie mit der Verstaatlichung von Banken, Versicherungen und Minen begonnen. Der Staat gab sich selber das Außenhandelsmonopol und lenkte nun die Wirtschaft zentral. Er begann, an Küstenorten modernste Flüssiggaswerke (Arzew, Skikda) und Schwerindustriezentren (El Hadjar bei Annaba) zu bauen. In Industrieprojekte flossen von 1967 bis 1973 zwischen 45 und 55 Prozent sämtlicher öffentlichen Investitionen, in die Landwirtschaft 12 bis 19 Prozent.

Der forcierten Industrialisierung lag auch der Wunsch zugrunde, Algerien nicht nur politisch, sondern auch wirtschaftlich von den Großmächten unabhängig zu machen. Im Zug dieser Politik wagte es Boumediène 1971, die französischen Erdölfirmen in Algerien zu verstaatlichen. Algerien war nun Herr all seiner Reichtümer. Diese Aktion brachte ihm in den jungen Nationen enormes Prestige ein und machte Algerien zu einer der führenden Nationen der Dritten Welt. 1973 fand in Algier die Konferenz der blockfreien Nationen statt; sie wählte Boumediène für drei Jahre zu ihrem Präsidenten. 1974 erkor die UNO-Generalversammlung den Außenminister Abdelaziz Bouteflika zu ihrem Vorsitzenden.

Die radikale Industrialisierung führte nur auf den ersten Blick zu größerer Unabhängigkeit. In Wirklichkeit mußte der Staat für die Mammut-Projekte im Ausland Kredite aufnehmen. Die Außenverschuldung begann zu steigen, und die Schuldentilgung wurde am Schluß der Boumediène-Ära zum Problem. Hauptabnehmer des Gases und des Erdöls waren Frankreich und die Vereinigten Staaten. Aus diesen Ländern, aber auch aus dem übrigen Europa, kamen die meisten Fachleute, die den jungen algerischen Kadern das technische Wissen zum Betreiben der neuen Anlagen beibrachten, diese reparierten und neue Fabriken aufstellten. Von 1973 bis 1978 gab das Land allein für „technische Hilfe" aus dem Ausland über 7 Mia. Dollar aus. Ein algerischer Planer brachte in jenen Jahren des forcierten Aufbaus die Präferenzen des Staates mit folgendem Satz klar zum Ausdruck: „Es ist besser, rasch eine Elite von 300 000 Fachleuten in den strategisch wichtigen Sektoren zu haben, als unser Geld zur Herstellung von Hämmern und Löffeln auszugeben."

Hämmer und Löffel und auch andere Gebrauchsgüter mußten eingeführt werden, wurden durch staatliche Organisationen verteilt und begannen langsam zu fehlen. Zu den Nachteilen der „arbeitsschaffenden Industrie" gehörte es, daß sie die Herstellung von Konsumgütern vernachlässigte. Die Einnahmen aus Erdöl und Erdgas trieben das Pro-Kopf-Einkommen des Landes in wenigen Jahren stark in die Höhe, verdeckten aber eines: Die Algerier hatten zwar Geld, konnten aber damit wenig kaufen. In den Regalen der Geschäfte lagen nur wenige Produkte, die Kaufhäuser machten trotz des offiziellen Reichtums einen ärmlichen Eindruck. In jenen Jahren begannen die Algerier, für Konsumgüter – vom Glätteeisen bis zum Haarshampoo – Schlange zu stehen. Die wenigen privaten Händler verknappten ihre Produkte künstlich (sie versteckten sie), um den Preis in die Höhe zu drücken. Um zu Posten und zu Dokumenten zu kommen, mußten die Algerier ihre Verwandten in der Staatsverwaltung zu Hilfe rufen. Der Ausdruck für dieses Vorgehen – „piston" – war bald jedermann bekannt.

Weil die stark technisierte Schwerindustrie nur wenig Arbeitsplätze schuf, konnten Boumediènes Wirtschaftspläne das Problem der Arbeitslosigkeit nicht lösen. Die Gesellschaft bestand grundsätzlich aus zwei Schichten: aus den gutbezahlten Kadern der Staatsbetriebe (den „300 000 guten Fachleuten") und dem privaten Bürgertum, das mit ihnen zusammenarbeitete, sowie der Masse der Arbeiter, Bauern und Stellenlosen.

Privilegiert waren auch die ehemaligen Freiheitskämpfer. Sie erhielten vom Staat rascher Wohnungen, konnten leichter Autos einführen, hatten Anrecht auf Lizenzen für den Betrieb von Taxi-Unternehmen und Zeitungsständen und erhielten

Grundstücke. Ihre Kinder gehörten ebenfalls zu den „Berechtigten" (ayants droit). Damals begann das heimliche Murren gegen diese Schicht von Bürgern. Gegen Boumediène richtete es sich nicht. Der Staatschef lebte auch weiterhin einfach. Die Million Personen, die Ende 1978 bei den Trauerfeierlichkeiten und seinem Begräbnis in Algier zugegen waren, zeigten, daß der Staatschef trotz seiner strengen Art, seines einfachen und konsequenten Wesens und trotz aller Probleme echtes Ansehen genossen hatte. Boumediène entsprach dem islamisch und arabisch denkenden Menschenschlag des Landesinnern.

1972 unternahmen die Planer Schritte, um die darniederliegende Landwirtschaft zu sanieren. Diese produzierte rund 20 Prozent weniger als im Jahr nach der Unabhängigkeit. Die Bauern in den unter Ben Bella geschaffenen Kooperativen waren nicht zur Arbeit motiviert (ein Teil des verstaatlichten Landes ging sogar wieder an Private über), und Algerien mußte mehr und mehr Lebensmittel einführen. 1969 erzeugte es noch 70 Prozent seines Verbrauchs.

Die vom Regime verschriebene „Agrarrevolution" ging in drei Stufen vor sich. Bis 1973 wurden drei Millionen Hektar mehrheitlich brachliegendes Land sowie Gemeindeland verstaatlicht; bis 1975 kamen 630 000 Hektar Güter von abwesenden Besitzern an die Reihe, und anschließend traf es 170 000 Familien, die Schaf- und Viehzucht betrieben. Die Agrarrevolution führte zu Umsiedlungen von armen Bauern. Am spektakulärsten waren die neuen „sozialistischen Dörfer" (villages socialistes), welche das Regime in kürzester Zeit aus dem Boden stampfte. Ursprünglich waren 1000 solcher Dörfer geplant. Gebaut wurde knapp die Hälfte. Die sozialistischen Dörfer waren ein Reinfall, weil sie ohne Anhören der Betroffenen auf dem Reißbrett geplant worden waren. Alle Bauern verdienten gleich viel, Nebenverdienste waren unmöglich. Ihre Wohnungen waren nur für Kleinfamilien geeignet, Infrastruktur wie Kaffeehäuser, Bäckereien und Krämerläden fehlten. Die Kommerzialisierung der Erzeugnisse war nicht oder nur schlecht organisiert. Die Bauern trauten der Parole, daß nun sie die Initiative ergreifen sollten, nicht. Heute erkennt jedermann an, daß die Agrarrevolution ein Mißerfolg war. 1977 erzeugte Algerien nur noch 35 Prozent der Lebensmittel, die es brauchte.

Zur politischen Strukturierung des Landes hatte Boumediène die Massenorganisationen (z. B. die Einheitsgewerkschaft UGTA, die Jugendorganisation UNJA und den Frauenverband UNFA) gestärkt. Durch sie hatte das Volk am politischen Leben des Landes teilzunehmen. Leute der FLN-Partei führten diese Organisationen an. Weiter konnten die Algerier nach 1967 Vertreter der FLN in lokale und regionale Versammlungen (ACP und ACW) wählen. Dieser politische Aufbau von der Basis her führte 1976 erstmals zu Wahlen für ein Landesparlament (ANP). Im selben Jahr nahm das Volk eine „Nationale Charta" an, für die es während einiger Wochen in öffentlichen Diskussionen Verbesserungsvorschläge hatte anbringen können. Die Charta wurde zum politischen Grunddokument des Landes und besagte, daß Algerien ein „sozialistischer und islamischer Staat" ist. Die ebenfalls 1976 verabschiedete, neue Verfassung hatte niedereren Rang und mehr technische Funktionen. Sie war ganz auf Boumediène zugeschnitten. Als dieser im Dezember 1978 nach 37 Tagen Koma an einer heimtückischen Blutkrankheit starb, existierten eine gut strukturierte und straff gelenkte Macht, eine unausgeglichene, ganz auf die Erdöl- und Erdgaseinnahmen ausgerichtete Wirtschaftspolitik und das Gefühl, daß dieses System dringend korrigiert werden mußte.

## Die Liberalisierung unter Chadli Bendjedid (1979–88)

Als im Februar 1979 der 50jährige Chadli Bendjedid die Rednertribüne des modernen, runden Sportpavillon des „5. Juli" von Algier bestieg und seine erste Ansprache als neuer Staatschef hielt, frohlockte die Regierungspresse. Die unter Boumediène errichteten politischen Institutionen hatten sich in der schwierigen Stunde des Übergangs als stark erwiesen und ihre Aufgabe erfüllt. Chadli Bendjedid war ohne Kämpfe und rechtmäßig in das oberste Amt gehoben worden, Algerien war politisch ein solider Staat.

In Wirklichkeit hatte die Armee die Nachfolge Boumediènes entschieden. Oberst Chadli Bendjedid war der ranghöchste und am besten plazierte Offizier gewesen. Wer war der neue Mann mit den weißen Haaren und dem milden, beinahe großväterlichen Blick? Chadli Bendjedid stammte aus dem Osten des Landes, hatte 14 Jahre lang die Militärregion Oran kommandiert und dort ein recht angenehmes Leben geführt. Über seine politischen Ideen war nichts bekannt, er hatte sich in diesem Bereich nicht hervorgetan. Er besaß weder das Charisma seines Vorgängers noch dessen Überzeugungskraft. Er sollte sich denn auch als Pragmatiker erweisen, der keine radikalen Änderungen wagte und hauptsächlich versuchte, die Alltagsprobleme der Algerier zu lösen.

Dem neuen Staatschef oblag nun die Korrektur des von Boumediène gesteckten Kurses. Chadli Bendjedid optierte für eine vorsichtige Liberalisierung der Wirtschaft. Sein Ziel war es, die Produktivität zu heben und das Volk besser mit Lebensmitteln und Konsumgütern zu versehen. Der neue Leitspruch des Regimes hieß denn auch: „Für ein besseres Leben". Die neue Regierung ließ die Agrarrevolution fallen, strich die großen Industrieprojekte aus ihrem Programm, teilte einige Großbetriebe – u. a. das gigantische Staatsunternehmen „Sonatrach", das den Erdöl- und Erdgassektor betreute – auf und erteilte den Dorf- und Provinzbehörden mehr Selbstverwaltungsrechte. Daneben führte es – vom Fernseher bis zum Mixer – mehr Konsumgüter ein und spornte die Privatunternehmer an, mehr zu investieren.

In einer Geste der Versöhnung befreite Chadli Bendjedid den Ex-Präsidenten Ben Bella, der nach seiner Festnahme durch Boumediène 16 Jahre lang in der Kleinstadt M'sila am Sahara-Rand unter Hausarrest gelebt hatte. Andere Anführer aus dem Befreiungskrieg wie Ait Ahmed und Boudiaf lebten verbittert im Exil. Der Staatschef wußte, daß es Jahre dauern würde, bis er die einzelnen Einflußgruppen im Zentralkomitee und dem Politbüro der Partei, in der Regierung, der Verwaltung und der Armee beherrschen konnte. Chadli Bendjedid versuchte deshalb, die Unzufriedenheit des Volkes für sich zu nutzen und sie als Druckmittel gegen seine Gegner einzusetzen.

Die Anhänger Boumediènes verfolgten die Liberalisierungsbestrebungen mit Unwillen. Sie fürchteten um ihre Vorrechte und Posten. Die privaten Industriellen waren für sie zudem nicht Partner, sondern Gegner. Zum Teil hatten sie Recht. Die Bürgerschicht, welche unter den Franzosen hauptsächlich Handel betrieben und mit den Kolonialherren zusammengearbeitet hatte, hatte nach der Unabhängigkeit trotz des offiziell verschriebenen Sozialismus ihre Stellung halten und sogar ausbauen können. Die „Privaten" arbeiteten mit der Verwaltung zusammen und wurden von den „echten" Sozialisten angeklagt, wenig zu produzieren und auf Kosten des Volkes viel mit Handel und Spekulation zu verdienen. Die Liberalisierung der Wirtschaft verhieß ihnen neue Expansionsmöglichkeiten.

Als Chadli Bendjedid sich Amerika annäherte und 1983 Washington einen Staatsbesuch abstattete, begannen ihn die Gegner als „algerischen Sadat" einzustufen. Die Wirtschafts- und Finanzlage war jedoch so schlecht, daß sich das Land mit dem Westen gut stellen mußte.

Mit den Vereinigten Staaten gab es keine Probleme in dieser Hinsicht. Algerien hatte in dem Geiselkonflikt von Teheran erfolgreich zwischen dem Khomeini-Regime und Washington vermittelt und das Drama der Eingeschlossenen beenden können. Seine internationale Position war ihm dabei zustatten gekommen. Algerien ist einerseits durch seine Kolonialgeschichte und seine Wirtschaftsverbindungen auf den Westen ausgerichtet (sein Handelsvolumen mit den Ostblockstaaten liegt unter 15 Prozent), ist andererseits aber ein blockfreies, islamisch orientiertes Land mit revolutionärer Vergangenheit, das in Drittwelt-Nationen Prestige besitzt und mit ihnen in bestem Kontakt steht. Diese „Zweigesichtigkeit" kommt im eigenen Land zum Ausdruck. In den Küstenregionen herrscht eher westlich-städtischer und im Landesinnern islamisch-arabischer Lebensstil vor.

Präsident Chadli Bendjedid gelang es zunächst, das Lebensniveau der Volksmehrheit zu halten. Der Mann auf der Straße wurde aber gewahr, daß sich die soziale Kluft zwischen Arm und Reich vergrößerte und sich eine Oberschicht an den Massen bereicherte. Überall zogen Neureiche mit neuen Autos und protzigem Gehabe Unwillen und Neid des Volkes auf sich. Die Korruption im Verwaltungsapparat nahm zu.

Das Schlimme war, daß sie ungestraft begangen werden konnte. Der Beamte teilte sich und seinen Familienmitgliedern Wohnungen zu, der Polizist schrieb nur eine Verlustanzeige auf, wenn er zur Lohnaufbesserung diskret eine Banknote zugeschoben erhielt, der Bürger, der Arbeit suchte, erhielt nicht einmal eine Antwort auf sein Schreiben, wenn er nicht über entsprechende Beziehungen verfügte. Proteste nützten nichts, die Beamten handelten selbstherrlich. Die Diskrepanz zwischen den sozialistischen Leitsprüchen („die Revolution vom Volk und für das Volk") und der niedrigen Wirklichkeit – kurz: die Desillusion – brachten der 1945 geborene Schriftsteller Rachid Mimouni in seinen mutigen Romanen „Der umgeleitete Fluß" (Le fleuve détourné) und „Tombéza" und – in verschleierter Form – sein Kollege Tahar Ouattar (in „Der Fischer und der Palast") zum Ausdruck.

Zur Zeit Boumediènes war es nie so weit gekommen. Sein Nachfolger war jedoch weniger mächtig und weniger angesehen und bot dem Land auch keine zündenden politischen Ideen. Kaum ein Algerier war unter diesen Umständen bereit, sich für das Allgemeinwohl einzusetzen.

Die fehlende Motivierung der Bevölkerung führte dazu, daß viele Staatsbetriebe trotz aller technischen Neuerungen und Strukturanpassungen weiterhin weit unter ihren Möglichkeiten arbeiteten. Die Wirtschaftslage konnte nicht entscheidend verbessert werden. Jedermann arbeitete lieber in seine eigene Tasche. Der Schwarzmarkt, den das Regime zuerst als „Ventil" für die unbefriedigende Versorgungslage toleriert hatte, blühte auf; wer immer konnte, reiste nach Frankreich, kaufte dort Hemden, Jeans-Hosen oder Kassettengeräte ein und setzte sie nach der Rückkehr mit großem Gewinn in der Nachbarschaft ab. Eine Parallelwirtschaft entwickelte sich, die

Algerier wurden ein Volk von Händlern in eigener Sache. Sie besaßen viele Dinars, brauchten aber dringend französische Francs und waren bereit, dafür in Hinterzimmern und Aufzügen das Dreifache des offiziellen Wechselkurses zu bezahlen. Das war eine der negativen Folgen von Chadlis Liberalisierungs-Maßnahmen.

1985 änderte die Regierung ihre Wirtschaftsphilosophie. Die einseitige Abhängigkeit von Erdöl und Erdgas (die beiden Produkte und ihre Derivate erbrachten 98 Prozent der Devisen) sollte vermindert und die Landwirtschaft vermehrt gefördert werden. Die Landwirtschaft brachte „wiederkehrenden" Reichtum, die Erdölreserven mußten früher oder später erschöpft sein. Außerdem benötigte die Regierung die Devisen, welche sie für die Einfuhr von Lebensmitteln ausgab, immer mehr für die Rückzahlung der Außenschuld und für die Tilgung der Zinsen. Auch der Fremdenverkehr sollte nun gefördert werden. Boumediène hatte eine solche Dienstleistung nicht als wünschenswert betrachtet. Das neue Schlagwort der Einheitspartei hieß nun: „Auf sich selber bauen", und sollte das Volk, aber auch die Verwaltung daran erinnern, daß mehr Verantwortungssinn notwendig und die Zeit des bequemen Ausruhens auf den sozialen Errungenschaften unter Boumediène (Gratismedizin, garantierte Erziehung, sichere Arbeitsstelle für Gebildete) zu Ende war.

1986 wurde zu einem wirtschaftlichen Katastrophenjahr für Algerien. Nicht durch eigene Schuld. Der Sturz der Erdölpreise auf den Weltmärkten verringerte seine Deviseneinnahmen in 12 Monaten um 43 Prozent. Äußerst drastische Sparmaßnahmen waren die Folge. In den Geschäften begannen wichtige Produkte wie Eier, Butter und Kaffee zu fehlen. Die Arbeitslosigkeit stieg. Weil sich in dem Verhalten der Verwaltung aber nichts änderte und weder politische Parteien noch eine freie Presse Kritik anbringen konnten, begann sich die Unzufriedenheit auf der Straße auszubreiten.

Ende 1986 rebellierten in Constantine, Setif, Annaba und anderen Städten Schüler und Studenten und beschädigten Staatseigentum. Von da an versuchte das Regime, sich vermehrt der Jugend zu öffnen. Eine neue Zeitung („Horizons") erschien, die Radiosender paßten sich der quicklebendigen Konkurrenz aus Frankreich an, einige neue Freizeitmöglichkeiten wurden angeboten. Doch die Regierung vermochte nicht, genügend Stellen zu schaffen. 1986 waren es zum Beispiel nur 95 000. Aber 180 000 Jugendliche drängten auf den Arbeitsmarkt. Diese Jungen wollten „wie in Frankreich" leben und reisen. Drei 22jährige Arbeitslose aus Algier beschrieben ihre Lage wie folgt: „Wir haben nur Frustrationen erlebt. Was tust du, wenn du ins Kino gehen, einen Transistorradio kaufen oder die Kleider tragen willst, die dir gefallen, und du und auch deine Eltern kein Geld haben? Was tust du, wenn du zuhause nicht mal eine Ecke für dich hast? Entweder eine Stelle erhalten oder stehlen. Auf eine Stelle können wir nicht hoffen; selbst unsere Kollegen, welche das Reifezeugnis haben, sind arbeitslos. So wursteln wir uns durch das Leben."

Der Staatschef und seine Technokraten reagierten auf diese Herausforderung mit einer Liberalisierungswelle. 1988 hießen die Schlagworte: „Globale Reform", „Autonomie", „Verantwortung" und „Wettbewerbsfähigkeit". Erste Ideenseminare zur Förderung der Privatwirtschaft fanden statt. Die Leiter der Staatsbetriebe konnten nun nicht mehr auf Hilfe und Dekkung von „oben" zählen, sondern mußten echten Unternehmergeist zeigen und hafteten für die Betriebsergebnisse. Chadli Bendjedid bestätigte 1988, daß mehr als 80 Prozent der Staatsunternehmen Verluste abwarfen. „Unsere globale Reform ist keine Liberalisierung im westlichen Stil, der Privatsektor erobert keine neuen Branchen. Sie ist viel schwieriger, es ist eine Liberalisierung in den Köpfen, wir Algerier müssen das Konkurrenzdenken lernen, wir dürfen uns vor dem Wort Marktwirtschaft nicht mehr scheuen", erklärte in Algier ein Fachmann. Doch die Reform kam zu spät, sie vermochte den Bruch nicht mehr aufzuhalten.

*Ein neues Algerien?*

Zum offenen Bruch zwischen dem Volk und den Regierenden kam es am 5. Oktober 1988. An diesem Tag begannen Jugendliche eine Reihe von Kundgebungen und Ausschreitungen, die zu den schwersten Zwischenfällen seit der Unabhängigkeit führten.

Am Anfang deutete wenig darauf hin. Am Morgen jenes Tages versammelten sich im besonders volksreichen Bab el Oued-Viertel von Algier einige hundert Jugendliche. Sie hatten etwas von einem Generalstreik gehört und wollten ihren Teil dazu beitragen. Als die Polizei eingriff, begann die Tragödie. Die Jugendlichen griffen das Kommissariat an, setzten es in Brand und töteten einige Uniformierte. Die Vertreter der Staatsmacht waren besiegt. Wie ein Lauffeuer verbreitete sich die Nachricht in der Hauptstadt. Von mehreren Seiten drangen nun Gruppen von manifestierenden Jugendlichen in das Stadtzentrum vor und schlugen in den Hauptstraßen gezielt alles Staatseigentum – Ladengeschäfte, Banken und Büros der Fluggesellschaft „Air Algérie" – in Trümmer. Andere Gruppen begannen, Kaufhäuser auszurauben. Die Polizei schritt nicht ein. Sehr schnell weiteten sich die Unruhen auf die nähere Umgebung der Hauptstadt aus. Manifestanten steckten auch Diskotheken und Luxus-Geschäfte in Brand.

Einen Tag darauf verhängte Staatschef Chadli Bendjedid den Ausnahmezustand und gab der Armee den Befehl zum Durchgreifen. Doch die Revolte sprang auf Dutzende von Ortschaften und Städten im ganzen Land über. Die Leute gingen auf die Straße und trotzten der Armee. Diese schoß gnadenlos. 170 Tote wurden offiziell gezählt, in Wahrheit waren es vermutlich an die 500 Personen. Ein algerischer Reporter porträtierte den typischen Manifestanten. Er war Schüler, Student oder Arbeitsloser und hatte einfach „genug". Genug von Korruption und Verschwendung, von Arbeitslosigkeit, von leeren Regalen in den Geschäften, von fehlenden Transportmitteln und Wohnungen – und der fehlenden politischen Freiheit.

Heftige Ausbrüche des Volkszorns sind im Maghreb keine Seltenheit. Algeriens „blutiger Oktober" aber von 1988 war anders. Er war eine Zäsur in der Entwicklung des Landes. Jedermann war sich bewußt, daß die Blutopfer das Land aufrütteln und nach den Oktobertagen „nichts mehr gleich" sein würde. Die Regierung hatte Soldaten auf das Volk schießen lassen und eine moralische Niederlage erlitten. Das Volk schöpfte Mut und fürchtete nun weder Polizei noch Regierung und noch viel weniger die Spitzenleute der Einheitspartei. Jetzt brachte jedermann seine Meinung frisch und frei zum Ausdruck. Die Algerier waren nicht mehr mürrisch und verschlossen wie vorher, sie fühlten sich stark und redeten. Erstmals fanden sie in der Presse Unterstützung. Selbst die Parteipresse („Révolution Africaine" und „El Moudjahid") prangerte die Mißstände an und sprach offen aus, daß in Algerien die Zeit für eine Demokratie gekommen sei. Die Ereignisse des Oktobers hatten sämtliche Zungen gelöst, Algerien begann seine „Perestrojka".

Präsident Chadli Bendjedid nutzte die Gelegenheit und entließ mehrere Spitzenpolitiker und Militärs, die als Beschützer der Korruption galten. Die frontal angegriffene FLN-Partei erklärte sich einverstanden, die Verfassung von 1976 abzuändern. Im Februar nahm das Volk mit 74 Prozent Ja-Stimmen den neuen Verfassungstext an. Das neue Grundgesetz brach mit dem „alten" Algerien. Die Armee hatte nicht mehr wie vorher für den Aufbau des Sozialismus zu sorgen und zog sich aus dem politischen Entscheidungsprozeß zurück. Das Streikrecht und die Grundfreiheiten wurden ausdrücklich anerkannt. Und, was noch wichtiger war: Zum ersten Mal durfte das Volk Parteien gründen (der Verfassungstext nannte sie verschleiernd „Assoziationen mit politischem Charakter"). 27 Jahre nach der Unabhängigkeit war der Weg für ein Mehrparteiensystem offen.

1989 war Algerien ein politisches Laboratorium, das bei wirtschaftlich weiter schwieriger Situation experimentierte und von dem niemand wußte, ob es die richtige Formel zur Überwindung der Krise hervorbrachte oder unverhofft explodierte. Die Journalisten fochten einen harten Kampf um Informationsfreiheit; Menschenrechtsligen klagten offen Rechtsverletzungen durch die Regierung an; in öffentlichen Betrieben verlangten Streikende den Rücktritt von unfähigen oder korrupten Unternehmensleitern. In Blitzeseile konstituierten sich Dutzende der neu erlaubten „Assoziationen". Die politische Parteienlandschaft bevölkerte sich. Selbst die „Demokratische Bewegung" (MDA) des Ex-Präsidenten Ben Bella, die sich noch wenige Monate zuvor im Exil aufhalten mußte und rigoros verfolgt wurde, ließ sich nun in Algier nieder.

Als wichtigste Kräfte schälten sich die Kommunisten, die Islamisten und die liberalen Reformer heraus. Als erste hatten sich die Berber der Kabylei zu einer Gruppe, der „Vereinigung für Kultur und Demokratie" (RCD) zusammengeschlossen. Die Kommunisten („Partei der sozialistischen Vorhut", PAGS) hatten vorher halblegal in der FLN-Partei gewirkt. Sie traten für eine stärkere Rolle des Staates ein. Die Islamisten, welche ihre Macht in den Tagen des Oktober-Aufruhrs ein erstes Mal gezeigt hatten, splitterten sich in eine radikale, fundamentalistisch ausgerichtete Gruppe um Scheich Ali Belhadj aus Bab el Oued („Islamische Heilsfront", FIS) und eine gemäßigte Bewegung (Liga) auf. Zu den Reformisten (Liberale Partei) bekannten sich hauptsächlich Freiberufliche und Privatunternehmer. Letztere gründeten 1989 erstmals einen Unternehmerverband (UGEA).

1989 war auch das Jahr der Verwirrung und Besorgnis. Die Verfassung hatte neue Freiheiten gewährt, welche das Volk sich zu eigen machte. Die Gesetze dazu mußte aber das Parlament erst noch ausarbeiten. Und das Parlament bestand aus lauter Leuten der Einheitspartei FLN. Sie hatten in einem neuen Pressegesetz die Grenzen der Informationsfreiheit abzustecken, sie mußten ein Parteien- und ein Wahlgesetz ausarbeiten. Waren die Leute der FLN willens, starke neue Parteien neben sich zu dulden und sich 1990 mit diesen erstmals in demokratischen Lokal- und Parlamentswahlen zu messen? Sollte die FLN nicht mehr die einzige und auch nicht mehr die führende Kraft im Lande sein? In der politischen Führung war

1989 hinter den Kulissen ein stiller, aber harter Kampf über das Ausmaß der politischen Öffnung im Gang, dessen Ausgang völlig ungewiß war. Präsident Chadli Bendjedid war nur ein Element dieses Kampfes und kein Garant für den Sieg der Öffnung.

Nicht einmal das Gesellschaftsmodell des zukünftigen Algerien stand fest. Sollte das Land weiter in einem geschlossenen Gesellschaftssystem mit einer klar dominierenden Regierungspartei sozialistischer und islamischer Ausrichtung leben? Oder sollte das Land die Herausforderung der Toleranz, der Leistung und des Konkurrenzdenkens voll annehmen, ein Mehrparteiensystem und eine gemischte Wirtschaftsform einführen, die im sozialdemokratischen Bereich lag?

Damit ein offenes Gesellschaftsmodell funktionieren konnte, mußte die Wirtschaftsform weiter als vorgesehen verändert werden. Das Handelsmonopol des Staates, das im Zuge der Autonomie-Politik für Unternehmen bereits gelockert worden war, mußte ganz fallen, und der algerische Dinar, dessen Kurswert künstlich hoch lag (Überbewertung rund 300 Prozent), mußte im Ausland handelbar werden. Waren diese Schritte ohne einen Kollaps der Wirtschaft möglich?

Optimisten glauben, daß die Algerier 1990 erstmals eine freie Wahl zwischen mehreren Parteien haben werden. Pessimisten argumentieren, daß im Lande noch nie eine Demokratie geherrscht habe, der Lernprozeß dafür sehr lange sei und in den Regierungsorganen die Mächtigen, die zum großen Teil noch wie der Staatschef der Generation der Freiheitskämpfer und der Unabhängigkeit angehören, sich ein Algerien ohne eine alles beherrschende FLN-Partei nicht vorstellen können und alles unternehmen werden, um ihre totale Vorrangstellung zu wahren. Die FLN – das Symbol des Widerstandes gegen den Kolonisator – war auch für viele Algerier das Emblem der Nation. Etwas anderes konnten sie sich nur schwer vorstellen.

# 3. Tunesien

## Tunis, der Sahel und der Süden

Verglichen mit Casablanca und Algier ist Tunis eine wohltuende, eine gemütliche Stadt. Ihre Bewohner klagen zwar darüber, daß sie sich immer weiter in die Landschaft hinausfresse und die Verkehrsdichte immer unerträglicher werde. Tunis ist mit seinen 1,5 Millionen Einwohnern aber nur halb so groß wie die beiden anderen Städte. Abends kreisen über dem Stadtzentrum Vogelschwärme, sausen in verwegenen Kurven um das Hochhaus des Africa-Hotels und verstecken sich dann in den Zweigen der rechteckig geschnittenen Ficus-Bäume an der Hauptstraße Habib Bourguiba. Auf den hellen Steinfliesen der Allee lustwandeln das Volk und die Touristen, vorbei an großen Zeitungskiosken, die alte Liebesromane und Kriminalromane feilhalten, vorbei auch an Ständen mit falschen und echten Blumen, aus denen es schwer von Jasmin duftet. Auf den Gehsteigen bereiten Verkäufer seltene Mischungen von Fruchtsäften und Pfannkuchen (crêpes) zu oder verkaufen Kautabak und einzelne Zigaretten. Männer tragen manchmal Jasmin-Blüten hinter dem Ohr und geben sich in den Kaffeehäusern in der Nähe dem Genuß der Wasserpfeife (narguile) hin. Dies alles schafft eine entspannte Atmosphäre des Wohlwollens. Wir sind in einem kleinen, überschaubaren Land mit mildem Klima, in dem die Dimensionen und auch die Probleme faßbar bleiben und die Leute aus lauter Freundlichkeit kaum nein sagen.

Das einzige Hochhaus im Stadtzentrum ist das Hotel Africa. Es paßt nicht ganz in die Stadtarchitektur, scheint aber wie zum Trotz das andere Merkmal von Tunis – das Minarett der Zitouna-Moschee in der Medina – zu überragen. Diese zwei Gebäude symbolisieren das Leben und Denken nicht nur der Hauptstadt, sondern des Landes. Tunis ist zum Meer hin geöffnet, Sizilien ist nur 140 Kilometer weit entfernt und das italienische Fernsehen jeden Abend zu Gast bei den tunesischen

Familien. Die französische Sprache ist wie in Marokko ein Zeichen des sozialen Aufstiegs und ausländische Produkte, auch Touristen, sind sehr gern gesehen.

Das islamische Wesen lebt unter diesem westlichen Firnis weiter, es hat sich in das Innere der Häuser und der Herzen zurückgezogen und rebelliert regelmäßig, wenn es zu stark in die Ecke gedrängt wird. Tunis ist bereits im 11. Jahrhundert zur Hauptstadt erklärt worden. Anders als Casablanca oder Algier ist es immer geistiges und kulturelles Zentrum des Landes gewesen. „Tunis el Hadira", Tunis die Kulturschaffende, nannten sie die Gebildeten. Die Stadt steht den anderen aber auch an Modernität kaum nach. Sie hat sogar als erste des Maghreb eine „Metro" in Betrieb genommen. Allerdings fährt sie nicht unter der Erde, sondern quer durch die Sadt in die Vororte hinaus. „Seidenraupe" nennen sie die Einwohner liebevoll: Sie ist grün und fährt beinahe geräuschlos.

Die Hauptstadt ist wegen ihrer Lage immer mit europäischen Mächten stark verbunden gewesen. Im 16. Jahrhundert wurde sie von den Spaniern erobert, die das westliche Mittelmeer endgültig zu beherrschen versuchten. Von 1535 bis 1574 hielten sie die Stadt besetzt. Ein verlassenes Fort inmitten des Sees von Tunis und mächtige Befestigungsmauern im vorgelagerten Hafenort La Goulette zeugen noch von jener Zeit. Unter den Türken war die Stadt wie Algier Piratenstützpunkt. In La Goulette verkauften Freibeuter gekaperte Unglückliche an neue Herren, die sie als Sklaven brauchten oder aus ihnen Lösegeld schlugen. Als 1881 die Franzosen einzogen, bauten sie vor den Toren der alten ihre weiße, neue Stadt.

1921 zählte Tunis erst 220 000 Einwohner. Der Großteil von ihnen lebte in der Altstadt, die noch heute kompakt dasteht und von der Zitouna-Moschee sowie der Kasbah, dem ehemaligen Regierungsgebäude des Beys (es dient heute als Sitz des Premierministers) beherrscht wird. An der Geschichte der Altstadt wird die Modernisierung des Landes deutlich. Früher wohnten viele „bessere" Familien in ihr. Es waren Großfamilien, bei denen auch Cousinen und Verwandte vom Land Unterschlupf fanden. Angeführt wurden sie von Großvater und

*Abb. 12:* Tunis. In der Hauptstadt Tunesiens wohnt beinahe ein Fünftel aller Tunesier

Vater. Man lebte gegen „innen". Die Häuser zeigten auf die labyrinthisch angelegten Gassen kaum Fenster, verbargen aber schöne Innenhöfe, um die sich das Leben abspielte. Einzig an der Schönheit der Pforte zur Gasse war der Reichtum der Besitzer zu erraten. Das Bad, die Moschee und sämtliche Händler waren in unmittelbarer Nähe zu finden. Die traditionelle Stadtgesellschaft lebte abgetrennt von den Franzosen ihr eigenes Leben.

Die Unabhängigkeit löste enorme gesellschaftliche Veränderungen aus. Zehn Jahre danach (im Jahre 1966) waren 135000 der 160000 Europäer aus der Stadt abgezogen. Die meisten einheimischen Familien zogen aus der Medina aus und ließen sich in den modernen Wohnungen nieder. Diese waren für Kleinfamilien gebaut. Die alte Familienstruktur der Tunesier brach auseinander.

Die Übernahme der Verwaltung brachte eine weitere Öffnung auf die Moderne. In der Altstadt zu leben, war nicht mehr Mode. Ärmere Familien zogen dort ein, meist lebten mehrere Familien in einem Haus. Um das Lebensniveau zu halten, blockierten die Regierungen die Mietpreise. Die Besitzer wollten die Häuser nicht mehr reparieren, die Medina verarmte. 1979 erklärte die UNESCO sie zu einem erhaltenswerten Kulturgut. Auch eine „Vereinigung zur Erhaltung der Medina" versuchte, sie in ihrer alten Schönheit zu erhalten.

Tunis hat einen markant mittelmeerischen Einschlag. Die ärmeren Viertel wie Mellassine, Ez Zouhour oder Djebel Lahmar versteckt es landeinwärts hinter dem Hügel, der die Medina abschließt. Die Fabriken liegen im Westen auf dem Weg nach Hammam-Lif. Seine Prunkorte liegen am Meer, hinter der schmalen Landzunge, die zu La Goulette führt. Es sind Carthage, Sidi Bou Said, La Marsa und Gammarth – herrlich gelegene Wohnorte inmitten historischer Landschaft.

Zu Carthage, dem alten Karthago, wäre viel zu schreiben. Von der ehemaligen Größe des Ortes ist nicht mehr viel zu sehen. Er wurde mindestens dreimal zerstört. An den Resten der Zisternen, Bäder und Tempel kann man die damalige Lebenskultur noch ablesen, an den Hafenanlagen die wirtschaftliche und kriegerische Stärke der Stadt, die sanft zum Meer abfiel. Machtkämpfe, Kriegslärm und Opferszenen des alten Karthago vermag man am besten nachzuvollziehen, wenn man in dem Ruinenbezirk oder auf dem nahen Byrsa-Hügel Flauberts Roman „Salammbo" – die Geschichte um die punische Prinzessin – liest. Flaubert reiste 1858 an die Tatorte, um die Szenen wirklichkeitsgetreuer beschreiben zu können. Um ihre alte Geschichte zu erfühlen, benützen die Leute von Tunis heute hauptsächlich das erhaltene Amphitheater. Dort finden in Sommernächten Schauspiele und auch das regelmäßig organisierte Festival von Karthago statt.

Sidi Bou Said ist so ideal auf einer Anhöhe über dem Golf von Tunis gelegen, daß es seit vielen Jahren auch Ausländer zu ihrem Wohnsitz gemacht haben. Irgendwie ist es das tunesische Traumdorf. Täglich fahren denn auch Busse Scharen von Touristen zu seinem Besuch an. Es ist beinahe eine Überraschung, daß Sidi Bou Said noch so intakt ist und seine 5000 Einwohner noch freundlich und herzlich geblieben sind. Die tunesischen Landesfarben leuchten hier besonders schön. Obwohl die Landesfahne rot ist, muß man dem Weiß und dem Himmelblau, die schon in der Hauptstadt auffallen, den Vorzug geben. Die blendendweiß gekalkten Häuser und die in Zartblau gemalten Türen, Fenster und Balkone geben Sidi Bou Said eine heitere Leichtigkeit, die fröhlich stimmt. Im „Café des Nattes" oben im Dorf könnte man stundenlang Tee trinken und plaudern, und im „Café Sidi Chabaane" ist der Ausblick auf den Golf von Tunis und die Landzunge, auf der der Präsidentenpalast von Karthago und das Ruinengebiet liegen, ein ästhetisch-historischer Genuß. In La Marsa und Gammarth wohnt die Schicht der betuchten Leute, hier stehen die schönsten Villen von Groß-Tunis, hier befinden sich auch die schönsten Strände.

Eine Reise von Tunis in den Süden des Landes ist eine Lektion in Geographie. Wir bewegen uns immer weiter weg vom feuchten und fruchtbaren Tunesien. In den Ebenen, die den Hügelzügen des Kap Bone vorgelagert sind, gedeihen noch Zitronen, Orangen, Getreide und Wein. In diesen Gegenden ließen sich zu Beginn des Jahrhunderts die italienischen und französischen Siedler nieder. Südlich von Hammamet beginnt die Landschaft karger zu werden. Wir treten in den Sahel (Küstenzone) ein. Die Weinreben verschwinden, an ihre Stelle treten Mandel- und immer mehr Olivenbäume. Die Getreidefelder werden seltener, die Halme stehen immer weiter auseinander, auch die Bevölkerungsdichte nimmt ab. Das Landesinnere wird baumlos. Kahl heben sich die Hügel (Djebels) vom

Horizont ab. Auf bewässertem Gebiet gedeihen Pfirsiche und Äpfel. Dann, südlich von Sfax, nur noch magere Gerstenfelder und Steppe. Ziegen- und Schafherden suchen auf sporadisch auftretenden Grasnarben ihr Auskommen. In der Nähe von Gabes fallen nur noch 100 Millimeter Regen pro Jahr: wir sind im Tunesien der Oasen und bald am Rande der Sahara.

Den Küstensaum zwischen Nabeul und Monastir hat das Land in den letzten Jahren immer mehr dem Fremdenverkehr geöffnet. Die breiten feinen Sandstrände und das ruhige Meer sind ideal für Badeferien. Zum schnelleren Transport verbindet Tunesiens erste, rund 50 Kilometer lange Autobahn die Hauptstadt mit Hammamet. Eine Fahrt darauf kann zum Abenteuer werden, denn sie wird auch von Eselgefährten benutzt und von den Einheimischen zu Fuß überquert.

Von den Badeorten Nabeul, Hammamet, Sousse und Monastir aus machen die Touristen Ausflüge, um Eindrücke des historischen und islamischen Tunesien zu erhaschen. Dazu sind die Medina von Tunis, die Stadt Kairouan oder auch etwa ein römischer Ruinenort wie Dougga oder El Djem gut.

Am eindrücklichsten ist eindeutig Kairouan. Die Stadt liegt 50 Kilometer landeinwärts mitten in der Steppe. Mit einem Rundgang läßt sich das Leben in diesem ersten Zentrum des Islam im Maghreb rekonstruieren. Die damals regierenden Aghlabiten lösten das Wasserproblem, indem sie es aus großer Distanz in Kanäle leiteten und es dann in riesigen Becken auffingen, die vor den Toren der Stadt noch zu sehen sind. Dazu bohrten sie Brunnen. Kamele drehen heute noch Schöpfbrunnen (norias). Die belebte Belhaouen-Straße dient als Souk, und das geistige Zentrum ist die gedrungene Oqba-Moschee aus dem 8. Jahrhundert, welche wie eine Festung aussieht und dem ersten islamischen Feldherrn im Maghreb geweiht ist. Kairouan ist zwar vom Fremdenverkehr schon recht in Beschlag genommen, strömt in seinen Monumenten und Hintergassen aber dennoch islamische Authentizität aus.

Der Fremdenverkehr ist für Tunesien äußerst wichtig geworden. Er ist heute vor dem Phosphat, der Textilindustrie und den Überweisungen der rund 300 000 Gastarbeiter im

Ausland mit rund 20 Prozent der Einnahmen der größte Devisenbringer. Die Regierenden haben vor, bis zum Jahr 2000 die jetzige Anzahl von Touristenbetten von 110 000 zu verdoppeln. Die Erdölproduktion reicht seit 1990 nur noch zur Deckung des Eigenbedarfs, die Einnahmen aus dem Phosphat sind wegen der stark schwankenden Weltpreise unsicher; wesentliche andere Bodenschätze besitzt Tunesien nicht. So bietet es seine schönen Strände, sein mildes Klima, seine dicht gestreuten Altertümer und seine Farbenpracht an, welche zu Beginn dieses Jahrhunderts die Maler Klee und Macke so begeisterten. Die Deutschen sind nach den Franzosen unter den Touristen am stärksten vertreten. Jedes Jahr bringt die Badesaison auch unverhoffte Schwierigkeiten. Touristinnen lassen sich von jungen einheimischen Männern bezirzen, die nichts anderes im Kopf haben, als nach Europa auszuwandern und dort zu arbeiten. Europäische Romantik und harte maghrebinische Wirklichkeit stoßen an Tunesiens Stränden jeden Sommer zusammen und schaffen den Botschaften, welche sich der Fälle annehmen müssen, manches Problem.

Neben dem einstigen Fischerdorf Hammamet hat sich die alte Handelsstadt Sousse, die eine äußerst gut erhaltene Medina besitzt, dem Fremdenverkehr besonders geöffnet. Einige Kilometer nördlich von ihr befindet sich der riesige Touristenkomplex El Kantaoui, der 1979 erstellt wurde.

Monastir, ein anderer einstiger Bauern- und Fischerort, ist gar zur Kleinstadt angewachsen. Sie ist mit Sousse mit einer modernen Schnellbahn verbunden. In der Nähe befindet sich sogar ein – wenig benützter – internationaler Flughafen. Vor dem Ort steht ein riesiges modernes Mausoleum. Das ist des Rätsels Lösung: Monastir ist der Heimatort des vormaligen Staatschefs Habib Bourguiba; Bourguiba hat Monastir hemmungslos gefördert und modernisiert. Im Mausoleum wird er einmal selbst ruhen. Der Staatschef hat nicht nur unmäßige Geldsummen in den Ausbau seines Heimatortes gesteckt, sondern auch hauptsächlich Politiker von Monastir und seiner Umgebung in seine Regierungen berufen. Über Jahre hat ein richtiggehender „Clan" von Monastir das Land beherrscht.

Die Sitte, nur die eigenen Leute zu bevorzugen, erinnert an Stammesdenken und hat im Maghreb durchaus Tradition. In Marokko dominierte lange die Elite von Fes den Verwaltungsapparat, in Algerien ist ein dauernder Hegemoniekampf zwischen den Regionen Ost (Constantine), Zentrum (Algier) und West (Oran) im Gange, und in Tunesien konnte sogar ein einziges Dorf eine politisch vorherrschende Rolle spielen.

Ein Stück völlig unversehrtes, geschichtlich interessantes und gut dokumentiertes Tunesien bietet die Kleinstadt Mahdia, die auf einer Halbinsel in das Mittelmeer hinausragt. Die dicken Stadtmauern von Mahdia haben die Phönizier, die Römer, die Eroberungen durch die Araber, die Anstürme der Normannen von Sizilien, die christlichen Kreuzzügler und die Spanier erlebt. Seinen Namen hat der Ort von dem Fatimidenfürst Obayd Allah el Mahdi aus dem 10. Jahrhundert, der sich nicht weniger als „der Retter der Welt" nannte und von der Hafenstadt aus die ganze arabische Welt erobern wollte. Heute liegt das Städtchen, dessen Einwohner überaus stolz auf ihre Geschichte sind, weg von den Touristenzentren, ist in historischen Schlaf verfallen und wieder ganz brav einheimisch geworden.

Ein Streifzug durch die Hauptgasse der völlig befestigten Altstadt zeigt maghrebinisches Kleinstadtleben. Vor der eindrucksvollen Großen Moschee aus dem 10. Jahrhundert spielen Jungen mit Marmeln im Sand, in den vielen kleinen Werkstätten hämmern und hobeln Schreiner, hantieren Schuhmacher, Elektriker, Weber, Goldschmiede und Krämer. Jeder Beruf ist vertreten. Supermärkte sind unbekannt, die Frauen und Mädchen kaufen die Gasse entlang ein. Die Geschäfte und Werkstätten sind am Sonntag geöffnet. Hier herrscht Arbeitsteilung. Die Neustadt hält sich an den christlichen Arbeitsrhythmus, die Geschäfte der Medina schließen dafür am Montag.

Das Zentrum des südlichen Tunesien ist Sfax. Diese Stadt ist so frisch, so solid, kantig und sauber, daß es erstaunt. Selbst die Altstadt ist breiter, bequemer und sauberer als anderswo. Sfax ist mit seinen 360 000 Einwohnern die zweite Stadt des

Landes und steht im Ruf, die fleißigste Tunesiens zu sein. Sfax hat alles, was es braucht – Banken, Leicht- und Schwerindustrie, eine Fischerflotte –, hingegen wenig Tourismus, keinen Strand und Verschmutzungsprobleme. Hier wird nicht wie in Tunis verwaltet und befohlen, hier wird gearbeitet. Sfax ist das Handelszentrum für die südliche Sahel-Region, aber auch Anziehungspunkt für die Orte des Landesinneren.

Neuerdings spürt man sogar die Nähe Libyens. Einer der Märkte heißt „Souk Libya". Händler haben auf einem verlassenen Gelände Holzverschläge gebaut und bieten die unglaublichste Auswahl von Erzeugnissen an: Käse und Margarine aus Dänemark, Olivenöl aus Spanien, Kinderfahrräder aus Italien, Bananen aus den Philippinen, Kämme aus China und Kinderleibchen aus Korea, Äpfel aus der Türkei. Alle diese Waren haben sie mit Lieferwagen in Tripoli eingekauft und in acht Stunden langer Fahrt hierher gekarrt. Der Aufwand lohnt sich, die Produkte sind billiger oder besser als die einheimische Ware. Libyen hilft seit der Versöhnung zwischen den beiden Regierungen nach 1987 mit, tunesische Arbeitskräfte zu beschäftigen und Geld in Tunesiens Wirtschaft zu pumpen. Die einheimischen Industriellen beginnen zu protestieren, sie bringen ihre Erzeugnisse – vor allem Kleider – wegen der neuen Konkurrenz nicht mehr so gut an den Mann. Der „Souk Libya" hingegen wächst und wächst, er ist legal. Inzwischen hat jede Stadt des Landes bis hinauf nach Tunis ihren libyschen Markt. Hunderte von Lieferwagen sind jeden Tag nach Tripoli unterwegs. Wie lange sie von dieser Situation noch profitieren können, wissen die Händler nicht. Tatsache ist, daß die libyschen Märkte heute Millionen von Dinaren umsetzen und ein ernstzunehmender wirtschaftlicher Faktor für Tunesien geworden sind.

Gabes (100 000 Einwohner) ist der wichtigste Ort des tiefen Südens, ein obligater Durchgangspunkt für den Verkehr nach Libyen und auch Ausgangspunkt für Reisende in die Sahara und das Touristenparadies Djerba. Gabes besitzt eine kleine Flotte, pflegt seine paar Strandhotels, widmet sich dem Handel, beeilt sich aber nicht und schließt seinen Bahnhof zwischen zwei Zugabfahrten. Doch es vergißt nicht, daß es Oasenstadt ist, eine Oasenstadt am Meer. Seine wahre Zuneigung gilt der Landwirtschaft. Gabes pflegt seine Palmenhaine und Gärten, es ist auch die Stadt des Hibiskus und des Oleander, in der fliegende Verkäufer auf Fahrrädern und am Straßenrand für ein paar Münzen erfrischenden Palmsaft verkaufen.

Doch über der Stadt schweben Rauchschwaden. Anfang der siebziger Jahre entstand im Norden ein Chemie-Komplex. Der Süden mußte nach den damaligen Plänen industrialisiert werden. Heute haben die Schornsteine der Chemiefabriken die Palmenhaine des Vororts Ghannouche weitgehend zerstört, bei Nordwind zieht ein unangenehmer Geruch durch die Stadt. Die Industriebetriebe brauchen zuviel Wasser und verseuchen mit ihren Abfällen das Meer, das hier besonders fischreich ist. Sie sind für Gabes nicht zum Segen, sondern zum Problem geworden. Die Einwohner hoffen jedoch auf Besserung, denn einige Minister der neuen Regierung stammen aus der Gegend von Gabes. Sie sollen verordnet haben, daß die Chemiefabriken gezwungen werden, Filter in ihre Schornsteine einzubauen. Fast 20 Jahre nach der Übeltat kann Gabes mit einer Versöhnung zwischen Industrie und Landwirtschaft rechnen.

Der weite Süden, der die Hälfte der Landesoberfläche einnimmt und fast menschenleer ist, beginnt hinter Gabes, auf dem Weg nach Djerba, nach den Berberdörfern um Matmata und den Oasen des Inneren. Von diesen ist Tozeur das Traumziel vieler Touristen. Erhöht auf einem Damm zieht sich die Straße die letzten 50 Kilometer vor dem Ort hin. Kein Baum, kein Kraut wächst. Wir sind mitten im Schott el Djerid, dem ausgetrockneten Salzsee, an dessen Rändern wie zum Beweis noch einige braun-weiße Salzschichten abgelagert sind.

Tozeur winkt dahinter, hinter 300 000 Palmen, die plötzlich und üppig die Vegetation zurückbringen. Der Ort war einst eine Karawanenstation und ein Zentrum religiöser Einkehr, verfügt heute über einen Flughafen und lebt zu einem Drittel vom Tourismus und zu zwei Dritteln von der Landwirtschaft.

Trotz des Fremdenverkehrs scheint sich der Ort noch nicht recht auf die Socken gemacht zu haben. „Wir im Süden sind ruhige und konservative Leute mit viel Herzlichkeit und Gastfreundlichkeit, die im Norden sind die Händler und Verkäufer", erklärte ein Einwohner von Gabes dazu. So leben die Touristen recht ungestört in ihren Luxushotels vor dem Palmenwald.

Ein Ausflug in die „Palmeraie" heißt allerdings nicht, daß man unter saftig grünen Kronen und neben gurgelnden, frischen Quellen wandelt, denn viele Quellen sind versandet. Das Wasser wird jetzt aus 1700 Meter Tiefe hinaufgepumpt, gelangt mit 40 Grad Wärme an die Oberfläche und zieht dann als Bach durch den Wald. Die Palmen werden im Frühling künstlich befruchtet und tragen im Spätherbst Früchte, bis zu 50 Kilogramm und mehr pro Baum. Darunter gedeihen auch Gemüse, Mimosen und Feigenbäume. Einige Tourismus-Unternehmer träumen von viel mehr, von künstlichen Seen und anderen Vergnügungsanlagen. Bis jetzt müssen sie sich mit den Kamelen begnügen, die vor dem Club Mediterranée, dem Hotel Oasis und dem Continental auf die Fremden warten. Früher gab es in Tozeur nur Esel.

Die vollkommene, die ideale Vorstellung des Europäers von der Wüste gipfelt in der Kombination von Kamelen, Palmen und Sand. Und diese Kombination ist am besten im halbversteckten Douz zu finden. Douz ist zu einem Ausgangs- und Zielpunkt für Sahara-Touren geworden. Heute lebt es noch recht einfach vor sich hin. In wenigen Jahren sollen jedoch an dieser Schwelle zur Wüste mehr als 2000 Hotelbetten entstehen. Der Leser sei hiermit gewarnt.

In vielen Ortschaften des Südens fallen die schwarzen Gesichter der Einheimischen auf. Ein Dorf bei Gabes, El M'Dou, gilt sogar als „Negerdorf". Die Schwarzen sind seit langem in die Bevölkerung integriert. Sie sind aus den Oasen südlich der Sahara in dieses Gebiet gelangt, teils als Sklaven. Sie sind lebendige Zeugen des Kontaktes und des Verkehrs durch das große Sandmeer.

Am Morgen des 1. Juni 1955 versammelte sich eine große Menschenmenge im Hafen von La Goulette. Das Fährschiff Ville d'Alger, das von Dutzenden von Lotsenbooten begleitet wurde, fuhr unter Tuten ein und legte an. Daraus entstieg der Mann, den das Volk erwartet hatte: Habib Bourguiba. Der Anführer der Unabhängigkeitsbewegung war aus Gefängnis und Exil zurückgekehrt: er hatte die Franzosen dazu gebracht, Tunesien die Unabhängigkeit zuzugestehen, er war der Mann der Stunde. Begeistert umarmen ihn die Leute, Bourguiba versucht, eine Ansprache zu halten, Tränen rollen ihm über die Wangen. Anhänger nehmen den 53jährigen auf die Schulter und führen ihn im Triumphzug weg. Dann binden sie ihm den Foulard eines Dockers um, drücken ihm einen Fez auf den Kopf und setzen ihn auf ein Pferd. So reitet Bourguiba in Tunis ein. Der 1. Juni ist ein Tag des Jubels.

Die französische Regierung unter Mendès France unterzeichnete im März des folgenden Jahres die Unabhängigkeitserklärung. Zwei Monate später ist Bourguiba Premierminister, ein Jahr später wählt die Konstituierende Versammlung ihn zum Staatspräsidenten. Tunesien wird eine Republik, Bey Lamine, der letzte Überlebende der Türkendynastie und formelle Vertreter der Macht, ist abgesetzt. Zwei Jahre später erhält das unabhängige Tunesien seine erste Staatsverfassung. Der Islam ist Staatsreligion, ein präsidentielles und zentralistisch organisiertes Regierungssystem unter Habib Bourguiba hält die Zügel der Macht in den Händen.

Wer war dieser Mann, der die Franzosen zum Einlenken brachte und das Land in jenen Jahren so faszinierte? Habib Bourguiba war ein Rechtsanwalt aus der Kleinbürgerschicht von Monastir, der sich schon vor der Erringung des Abiturs geschworen hatte, entweder „Tunesien zu befreien oder zu sterben" – ein Mann von außerordentlicher Willenskraft, von dem de Gaulle später sagte, er sei „ein Kämpfer und ein Politiker, dessen Größe und Ambition die Dimension seines Landes sprengen".

Bourguiba gehörte jener liberalen Schicht an, deren Kinder im Sadiki-Lyzeum in Tunis eine gute laizistische Erziehung erhielten, aber nicht in den Verwaltungsdienst der Kolonialherren eintraten, sondern sich gegen diese aufbäumten. Mit 21 Jahren begann Bourguiba in Paris Recht zu studieren. In Frankreich bildete er sich politisch, dort verheiratete er sich auch mit einer Kriegswitwe.

Den ersten Schlag nach seiner Rückkehr vollführte er in der nationalistischen „Destour"-Partei. In der Versammlung von 1934 gelang es ihm und seinen Getreuen, die konservativen alten Parteiführer auszubooten und sich zum Anführer der nationalistischen Bewegung zu machen. Bald verfolgten ihn die Franzosen. Bourguiba verbrachte in der Wüste seines Landes und in Frankreich insgesamt neun Jahre in Gefängnissen, von 1945 bis 1949 hielt er sich nach einer Flucht in Kairo auf. Als die Franzosen die Zukunft ihrer nordafrikanischen Besitzungen regeln wollten, holten sie Bourguiba. Dieser brachte mit hartnäckigen, immer weiter gehenden Forderungen durch, daß Paris in Tunesien das System der Souveränität aufgab und dem Land die Unabhängigkeit gewährte. „Bourguibismus" nannten seine Analytiker später diesen Verhandlungsstil. „Nie alles verlangen, sondern realistisch bleiben und immer schrittweise, aber hartnäckig vorgehen", definierte der Staatschef später selbst seine diplomatische Taktik.

Bourguiba rezitierte in den Gefängnissen in Frankreich Verse von Victor Hugo, um die Haft besser auszuhalten. Er sollte – auch als Gegner – dem französischen Denken und Geist immer treu bleiben. Der Islam sagte ihm wenig, ja er bekämpfte seine Auswüchse energisch. Eine seiner ersten Maßnahmen war die „Befreiung" der Frau. Das tunesische Familiengesetz von 1957 verbietet die Mehrehe und verfügt, daß die Frau nicht mehr verstoßen werden kann. Bourguiba erklärte den Frauen, sie sollten den Schleier abnehmen. Sie taten es. Tunesiens Frauen sind heute die fortschrittlichsten des Maghreb. Der Schulbesuch wurde für frei erklärt, die französische Sprache in der Verwaltung beibehalten, die islamischen Fakultäten der Zitouna-Moschee geschlossen und an deren Stelle eine neue Universität eröffnet. Bourguiba ließ einen prowestlichen Wind durch Tunesien wehen, der alte Gewohnheiten umwarf.

Eine der Hauptwaffen Bourguibas war seine Rhetorik. Tunesiens Staatschef war ein gewaltiger Redner. Jahrelang reiste er bis tief in die Provinzen des Landes und begeisterte Bürger und Bauern von seiner Sache. Das Wort stellte er an die Stelle des bewaffneten Kampfes. Die städtische Bürgerschicht mit ihren politischen Führern und die Arbeiter der UGTT-Gewerkschaft mit ihren Manifestanten und Streikenden haben Tunesiens Unabhängigkeitskampf gefochten; Waffen haben keine große Rolle gespielt, und bis heute spielt die Armee in Tunesien keine entscheidende Rolle.

Bourguiba war auch ein großer Schauspieler. Der kleine, blauäugige Mann mit dem magischen Blick liebte große Auftritte. Er stellte sich resolut ins Zentrum und wollte ein „geeintes Volk" hinter sich. Von Selbstzweifeln war er nie geplagt. Als ihn sein Außenminister Mohammed Masmoudi einmal fragte, ob er gläubig sei, antwortete er: „Wenn Gott existiert, ist er zufrieden mit mir, wenn nicht, bin ich es."

Seinen größten politischen Konflikt in den ersten Jahren der Republik erledigte Bourguiba auf äußerst speditive Weise. 1955 focht ihn sein Gegenspieler, der islamisch und progressiv orientierte Rechtsanwalt Salah Ben Youssef, an und forderte eine radikalere Politik gegen Frankreich. Die „Destour"-Partei drohte auseinanderzusplittern. Bourguiba entfachte eine Diffamierungskampagne gegen seinen Gegner, besiegte ihn und ließ ihn in den folgenden Jahren, die Ben Youssef im Exil verbrachte, hartnäckig verfolgen. 1961 wurde Ben Youssef in einem Hotelzimmer in Frankfurt tot aufgefunden. Bourguibas Biograph Mohammed Sayah hielt es nicht für nötig zu vertuschen, daß Agenten Bourguibas die Tat vollbracht hatten. Bourguiba tolerierte keine Opposition. Seine Charakterzüge müssen hier recht ausführlich beschrieben werden, weil er in der Folge die Gewohnheit annahm, seine eigene für die Meinung der Nation zu halten und Tunesien als seine eigene Schöpfung zu betrachten.

Das neue Regime war in den ersten Jahren nach 1956

hauptsächlich damit beschäftigt, die Verwaltung und die politischen Instanzen aufzubauen und die Unabhängigkeit abzusichern. Die Präsenz der algerischen Grenzarmee in der Westecke des Landes und die provisorische algerische Regierung in Tunis schaffte ihm dabei manche diplomatische Schwierigkeiten mit Frankreich. (1961 kam die Affäre um die französische Flottenbase Bizerta hinzu. Bourguiba wollte die Base schließen lassen und ließ sich auf einen Kampf ein. Eine Schlappe und über 500 tote Tunesier waren die Folge.)

Im wirtschaftlichen Bereich wandte er einen pragmatischen Kurs an. Bourguiba selber war ganz Diplomat und Politiker und hatte keine genaueren Wirtschaftskenntnisse. Die späteren Kehrtwendungen im Wirtschaftskurs sind vielleicht daher erklärbar. Am Anfang war die Machtaufteilung klar. Die städtische Kleinbürgerschicht besetzte den neuen Verwaltungsapparat, die großen Familien kaperten Spitzenposten und widmeten sich dem Handel. Um 1960 wurden die Regierenden gewahr, daß die einheimische Bürgerschicht nach dem allmählichen Abzug der Franzosen nicht genügend in den Aufbau der Industrie und Landwirtschaft investierte und das Land nach der Euphorie der Unabhängigkeit einer Wirtschaftskrise zutrieb. Ähnlich wie in Marokko beschlossen sie, der Staat müsse in die Lücke springen und das Land mit langfristig geplanten und zentral gesteuerten Maßnahmen entwickeln.

## Das sozialistische Experiment (1962–69)

Zu diesem Zwecke schuf Bourguiba für den 44jährigen Ahmed Ben Salah, den Vorsitzenden der UGTT-Gewerkschaft, den Posten eines Staatssekretärs für Wirtschaftsplanung. Ben Salah arbeitete ein Modell aus, das für die kommenden zehn Jahre ein Nebeneinander von drei Sektoren vorsah: Genossenschaften, einen öffentlichen und einen privaten Sektor. Bourguiba selber unternahm 1964 etwas Unerhörtes: Er enteignete rund 300 000 Hektar Kulturland, das den im Land verbliebenen Ausländern gehörte. Vorher hatte Tunesien von den Siedlern Land zurückgekauft. Auf dem neuen Land begann Ben Salah, der neue stark Mann in der Regierung, der bald auch Wirtschafts-, Finanz-, Gesundheits- und sogar Erziehungsminister war, landwirtschaftliche Kooperativen einzurichten. Diese sollten von jungen, von Tunis aus kontrollierten Agrartechnikern geleitet werden. Diese Sozialisierungsmaßnahmen stießen, weil sie auf Kosten des Auslands erlassen worden waren, auf wenig Widerstand.

Komplizierter war es, die einheimische Bürgerschicht zu mobilisieren. Die Mitglieder der „Destour"-Partei erhielten den Auftrag, Handwerker und Händler zu überzeugen, ebenfalls Kooperativen zu gründen. Erste Widerstände gegen die „Technokraten" von Tunis regten sich. Als sich Ben Salah gegen Ende der sechziger Jahre an das Eigentum von mittleren und reichen Bauern wagte, verhärtete sich der Kampf. Vor allem die Sahel-Gegend rebellierte. Ben Salah und seine junge Universitätselite in den Ministerien verstanden die Bauern nicht. Sie wollten ihnen ihr Besitzdenken ausreden. „Wir haben Leute gesehen, die hysterisch am Besitz von Olivenbäumen hingen, die zehn Personen gehörten, das ist doch Folklore, sollen wir eine Zivilisation auf Folklore aufbauen?", klagte Ben Salah.

Ende 1969 war es so weit. Bourguiba befahl nach Manifestationen den Abbruch des sozialistischen Experiments. Dieses hatte in Wirklichkeit noch kaum begonnen. Die Privatwirtschaft war intakt. Ben Salah verlor Anfang 1970 alle seine Posten, wurde sogar angeklagt und eingekerkert. (1973 floh er aus dem Gefängnis und irrte anschließend bis 1988 im Exil in Europa umher.) Das Ergebnis des Experiments war, daß der Staat immerhin 60 Prozent der Wirtschaft beherrschte und die Kaste der Staatsbeamten sich sprunghaft vergrößert hatte. Die Fehler der sechziger Jahre bewiesen, daß diese Kaste wenig Rücksicht auf die Bedürfnisse des Volkes nahm, vielmehr an ihm vorbeiregierte – eine für alle Maghreb-Länder typische Vorgehensweise. Die Staatsbeamten stammen meistens aus der städtischen Mittelschicht und interessieren sich daher nicht stark dafür, was auf dem Lande vorgeht. Sie fühlen sich als beldis (Städter) den Bauern auch überlegen. Wer eine Staatsstelle erhält, kann seine Sorgen ablegen. Vater Staat ernährt ihn und gibt ihm zudem immer Recht. Die Tendenz der neuen Elite, die von den Franzosen verlassenen Posten unverändert zu übernehmen und sich wie die ehemaligen Kolonialherren unangreifbar zu fühlen, hat sämtlichen Maghreb-Ländern geschadet.

## Die Phase der Liberalisierung (1970–79)

Die Idee der Planwirtschaftler, Tunesien durch die Erhöhung der landwirtschaftlichen Produktion und der Importbeschränkung selbständiger zu machen, schlug fehl. Bourguiba änderte 1970 den Wirtschaftskurs total und verordnete dem Land einen klassischen Liberalismus. Dies bedeutete Förderung des Exports, Öffnung des Landes für Einfuhren und Erleichterungen für Kapitalanleger, welche im Lande nicht so sehr Industrieprojekte zu verwirklichen suchten, sondern raschen Profit erstrebten. Der Premierminister, der diesen Kurs zu steuern hatte, war der liberale Fachmann Hedi Nouira. In den siebziger Jahren teilte sich die tunesische Gesellschaft endgültig in drei Klassen auf. Die Oberschicht, welche mit dem Einvernehmen des Staates Geschäfte und leichte Gewinne machte, die Mittelschicht, welche den Kleinhandel und die Staatsverwaltung beherrschte und die Masse der kleinen Angestellten und Bauern, welche nun ganz auf den freien Arbeitsmarkt angewiesen waren und nur noch geringen sozialen Schutz genossen.

Als Erläuterung sei ein Beispiel aus der Textilindustrie angeführt. Die Fabrik steht in einem Vorort von Tunis. Der Inhaber führt einen Lohnveredelungsbetrieb und beschäftigt in einer einzigen, großen Halle 120 Zuschneiderinnen, Näherinnen und Glätterinnen. Stoffe und Schnittmuster für die Damenkleider senden die Auftraggeber aus Deutschland und Italien. Die 18- bis 25jährigen Mädchen besorgen die Fertigung. Wenn die Aufträge eilen, arbeiten sie bis zu 56 Stunden in der Woche. Die Kleider werden in Lastwagen geladen und noch in der Fabrik von einem Zöllner mit Ausreisestempel und

Plombe versehen. Diese Erleichterungen erlaubt das tunesische Exportförderungsgesetz von 1972. Die Chauffeure benutzen die Fähre nach Marseille oder Genua und fahren dann mit ihrer Ware zu den Textilhandelsfirmen. Von dort gelangen sie zum Preis von etwa 100 Mark in Kaufhäuser. Der Besitzer, der im Villenvorort El Menzah wohnt, holt aus den Aufträgen etwas weniger als 50 Prozent Reingewinn heraus. Er hält sich für „sehr menschlich", hat aber Angestellte, die Mitglieder der UGTT-Gewerkschaft sind, entlassen, weil sie im Betrieb „Unruhe" schafften. Die jungen Frauen verdienen knapp mehr als der gesetzlich festgelegte Mindestlohn (dieser betrug 1989 250 Mark pro Monat). Das ist etwa sechs Mal weniger als in Deutschland. Sie sind froh, daß sie in der Firma arbeiten dürfen. Die Arbeitslosigkeit ist groß, wo sollen sie sonst arbeiten? Als Alternative böte sich nur der Hausdienst – oder die Prostitution an. Eine der Vorarbeiterinnen lebt allein mit ihrer Mutter zusammen. Für das Essen geben die beiden etwas mehr als ihren halben Lohn aus.

Betriebe wie diesen gab es Dutzende. Der Regierung brachten sie bitter notwendige Devisen, den Angestellten eine prekäre Stelle. Mit dem liberalen Wirtschaftskurs kam die Regierung in Tunis in eine ähnlich ungemütliche Lage wie diejenige in Marokko. Einerseits mußte sie die Ausfuhren erhöhen und Devisen einbringen, um international kreditwürdig zu bleiben, andererseits mußte sie aufpassen, daß die Arbeitslosigkeit, die Wohnungsnot und die Teuerung nicht allzu stark zunahmen und nicht soziale Unrast das prekäre Wirtschaftsgebäude des „Schwellenlandes" zum Einsturz brachte.

Garantie für einen minimalen sozialen Frieden war die UGTT-Gewerkschaft, die der Regierung nahestand und mit ihr jährlich Tarifverhandlungen führte. Wichtig wurde immer mehr die Ausgleichskasse (Caisse générale de compensation). Mit dieser subventionierte der Staat Grundnahrungsmittel wie Brot, Öl und Grieß. Für arme Familien machte diese Unterstützung bis zu 20 Prozent eines Gehalts aus.

Die siebziger Jahre bedeuteten auch das Ende der „heroischen" Phase von Staatschef Bourguiba. Bourguiba wurde krank. Von 1971 bis 1980 mußte er mindestens zwölf-mal in der Schweiz, Deutschland und den Vereinigten Staaten in längeren Aufenthalten behandelt werden. Für die Regierung handelte es sich um Erholungsaufenthalte, in Wirklichkeit litt Bourguiba an einer manisch-depressiven Psychose, gleichsam eine Übersteigerung seines Charakters. Einmal war er euphorisch, redete und gestikulierte ununterbrochen, stellte die größten Projekte auf, wollte sie sofort verwirklichen und duldete keine Widerrede; kurz darauf wurde er traurig, apathisch und war stunden- und tagelang für nichts zu haben. Die medizinische Behandlung führte dazu, daß er zeitweise das Erinnerungsvermögen verlor. Von 1973 an regierte in Tunesien ein kranker Mann. Vielleicht deshalb ließ sich Bourguiba, der verdiente „oberste Unabhängigkeitskämpfer" („le Combattant Suprême"), ein Jahr später zum Staatspräsidenten auf Lebenszeit wählen.

Bourguibas Krankheit mag zu dem libysch-tunesischen Desaster von 1974 beigetragen haben. Libyens Staatschef Oberst Kathafi drängte Tunesien zu einem Staatenbund. Und Bourguiba sagte zu. Eigenhändig unterschrieb er in einem Hotel in Djerba die Vereinigungsakte. Eine gemeinsame Regierung, Legislative und sogar eine gemeinsame Hauptstadt (Kairouan) waren vorgesehen. Drei Tage nach der Unterschrift widerrief Tunesien den Schritt, Bourguiba entließ seinen Außenminister Mohammed Masmoudi. Verzweifelte Berater hatten ihn gewarnt, daß eine derartige Union für das Land verderblich sei.

Von jenem Tag an betrachtete Staatschef Kathafi Bourguiba als einen Feind und sann auf Rache. Tunesiens Lage war äußerst ungemütlich. Auf beiden Seiten war das kleine Land von großen, wirtschaftlich und militärisch mächtigen und zudem sozialistisch regierten und revolutionären Nachbarn flankiert. Seine Armee von kaum 30 000 Mann stand im Kriegsfall auf verlorenem Posten. Bisher hatte das Land aus der Not eine Tugend gemacht und sich im Gegensatz zu seinen Nachbarn als neutrale, weltoffene und tolerante Nation gegeben. (An den Straßenbezeichnungen von Tunis ist diese totale Offenheit abzulesen. Sie reichen von der „rue Charles de Gaulle" über

„rue Nasser" bis zu „Avenue Mohammed V" und „Avenue Nehru".) Tunesien war eine allseits respektierte Drehscheibe der Diplomatie, Bourguiba hatte es fertiggebracht, den Sitz der arabischen Liga nach Tunis zu bringen. Nun klammerte es sich stärker an Frankreich und die Vereinigten Staaten – die Beschützernationen.

1978 führte die angespannte soziale Lage zu dem ersten Volksaufstand. Die UGTT-Gewerkschaft rief für Donnerstag, den 26. Januar, zu einem Generalstreik auf. Es sollte der „schwarze Donnerstag" werden. Die Polizei provozierte die Streikenden, diese schlugen zurück; Jugendliche begannen, Geschäfte zu plündern, die Armee griff ein, schoß ohne Rücksicht und tötete über 100 Personen. An der Niederschlagung der Revolte in Tunis hatte auch die Miliz der „Destour"-Regierungspartei teilgenommen. Das Regime zeigte seinen autoritären Charakter – Tunesiens Ruf als fortschrittliche Demokratie und tolerantes Land wurde an einem Tag zerstört. Der Gewerkschaftschef Habib Achour wurde verhaftet, Bourguiba tolerierte keine Gegenspieler. Die fehlende politische Freiheit im Lande hatte Achour stark gemacht. Alle die – illegalen – fortschrittlichen Gruppen hatten bei der Gewerkschaft Unterschlupf gesucht; das Regime war erstmals offen herausgefordert. Es zerstörte die Konkurrenz und knebelte die Presse. Aber es war unsicher. Hinter dem Rücken des alternden Bourguiba kämpften Politiker-Clans um die Nachfolge.

## Das Ende des Bourguiba-Regimes (1980–87)

1980 zeigte ein Zwischenfall die Schwäche des Regimes an. 40 Aufständische besetzten die Minenstadt Gafsa im Süden und riefen die Tunesier über Radiosender auf, Bourguiba und sein Regime zu stürzen. Sie hatten sich verrechnet. Das Volk war wohl unzufrieden, sein Nationalstolz ließ aber eine derartige Aktion nicht zu. Die Tunesier waren – und sind – mehr als die Algerier und Marokkaner ein stark verbundener Familienverband mit einer guten Dosis Toleranz und Konsens-Denken. Die geringe Größe des Landes, die homogene Bevöl-

*Abb. 13:* Habib Bourguiba, Staatspräsident, „oberster Freiheitskämpfer" und Landesvater von 1957–1987 heißt Oberst Moammar Kathafi in seinem Land willkommen

kerung, aber auch die relativ lange und intensive städtische Kultur haben zu dieser Stabilität beigetragen. Der Aufruhr von Gafsa, der von Nachbar Kathafi organisiert worden war, brachte allerdings das Regime militärisch derart in Verlegenheit, daß es zur Sicherheit die französische Armee um logistische Hilfe anrief.

Die Ernennung von Mohammed M'zali zum Premierminister verbesserte die Stimmung im Lande. M'zali galt als gemäßigter und volksnaher Mann. Er hörte auf die Kritik, war bereit, die islamische Kultur und die arabische Sprache im Erziehungswesen mehr zu fördern und sprach erstmals von der Möglichkeit der Einführung eines Mehrparteiensystems. Überraschend anerkannte Bourguiba 1981 nach 18jährigem Verbot die kleine Kaderpartei der Kommunisten (PCT). Zusammen mit der linksbürgerlichen „demokratischen und sozialen Bewegung" des Rechtsanwalts Ahmed Mestiri bildete sie die Hauptopposition. Zum allgemeinen Erstaunen organisierte das Regime noch 1981 freie Wahlen. Erstmals konnten andere Parteien als Bourguibas „Destour" frei auftreten. Das Wahlergebnis war ernüchternd. Bourguiba hatte angeordnet, daß nur seine Partei im Parlament vertreten sein dürfe. Die Ergebnisse des Urnengangs wurden entsprechend gefälscht. Das Regime war nicht zur Öffnung bereit.

Die Unterdrückung der Opposition und der Gewerkschaft begünstigte die Islamistengruppen, die im Untergrund gegen die Übertreibungen des westlichen Lebensstils, gegen Korruption, für soziale Gerechtigkeit und für ein Zurück zu dem bescheidenen „alten" Tunesien warben. Die Anführer der wichtigsten unter ihnen, der Bewegung der islamischen Tendenz (MTI), erhielten nach 1981 Gefängnisstrafen. Das Regime fürchtete nicht so sehr die religiöse Schlagkraft der Islamisten, denn anders als die iranischen Schiiten waren sie getreu tunesischer Wesensart gemäßigt und bewarben sich sogar um die Legalisierung. Sie waren aber gefährlich, weil sie ein Auffangbecken für alle Armen und sozial Unzufriedenen werden konnten. Die Opposition zum Regime organisierte sich wegen fehlender anderer Möglichkeiten in den Moscheen.

1984 überraschte ein weiterer Volksaufruhr das Regime. Die Ankündigung, daß der Brotpreis verdoppelt werden würde, trieb Zehntausende von Manifestanten auf die Straße. Wie am schwarzen Donnerstag von 1978 kam es zu Plünderungen, zu Armee-Einsatz, und es gab Dutzende von Toten. In einem seiner letzten Auftritte machte Bourguiba nach der Revolte die Maßnahme rückgängig und ließ sich vom Volk dafür feiern.

Tunesiens Bereitschaft, der Palästinenserbewegung PLO Exil zu gewähren, wurde schlecht belohnt. 1985 bombardierte die israelische Luftwaffe in einem Blitzangriff deren Hauptquartier bei Tunis, tötete über 70 Personen und zeigte erneut, wie verwundbar das kleine Land war. Im gleichen Jahr wies Oberst Kathafi, nach dem Abbruch der diplomatischen Beziehungen zu dem Nachbarn, 30 000 tunesische Gastarbeiter aus seinem Land aus.

In Tunis begann man sich um die Verknöcherung des Regimes und das sinkende internationale Prestige des Landes Sorgen zu machen. Von Bourguiba war keine Richtungsänderung mehr zu erwarten. Der Staatschef erlitt 1984 seinen dritten Herzanfall, litt an geistigen Absenzen und war nur noch beschränkt arbeitsfähig. Die Spitzenpolitiker schmeichelten ihm aber weiterhin und machten ihm den Hof aus Angst, daß, falls er sie absetzen würde, es keine Möglichkeit mehr für sie gäbe, seine Nachfolge anzutreten. Niemand wagte es, mit eigenen Ideen voranzugehen. Im Präsidentenpalast in Karthago beeinflußte derweil immer mehr eine Camarilla die Entscheidungen des Staatschefs und bereicherte sich ungestraft. Dazu gehörte auch Bourguibas zweite Frau, Wassila.

1986 war die Zeit von Regierungschef M'zali abgelaufen. Zwei Wochen, nachdem er ihn gelobt hatte, setzte Bourguiba seinen zweiten Mann ab. M'zali gesellte sich zu der großen Schar der in Ungnade gefallenen, verstoßenen und verfolgten Politiker. Dem Gefängnis entging er durch eine groteske Flucht. Angetan mit Mütze, Perücke und Brille, floh der Ex-Premier heimlich über die Grenze nach Algerien. In einem offenen Brief an Bourguiba beschrieb er später die Zustände in dem Präsidentenpalast.

Neue Wahlen brachten im gleichen Jahr dasselbe Ergebnis wie fünf Jahre zuvor. Die Regierungspartei „Destour" (PSD) errang sämtliche Sitze. Wieder waren die Ergebnisse gefälscht. Bourguiba hatte nicht annehmen können, daß nicht er, sondern das Volk bestimmte, wer Abgeordneter wurde. 1987 rüttelte die Explosion von vier Bomben in Hotels der Touristenzentren Monastir und Sousse das Gewissen der Tunesier auf. Terrorismus hatte das Land bisher nicht gekannt. Nun ließ der Präsident eine Islamistenhatz organisieren. In einem Prozeß erhielten von 90 Angeklagten sieben die Todesstrafe, und 70 erhielten Haftstrafen bis zu 20 Jahren. Bourguiba war nicht zufrieden damit. Er wollte die Islamisten im Lande ausrotten und versuchte daher, gegen die Verurteilten erneut einen Prozeß anzustrengen. Doch dazu kam es nicht mehr.

Der 7. November 1987 war ein Samstag. Die wenigen Hörer, die in den frühen Morgenstunden den Rundfunk eingeschaltet hatten, trauten ihren Ohren nicht. Der Sprecher kündigte die Absetzung des Staatschefs an. Er verlas eine Erklärung und sagte: „Das Alter und die Verschlechterung seiner Gesundheit, die durch ein Arztzeugnis belegt ist, haben uns dazu bewogen, ihn im Interesse der Nation als unfähig zur Amtsausübung zu erklären." Mit der „Hilfe des Allmächtigen" übernahm der 51jährige Premierminister Zine el Abidine Ben Ali die Macht. Die anschließenden Erklärungen zeigten ganz Neues an. Für den neuen Präsidenten Ben Ali hatte das tunesische Volk einen Grad von Reife und Verantwortungssinn erreicht, der es zu einer „verantwortungsbewußten Demokratie" befähigte. „Unser Volk verdient ein entwickeltes politisches Leben, das auf dem Mehrparteiensystem und dem Pluralismus aufbaut", verkündete der neue Präsident.

Was war geschehen? Der Premierminister hatte den Mut gehabt, sieben Ärzte zu suchen, die Bourguiba für regierungsunfähig erklärten, er wandte den entsprechenden Verfassungsartikel an und setzte dem Bourguiba-Regime ein Ende. Für die einen war dies ein „kalter Staatsstreich", für andere eine verfassungskonforme und längst notwendige Tat. Der neue Staatschef hatte den unbestreitbaren Vorteil, der Armee anzugehören. In der politisch angespannten und konfusen Lage (islamische Extremisten hatten eine militärische Aktion gegen das Regime geplant) waren die kleinen Streitkräfte der stärkste Machtfaktor. Ben Ali war Chef des militärischen Geheimdienstes gewesen, die Armee unterstützte seine Tat. An jenem Samstag ging niemand für Bourguiba auf die Straße. Im Gegenteil: Nach den ersten Stunden der Überraschung frohlockte das Volk auf den Straßen über den Wechsel. Den meisten Politikern fiel ein Stein vom Herzen. Die Nachfolgefrage war ohne Blutvergießen geregelt worden. Bourguiba, der „Combattant suprême", der 30 Jahre politisches Leben markiert hatte, war endlich abgesetzt.

Nun sollte ein ehemaliger Geheimdienstchef „demokratischer" neuer Staatschef werden? Die Zweifler atmeten bald auf. Ben Ali betonte, daß er sich Wahlen stellen werde, und ließ die Verfassung abändern. Der neue Mann aus Sousse, der nie in Uniform auftrat, war ein Vertreter der jungen Generation, des neuen Stils. Auch er hatte mit zunehmender Verbitterung die Verhärtung des Regimes beobachtet und gesehen, wie die alte Politikergeneration der Unabhängigkeitszeit sich an der Macht festklammerte. Ben Ali scharte junge Leute um sich, verkündete eine Teilamnestie (die Anzahl der politischen Gefangenen war unter Bourguiba auf über 2000 angestiegen), verkündete die strikte Einhaltung der Menschenrechte und ließ ein neues Presse-, Parteien- und Wahlgesetz ausarbeiten.

Was aber sollte er mit der Bourguiba-Partei „Destour" tun? Diese war, vor allem in der Provinz, bestens organisiert und zählte rund 1000 Partei-Zellen. Der neue Präsident wagte nicht, diese Partei abzuschaffen, sondern wollte sie von innen her erneuern. Er verpaßte ihr einen neuen Namen (Demokratische Verfassungsvereinigung, RCD) und füllte sie mit neuen, demokratisch gesinnten Leuten an, die zum Teil sogar aus dem Lager der Opposition stammten. Eine Euphorie ging durch das Land. Jetzt wurde Tunesien umstrukturiert, jetzt brach die lang erwartete Demokratie an. Die Presse begann, mit dem „Bourguibismus" abzurechnen, die Gewerkschaft löste sich aus der Knebelung, sämtliche wichtigen politischen Gruppen unterschrieben einen „nationalen Pakt" und versprachen in der Übergangsphase demokratisches Wohlverhalten. Ben Ali versuchte, die traditionell denkenden Volksschichten und die Islamisten zu beschwichtigen, indem er die arabische Sprache und die Religion mehr respektierte und die religiöse Universität der Zitouna wieder eröffnete.

Das Problem des Islams in der Politik war deswegen nicht vom Tisch. Die MTI-Partei hatte wegen der rabiaten Verfolgung unter Bourguiba den Ruf einer Märtyrer-Partei errungen und viele Jugendliche und Arbeitslose an sich binden können. Nun wartete sie auf die Legalisierung. Diese kam nicht. Das neue Regime traute den Islamisten nicht. Es klagte sie an, mehrheitlich fundamentalistisch eingestellt zu sein und die Rückkehr zu einer religiösen Staatsstruktur wie im Iran anzustreben.

Die Islamisten konnten dennoch (auf den Listen der „Unabhängigen") an den ersten Parlamentswahlen der neuen Epoche teilnehmen. Diese fanden im April 1989 statt – und brachten enttäuschende Ergebnisse. Wieder gewann die Regierungspartei sämtliche Sitze. Die Regierung hatte ein derart einschränkendes Wahlgesetz ausgearbeitet, daß keiner anderen Partei Sitzgewinne möglich waren. Die einzige Neuigkeit war, daß die Islamisten mit 14 Prozent der Stimmen auf Anhieb zweitstärkste Kraft im Land wurden.

Das Hauptziel aller Demokraten blieb jedoch unerreicht. Noch immer gab es im Land keine pluralistischen Institutionen, welche eine demokratische Kontrolle der Macht ermöglichten. Noch immer war Tunesien politisch ein „eindimensionales" Land, das ganz vom Willen des Präsidenten und seiner Partei abhing. Noch immer stimmte die politische Struktur des Landes nicht mit der gesellschaftlichen überein. In Tunesien regiert weiter nur eine Partei, existieren hingegen drei gesellschaftliche Schichten: ein liberal-fortschrittlicher und mehrheitlich auf den Westen ausgerichteter Sektor (der durch die Regierungspartei vertreten werden kann), daneben ein progressiver Flügel, der stark von Frankreich beeinflußt ist, und die Islamisten, welche beinahe alle Volksschichten umfassen und beanspruchen, das „echte" Tunesien zu repräsentieren und die europäisierte Gesellschaftsschicht dauernd in Frage stellen.

Nach den Wahlen flaute der Erneuerungswille beträchtlich ab. Die neu zur Macht gestoßene jüngere Generation richtete sich in ihren Posten ein und begann, alte autoritäre Verhaltensweisen anzunehmen. Es war ihr nicht gelungen, die alte Regierungspartei umzukrempeln und ihr zu verstehen zu geben, daß sie nur eine von mehreren Parteien war und ihre Mitglieder in den Städten und Dörfern nicht die Staatsmacht vertraten. Ernüchterung begann sich breitzumachen. Ernüchterung darüber, daß es unmöglich war, 30 Jahre aufgeklärten

Despotismus in kurzer Frist zu überwinden. Tunesien konnte den arabischen Nationen kein Vorbild sein, es wollte ihm nicht gelingen, als erstes arabisches Land eine Demokratie nach westlichem Muster einzurichten. Der politische „Sprung" an das Nordufer des Mittelmeers war weitaus schwieriger, als es die Optimisten gedacht hatten. „Wir werden bis zum Jahre 2000 an der Überwindung unserer alten Gewohnheiten und der Ablösung der Politiker der Generation der Unabhängigkeit arbeiten müssen", erklärte in Tunis ein demokratischer Oppositioneller, der den Optimismus nicht verlieren will.

Tunesien hat von den Maghreb-Staaten eindeutig die besten Voraussetzungen, um politisch den Anschluß an Europa zu schaffen, den Präsident Ben Ali versprochen hat. Wirtschaftlich ist es kein reines Dritte-Welt-Land mehr, sondern ein „Schwellenland". Hunger gibt es nicht, das Erziehungssystem ist gut, das Land ist nicht konservativ gestimmt, sondern ist tolerant und stolz, immer reformistische Strömungen zu befolgen. Vor allem die städtische Mittelschicht besitzt eine gute politische Bildung und könnte zum Träger eines demokratischen Systems werden.

Aber da sind Nachteile, versteckte Überreste der Vergangenheit, die in der Zeit des Umbruchs zum Vorschein kommen. Die Absetzung von Staatschef Bourguiba ist kampflos vor sich gegangen, Tunesien hat keine schmerzliche Zäsur hinter sich, die die Menschen wie in Algerien aufzurütteln vermochte. Mit der Absetzung Bourguibas, der jetzt wieder in seinem Heimatort Monastir lebt, ist der Bourguibismus keineswegs verschwunden. Der autoritäre Regierungsstil des ehemaligen Staatschefs lebt in vielen Tunesiern – auch in der Opposition – weiter, er hat sich eingefleischt. Die Tunesier haben wohl eine gewisse Schule der Toleranz, aber keine echte demokratische Erfahrung hinter sich. Nicht nur Bourguiba und seine Regierenden, sondern die Mehrheit der Führungspersönlichkeiten haben die Macht immer autoritär ausgeübt und die Untergebenen spüren lassen, daß sie von ihnen abhängig waren. Die Folge war, daß sich diese die Gunst ihrer Vorgesetzten nicht mit konstruktiver Kritik, sondern mit Wohlverhalten zu erringen trachteten. In allen Machtstrukturen konnte sich so ein Günstlingssystem breitmachen, in dem nicht die Ideen, sondern der Grad der Unterwerfung und die Zugehörigkeit zu einem Clan belohnt werden.

Dies ist nicht nur tunesische, sondern gesamtarabische Tradition. Sie setzt sich bis in die Zellen der Parteien fort. In Tunesien hat z. B. ein Lokalchef der Regierungspartei die Macht, die Kinder des Ortes in die Schule einzuweisen und Ausweise zur Benützung des öffentlichen Gesundheitswesens zu verteilen. Welcher Familienvater wagt es, offen für eine andere Partei aufzutreten und so zu riskieren, bei der Zuweisung und der Verteilung von Ausweisen „vergessen" zu werden? Die Regierungspartei beherrscht nach wie vor den Verwaltungsapparat. Viele Leute gehören ihr an oder wählen für sie, um nicht in Schwierigkeiten zu geraten und um sich wirtschaftlich abzusichern. Zur Demokratisierung benötigte die Bevölkerung nicht nur eine große Portion Bürgersinn, sondern auch einen gewissen wirtschaftlichen Wohlstand. Ist dieser nicht erreicht, funktioniert die Regierungspartei weiter als „Futterkrippe" und bleibt die Demokratie eine reichlich abstrakte Idee. In den armen Schichten – und nicht nur bei ihnen – geht Sicherheit vor Freiheit.

Dem neuen Staatschef droht die Gefahr, Opfer dieser paternalistischen Tradition zu werden. Beamte in den Verwaltungsbüros, Kleinhändler in den Souks, Geschäfts- und Restaurantbesitzer haben nach dem Sturz Bourguibas in ihren Lokalen dessen Bild entfernt und es ganz einfach durch das von Ben Ali ersetzt. Nun warten sie auf Befehle „von oben". Doch Demokratie läßt sich nicht verordnen.

## III. Ein vereinter Maghreb?

Der 17. Februar 1989 ist in Marrakesch ein Feiertag. Die Schulen und Geschäfte sind geschlossen, von den Dörfern der Umgebung sind Tausende von Personen antransportiert worden. An der breiten Avenue Mohammed V warten seit Stunden mehrere Reihen von Zuschauern auf den ersehnten Moment. Frauen in traditionellem Kostüm singen und stoßen von Zeit zu Zeit Yu-Yu-Rufe aus, Männer in weißen Gewändern tanzen und singen zu den Rhythmen von Tambourinen, Lehrer führen Schulklassen an. An der Place de la Liberté liegen rings um die Springbrunnen Hunderte von Berberteppichen auf dem Asphalt.

Die Spannung wächst. Nun kommen sie: Geleitet von je einem Dutzend Polizisten auf Motorrädern fahren in schwarzen Limousinen die Staatschefs vorbei. Vor dem Rathaus empfängt sie unter Trompetenstößen der Oberkämmerer des königlichen Haushalts. Die Staatschefs werden an den besonders hergerichteten fünfeckigen Tisch geführt. Dort liest in weißer Djellabah Ahmed Bensouda, einer der Berater von König Hassan, den Text: Die Union des Vereinigten Arabischen Maghreb ist gegründet. Ihre Grundlage ist die gemeinsame Religion, Sprache und Geschichte der Maghreb-Länder. Die neue Union drückt die Erwartungen der Bevölkerung aus. Diese wünschte eine Zusammenarbeit der Nationen zur Bewältigung der Zukunftsprobleme. Die Politik, die wirtschaftlichen und die sozialen Systeme der Teilnehmerländer sollen vereint und der Maghreb eine Zone der Sicherheit und des Friedens werden. Die neue Union ist auch eine Antwort auf die strategischen, wirtschaftlichen und sozialen Umwälzungen im internationalen Umfeld. Diese machen eine engere Zusammenarbeit unerläßlich.

Ahmed Bensouda beendet seinen Text, die Staatschefs unterschreiben: Oberst Kathafi von Libyen, Präsident Ben Ali von Tunesien, Chadli Bendjedid von Algerien, Ahmed Taya aus Mauretanien und Marokkos König Hassan. Hassan umarmt seine Gäste, dann fahren sie zur Koutoubia-Moschee zum gemeinsamen Gebet.

Am nächsten Tag jubiliert die Presse. Sie erinnert daran, daß das Reich der Almohaden, das im 12. und 13. Jahrhundert erstmals den gesamten Maghreb umspannte, seinen Ursprung ebenfalls in Marrakesch hatte, und nennt die fünf Staatschefs „Vereiniger". König Hassan erklärt, ein alter Traum habe sich erfüllt.

In der Tat: Die Idee der Vereinigung der Maghreb-Staaten ist während des Widerstands gegen Frankreich entstanden, sie ist mindestens 50 Jahre alt. Im Exil in Kairo und in Paris forderten Intellektuelle und Widerstandskämpfer eine gemeinsame Befreiungsaktion. 1958, zwei Jahre nach der Unabhängigkeit Marokkos und Tunesiens, trafen sich in Tanger Vertreter der nationalistischen Großparteien Istiqlal und Neo-Destour und auch der algerischen Befreiungsfront FLN, die noch mitten in den Kämpfen steckte. Sie bekräftigten das Recht der Algerier auf Unabhängigkeit, verurteilten die NATO und Frankreich und beschlossen, zur Einigung des Maghreb einen Rat von je zehn Mitgliedern aus den drei Ländern sowie ein permanentes Sekretariat zu gründen. Das Treffen von Tanger war ein erstes Ergebnis des Willens zur Einigung. Gemeinsamer Nenner der drei Länder war der Gegner Frankreich.

Fünf Jahre danach war die Bilanz ernüchternd. Der Rat hatte nie und das Sekretariat nur zweimal getagt. Marokko und Algerien lagen wegen Grenzstreitigkeiten in Fehde. Jeder der drei Partner war mit seinen eigenen Angelegenheiten beschäftigt und versuchte, dem abziehenden Frankreich am meisten Vorteile abzuringen. 1958 hatte Tunesien Frankreich erlaubt, Erdöl aus Algerien über sein Territorium auszuführen. 1962 hielt Algerien an den Kolonialgrenzen fest. Tindouf gehörte danach zu Algerien und nicht, wie Rabat es forderte, zu Marokko. Als Ergebnis davon lieferten sich die beiden Armeen im Oktober 1963 sogar einen kurzen Panzerkrieg in der

Wüste, der mit dem Sieg Marokkos endete, aber zu keinen Grenzänderungen führte.

Die beiden Länder blieben auf Jahre hinaus verfeindet. Marokko klagte den Nachbarn an, er vergesse die Versprechen zur Zusammenarbeit und strebe statt dessen die Vorherrschaft im Maghreb an. Die politische und wirtschaftliche Ausrichtung entzweite die beiden Regimes vollends. Der Sozialismus Algeriens war der konservativen und religiösen Monarchie Marokkos völlig entgegengesetzt. Die Machtübernahme von Oberst Boumediène in Algerien verschärfte die Gegensätze noch. Mit der Monarchie Hassans konnte er nichts anfangen. Als Tunesien 1969 einen anderen Kurs steuerte, stand Algerien mit seinem Sozialismus allein da.

In allen drei Völkern lebte das Gefühl der Zusammengehörigkeit zwar weiter, die Regierungen jedoch waren auseinandergedriftet. Die Maghreb-Staaten galten nun als die „verfeindeten Brüder". Um den letzten Faden der Gemeinsamkeit nicht zu zerreißen, gründeten Marokko, Algerien und Tunesien 1966 einen neuen „beratenden Maghreb-Ausschuß" mit Sitz in Tunis. Die Pläne zur Harmonisierung der Wirtschaft und des Erziehungswesens blieben jedoch Papier, und die Idee einer gemeinsamen Fluglinie verflüchtigte sich rasch. Anspruch und Wirklichkeit klafften auseinander. In Wirklichkeit schauten die drei Länder nicht zueinander, sondern nach Norden. Dort – in Europa – lagen ihre Absatzmärkte.

Nach 1975 verschlimmerte der Westsahara-Konflikt die Lage. Ohne seine Lösung ist auch heute eine ernsthafte Einigung der Maghreb-Länder unmöglich.

Die Westsahara wurde zum Konfliktthema, als Spanien beschloß, dieses Kolonialgebiet zu räumen. Madrid entschied sich 1974, die Bevölkerung in einem von den Vereinten Nationen überwachten Referendum über ihre Zukunft entscheiden zu lassen. Übrigens hatte sich eine Kampfgruppe gebildet, welche sich „Polisario-Front" nannte und die Unabhängigkeit der Westsahara forderte. Die spanische Verwaltung organisierte 1974 eine Volkszählung, die für die 266 000 Quadratkilometer Wüstengebiet 74 000 Einwohner ergab.

Bereits um diese Zeit hatte Marokkos König seinen Anspruch auf das Gebiet angemeldet. Er argumentierte, daß die Anführer der nomadisierenden Sahara-Stämme früher den Sultan von Marokko als ihr Oberhaupt anerkannt hätten. Spanien rief den Internationalen Gerichtshof im Haag um ein Urteil an. Dieser entschied, daß zwischen den Stämmen und dem Sultan Abhängigkeitsverhältnisse bestanden hatten, Marokko daraus aber keinen Souveränitätsanspruch auf das Gebiet ableiten könne. Marokko gab sich mit der ersten Hälfte dieses Schiedsspruches zufrieden.

1975 benützte König Hassan die geschwächte Stellung Spaniens (Staatschef Franco lag im Sterben) zu dem Grünen Marsch. Das Franco-Regime wollte sich nicht weiter in eine Sache verwickeln, die sie bereits aufgegeben hatte, und optierte für einen raschen Rückzug. Am 14. November 1975 trat es in dem Vertrag von Madrid das Recht auf die Verwaltung der Westsahara an Marokko und Mauretanien ab. Diese beiden Länder sollten zu gegebenem Zeitpunkt das Referendum über die Unabhängigkeit der Sahara-Bevölkerung durchführen. Ende Februar 1976 marschierte die marokkanische Armee in der Westsahara-Hauptstadt Laayoune ein und übernahm von den spanischen Behörden die öffentlichen Gebäude und die Verwaltung mitsamt allen Archiven. Teile der Bevölkerung – vor allem jugendliche Anhänger der Polisario-Front – flohen vor den herannahenden Truppen, von denen sie nur Ungutes erwarteten, über die Grenze nach Algerien. Während Marokko die Übernahme über das Gebiet feierte, hißten in der Oase Bir Lahlou Polisario-Vertreter die Fahne eines neuen unabhängigen Staates, den sie „Demokratische Arabische Sahara-Republik" (RASD) tauften und der das von Spanien abgetretene Gebiet umfaßte. Algerien brach die diplomatischen Beziehungen zu seinem Nachbarland ab. Der Konflikt lag auf der Hand.

Algerien hatte ursprünglich nichts gegen Marokkos Anspruch auf das Wüstengebiet einzuwenden gehabt. Staatschef Boumediène änderte angesichts des marokkanischen Vorgehens seine Absicht und begann, die Polisario-Front zu unterstützen. In der Folge machte er sich zum Anwalt ihrer Sache, richtete für die geflohene Bevölkerung in der Wüste von Tindouf Zeltlager ein und lieferte den Guerilleros der Polisario-Front Waffen. Für ihn ging es um das Selbstbestimmungsrecht der Völker gegen die Kolonialherrscher; diese Rolle hatten für ihn nun die Marokkaner eingenommen. Algerien hielt diese Doktrin wegen der eigenen Geschichte hoch. Es war auch eine Doktrin der Vereinten Nationen, und zudem wollte Boumediène unter den neuen Dritte-Welt-Nationen ein Vorkämpfer für die Gerechtigkeit sein.

1978 zog sich Mauretanien – das schwächste Glied in der Konfliktkette – zurück. Marokko übernahm auch den Südteil der Westsahara und führte seine Politik der vollendeten Tatsachen weiter. Es baute in den wenigen Sahara-Orten Schulen, Spitäler, Sportplätze und Wohnungen, pflanzte überall die rotgrüne Landesfahne auf und schleuste zur Unterwanderung der einheimischen Bevölkerung Leute aus Südmarokko in das Gebiet ein. Zur Bekämpfung der Guerilleros, die sich bald als ausgezeichnete Kenner der Wüste und der Nachtangriffe entpuppten, standen bald 100 000 marokkanische Soldaten, Flugzeuge, Helikopter und Tanks im Gebiet. Niemand dachte mehr an einen Rückzug Marokkos aus dem Gebiet, niemand sprach mehr von der versprochenen Volksbefragung.

Die Polisario-Front und Algerien hatten in internationalen Gremien die Sache der Selbstbestimmung vorangetrieben. Marokko kam in der diplomatischen Front ins Hintertreffen. Immer mehr Länder anerkannten die RASD-Republik, die in Wirklichkeit nur aus einem Streifen des von den Polisario-Kämpfern befreiten Wüstenlandes bestand. 1981 drängte die Organisation für Afrikanische Einheit (OAU) Marokko, es solle das Referendum durchführen. König Hassan stimmte – wohl zum Zeitgewinn – zu, unterstrich aber bald, es könne sich nur um ein „Zustimmungsreferendum" zur Zugehörigkeit des Gebiets zu Marokko handeln. Als die OAU den König zur Aktion drängte, trat Marokko aus dem Bündnis aus.

1984 handelte Hassan mit Libyens Oberst Kathafi die Errichtung eines Staatenbundes aus, der im Westen auf Kopfschütteln stieß und die Vereinigten Staaten verärgerte. In diesem Bund verpflichtete sich Khatafi, die Polisario-Front nicht mehr zu unterstützen. Zwei Jahre später war der Bund, ohne politisch jemals funktioniert zu haben, zunichte geworden. Marokko hatte aber erneut Zeit gewonnen. Seine Armee hatte im Kampfgebiet mehrere rund drei Meter hohe Erdwälle aufgebaut und diese mit Radar und weiterem elektronischen Aufspür-Material versehen. 1987 stand eine Mauer von mehr als 1200 Kilometern Länge. Die wirtschaftlich „nützliche" Westsahara war abgesichert, die Guerilleros der Polisario-Front hatten keine Möglichkeit mehr, den Konflikt militärisch zu gewinnen.

Der Wüstenkrieg und die über 100 000 Flüchtlinge in den Zeltlagern bei Tindouf, die von internationalen Hilfsorganisationen ernährt wurden, drohten in Vergessenheit zu geraten. Eine Lösung war auch auf dem diplomatischen Weg weit und breit nicht in Sicht. König Hassan hatte bereits 1983 versichert, die Westsahara sei ein „integraler Bestandteil" Marokkos. Algerien forderte weiter eine Volksbefragung. Marokko sträubte sich offiziell nicht dagegen, weil auch die Vereinten Nationen sie verlangten, unternahm aber nichts, um diese durchzuführen. Schon den ersten Schritt dazu – Gespräche mit der Polisario-Front zur Schließung eines Waffenstillstands – lehnte König Hassan ab. Von der Vereinigung der Maghreb-Länder konnte so nicht die Rede sein.

Wirtschaftliche Umstände schufen überraschend neue Bedingungen zu weiteren Annäherungsversuchen zwischen Algerien und Marokko und zur Wiedererwägung einer Zusammenarbeit aller Maghreb-Staaten. Der Binnenmarkt der EG-Nationen, der 1992 vollendet sein soll, stellte Tunesien, Algerien und Marokko vor die Wahl, die Sicherung ihrer Marktanteile in Europa einzeln zu versuchen oder der neuen Herausforderung gemeinsam zu begegnen. Algeriens Regime war in einer besonders verzwickten Lage. Es geriet nach 1986 in eine tiefe Wirtschafts- und Versorgungskrise und mußte sich überlegen, wie es seinen Bürgern Erleichterungen verschaffen konnte. Die Idee des Vereinten Maghreb und die Öffnung der Grenzen nach Marokko konnten als „Ventil" wirken. 1987 traf sich Algeriens Präsident Chadli Bendjedid an der marokkanischen Grenze mit König Hassan. Saudi-Arabiens König Fahd war als Vermittler im Verhandlungszelt zugegen. (1983 war ein erstes Treffen gescheitert. Als Reaktion darauf hatte Algerien noch im gleichen Jahr mit Tunesien und Mauretanien ein „Freundschaftsbündnis" geschlossen, das 20 Jahre dauern sollte und u. a. die Isolierung Marokkos zum Ziel hatte.) Der zweite Anlauf führte zum Erfolg. Im Mai 1988 nahmen Algerien und Marokko ihre diplomatischen Beziehungen wieder auf. Einen Monat später zeigten sich in Zeralda bei Algier die fünf Staatschefs des Großen Maghreb zum ersten Mal überhaupt vereint an einem Tisch. Tunesien löste seine Streitigkeiten mit Libyen. Kurz darauf ließ Algerien den Visazwang für seine Bürger, die nach Marokko reisen wollten, fallen. Der Sommer 1988 war in den marokkanischen Grenzstädten ein Sommer der Algerier. Zu Zehntausenden kamen sie, um einzukaufen.

Fünf Ausschüsse mit Vertretern der fünf Länder begannen, Konzepte zur Zusammenarbeit auszuarbeiten. Algeriens Präsident Chadli Bendjedid besuchte Anfang 1989 erstmals Marokko, und König Hassan setzte sich mit der Führung der Polisario-Front zusammen. Eine Euphorie erfaßte den Maghreb. Zum ersten Mal seit über einem Dutzend Jahren fanden sich seine Regierenden wieder zusammen. Das Gipfeltreffen von Marrakesch und die Ausrufung der „Union des Arabischen Maghreb" waren der Höhepunkt dieser Euphorie.

Die Frage stellt sich, ob die positive Stimmung anhalten wird und die Zusammenarbeit gedeihen kann. Bereits beim Treffen von Marrakesch tauchten einige bange Fragen auf. Libyens Staatschef hatte der Einigung nur widerwillig zugestimmt. Oberst Kathafi möchte nicht nur ein Randland dieses Paktes sein, sondern im Mittelpunkt stehen. Er faßt die Maghrebinische Union nur als erste Etappe in der Vereinigung aller arabischen Länder auf. Sein Projekt, auch Mali, den Tschad und den Sudan in die Union aufzunehmen, konnten ihm die anderen Teilnehmer ausreden. Sie wissen aber, daß sie mit neuen Überraschungen dieser Art rechnen müssen. Mit

Oberst Kathafi an der Spitze ist Libyen ein unsicherer Bündnispartner.

Das Problem der Westsahara ist immer noch ein Hemmschuh. Die ersten Gespräche zwischen König Hassan und der Polisario-Front zeigten nur den guten Willen der beiden Parteien, führten aber noch zu keiner Lösung. Die Polisario-Front drängt weiter auf ein Referendum und verlangt, daß der Hauptteil der marokkanischen Verwaltung und Armee sich vor und während des Wahlgangs aus der Westsahara zurückzieht. König Hassan zieht es vor, dem Gegner eine autonome Westsahara anzubieten und ihn mit deren Verwaltung zu betreuen. All dies soll aber unter seiner Schutzherrschaft stattfinden. Die Souveränität über das Gebiet will der Monarch keinesfalls abtreten. Marokko erwartet, daß sein neuer Freund Algerien von der Polisario-Front abrückt und sie sanft dazu zwingt, ein derartiges Abkommen mit Hassan zu schließen. Präsident Chadli Bendjedid wagt aber nicht, unter 15 Jahre algerische Außenpolitik einen Strich zu ziehen.

Darüber hinaus ist das Denken des kurzfristigen Nutzens und des Vorrangs über andere Nationen noch lange nicht verschwunden. Der Pakt von Marrakesch ist ein Deckmantel, welcher drei Jahrzehnte des Argwohns und der Streitigkeiten nicht überdecken kann. Nicht nur Libyen verfolgt weiter eigene Ziele. Tunesien möchte wieder seine ehemalige Rolle als weltoffene, integrierende und versöhnende Nation einnehmen und fürchtet, von den beiden „Großen", Algerien und Marokko, an den Rand gedrängt zu werden. Algerien hat die ersten und größten Schritte zu der neuen Einigung unternommen. Weil es ehemals zu den führenden Ländern der Dritten Welt zählte, möchte es auch im neuen Projekt im Maghreb eine Führer-Rolle spielen. Algerien liegt zudem geographisch in der Mitte der Bündniszone und ist wirtschaftlich am stärksten. Marokko seinerseits ist eine alte Monarchie mit einem politischen und religiösen Herrscher, der nicht bereit ist, sich irgendwelchen Protokollen zu unterziehen und zudem – völlig gegen den Geist des Vereinten Maghreb – den Eintritt seines Landes in die EG verlangte. Die meisten Regierungen müssen sich zudem in erster Linie mit beträchtlichen innenpolitischen Problemen abgeben.

Diese unsicheren politischen Fundamente könnte man mit starker wirtschaftlicher Zusammenarbeit festigen. Gelingt es den Partnern, aus wirtschaftlichen Notwendigkeiten neue Sachzwänge zu schaffen und politischen Argwohn in den Hintergrund zu drängen, wäre ein enormer Schritt in Richtung auf einen rationell funktionierenden Maghreb getan. Noch ist dazu eine immense Arbeit zu leisten. Eine einzige Zahl mag als Hinweis gelten: Der Handel der Maghreb-Länder untereinander beträgt weniger als fünf Prozent ihres gesamten Handelsvolumens. Mit anderen Worten: Marokko, Algerien und Tunesien führen noch immer rund zwei Drittel ihrer Erzeugnisse nach Europa aus und pflegen untereinander einen minimalen Austausch, obwohl Fachleute seit Jahren darauf hinweisen, daß die Zusammenarbeit unproblematisch sei, weil die drei Länder komplementäre Wirtschaftsformen aufweisen. Marokko erzeugt in erster Linie Landwirtschaftsprodukte, Algerien verfügt über eine ausgebaute Schwerindustrie, und Tunesien hat gut funktionierende Dienstleistungsbetriebe. Anstatt nach Europa und den Vereinigten Staaten könnte Algerien vermehrt Erdöl und Erdgas nach Marokko liefern und dafür Lebensmittel beziehen, die es teuer einführt. So könnte der Vereinte Maghreb gegenüber Europa unabhängiger auftreten. (Die wirtschaftliche Größenordnung eines vereinten Maghreb darf nicht übertrieben werden. Das Bruttosozialprodukt seiner fünf Länder ist zusammen nur ein Siebtel desjenigen Frankreichs.)

Die Verwirklichung dieser Pläne liegt noch in weiter Ferne. Das wichtigste Kooperations-Projekt – eine Erdgasleitung von Algerien über Marokko nach Spanien zum übrigen Europa – ist noch nicht spruchreif, weil europäische Abnehmer fehlen. Die Maghreb-Staaten liegen in ihrer Zusammenarbeit viel weiter zurück, als es die sechs Kernländer der EG zum Zeitpunkt ihres Zusammenschlusses vor über 30 Jahren waren. Sie benötigen eine weit längere Frist ungestörten wirtschaftlichen Aufbaus und Austausches.

Ein halbes Jahr nach ihrer Ausrufung in Marrakesch war die „Union des Arabischen Maghreb" noch ein ganz ätherisches Wesen. Es ist noch nicht ersichtlich, ob es sich erneut um eine vorübergehende Einheit handelt, die mehr dem Schutze gegenüber gemeinsamen Gefahren als der Verwirklichung gemeinsamer Ziele dient. Ein tunesischer Beobachter beschrieb treffend, die Union sei eine „Vernunftehe", die aber keineswegs vor Ausbrüchen alter Leidenschaften gefeit sei.

# Arabisches Glossar

Touristen und Geschäftsleute, welche in Maghreb-Länder reisen, stoßen vielfach auf eine Anzahl häufig wiederkehrender arabischer Ausdrücke. Wer sie erlernt, erleichtert sich den Aufenthalt und das Verständnis für die Länder und seine Menschen erheblich. Nachstehend folgt eine Liste von Ausdrücken, von denen einige auch in diesem Buch vorkommen. (europäische Schreibweise auf Französisch; j und ch = dsch)

| | | | |
|---|---|---|---|
| *Ain* | Quelle | *Khaima* | Beduinenzelt |
| *Ait* | Abkömmling von (Berbersprache) | *Makhzen* | Zentralmacht in Marokko |
| *Arba* | vier | *Medersa* | religiöses Studien- |
| *Bab* | Tor | | zentrum |
| *Baraka* | Göttlicher Segen, Schutz | *Medina* | arabische Altstadt |
| | | *Moussem* | jährliche Wallfahrt |
| *Ben (Ibn)* | Sohn von (bei Namen) | | (hauptsächlich in |
| *Bled* | Provinz, Landschaft, auch Dorf | | Marokko) |
| | | *Muezzin* | Gebetsankündiger auf |
| *Chaab* | Volk | | Minarett |
| *Cherif* | Abkömmling des Propheten | *Ouahed* | eins |
| | | *Oued* | Fluß, Bachbett (auch |
| *Chorba* | nahrhafte Suppe | | trockenes) |
| *Dahir* | Gesetz | *Oulema* | religiöser Sach- |
| *Destour* | Verfassung | | verständiger |
| *Djebel* | Berg | *Ramadan* | islamischer Fasten- |
| *Djellabah* | langes Kleid mit Kapuze, von Männern und Frauen getragen | | monat |
| | | *Ras* | Kopf (auch Bergspitze) |
| | | *Ribat* | befestigtes religiöses |
| *Djemaa* | traditionelle Bürger- versammlung | | und militärisches Zentrum |
| *Douar* | Weiler | *Sebkha* | ausgetrockneter Salzsee |
| *Fellah* | Bauer | *Seguia* | traditioneller |
| *Fondouk* | Hotel | | Bewässerungskanal |
| *Hadj* | Mekka-Pilger | *Souk* | Markt |
| *Harira* | traditionelle Suppe des Ramadan | *Talat* | drei |
| | | *Tnine* | zwei |
| *Imam* | Gebetsleiter in der Moschee | *Zaim* | Chef |
| | | *Zaouia* | religiöse Bruderschaft |
| *Istiqlal* | Unabhängigkeit | | |

Die Dialektsprache, welche in den Maghreb-Ländern gesprochen wird, ist in Marokko, Algerien und Tunesien manchmal recht verschieden. Hier sind einige Beispiele aus dem Alltagswortschatz:

|  | Marokko (Casabl.) | Algerien (Algier) | Tunesien (Tunis) |
| --- | --- | --- | --- |
| *Guten Tag* | sabah al chair | sabah al chair | sabah al chair |
| *Danke* | baraka-laufik | saha | shukran |
| *Entschuldigung* | smahlia | samahl | samahni |
| *ja* | naam | eh | naam |
| *nein* | la | lela | la |
| *Wieviel kostet?* | shal | isch chal | ka desch |
| *Wieviel Uhr ist es?* | shal fi saa thaman | isch chal saa | ka waqt |
| *Straße* | zankat | trej | (s)chara |
| *bezahlen* | challass | challass | challass |
| *das Auto* | siara, automobile | carossa | karahba |

# Zeittafel

| | |
|---|---|
| 814 v. Chr. | Gründung der phönizischen Handelsniederlassung Karthago |
| 203–148 v. Chr. | Regierungszeit des Numiderkönigs Massinissa |
| 146 v. Chr. | die Römer zerstören Karthago |
| Um 225 n. Chr. | größte Ausdehnung des römischen Reichs in Afrika |
| 354–430 | Lebensdaten des Kirchenvaters Augustin |
| 439–533 | Die Vandalen beherrschen Nordafrika |
| 533–647 | Byzantinische Epoche |
| 647 | Erster Einfall arabischer Reiterheere |
| 670 | Gründung von Kairouan |
| 698 | Karthago fällt an die Araber |
| 702 | Ende des Berberwiderstands |
| 711 | Eroberung der iberischen Halbinsel durch Berberheere |
| 788 | Der Omeyade Idriss gründet Fes |
| 800–909 | Aghlabiten-Reich in Ifriqiya (Tunesien) |
| 910–973 | Herrschaft der Fatimiden |
| 973–1060 | Dynastie der Ziriden |
| 1050 | Einbruch der nomadischen Hilali-Stämme im Maghreb |
| 1055–1146 | Almoraviden-Reich im westlichen Maghreb und in Spanien. Hauptstadt Marrakesch |
| 1146–1269 | Die Almohaden vereinigen den Maghreb |
| 1415–1514 | Die Portugiesen setzen sich an Marokkos Küste fest |
| 1492 | Ausweisung (oder Zwangstaufe) der Muslime und Juden aus Spanien |
| 1516 | Algerien fällt unter Türkenherrschaft |
| 1535–74 | Spanier beherrschen Tunis |
| 1666 | Beginn der Herrschaft der Alaouiten in Marokko |

| | |
|---|---|
| 1830 | Einfall der Franzosen in Algerien |
| 1881 | Frankreich errichtet Protektorat über Tunesien |
| 1912 | Frankreich errichtet Protektorat über Marokko |
| 1920 | Tunesiens Nationalisten gründen Widerstandspartei „Destour" |
| 1934 | Beginn des Widerstands in Marokko |
| 1954 | Ausbruch des Unabhängigkeitskriegs in Algerien |
| 1956 | Marokko und Tunesien werden unabhängig |
| 3. März 1961 | König Hassan II. besteigt den Thron in Marokko |
| 3. Juli 1962 | Algerien erlangt die Unabhängigkeit |
| 19. Juni 1965 | Staatsstreich in Algerien: Oberst Boumediène stürzt Staatschef Ben Bella |
| 27. Dez. 1978 | Tod Boumediènes |
| 7. Nov. 1987 | Tunesiens Staatschef Bourguiba abgesetzt |
| 17. Februar 1989 | Proklamation in Marrakesch des „Vereinten Maghreb" (Union du Maghreb Arabe, UMA) |

# Statistiken

|  | Marokko | Algerien | Tunesien |
|---|---|---|---|
| Größe (in km²) | 446 550 (ohne West- sahara) | 2 381 750 | 163 610 |
| Einwohner (in Mio., 1986) | 22,5 | 22,6 | 7,6 |
| Bevölkerungsdichte (Einwohner pro km²) | 50 | 9 | 45 |
| Bevölkerungszunahme (1977–87, in % jährlich) | 2,4 | 3,1 | 2,4 |
| Bruttosozialprodukt (in Mio. Dollar, 1986) | 13 160 | 58 000 | 8 340 |
| Pro-Kopf-Einkommen (in Dollar, 1987) | 620 | 2 760 | 1 210 |
| Städtische Bevölkerung (in %, 1985) | 44 | 43 | 56 |
| Analphabetismus (Personen über 15 Jahre, in %) | 67 | 50 | 46 |
| Volksschüler (in % aller Betroffenen, 1983) | 58 | 83 | 93 |
| Beschäftigte in (in %): Landwirtschaft | 41 | 27 | 27 |
| Industrie | 26 | 32 | 35 |
| Dienstleistungssektor | 33 | 41 | 33 |
| Import-Deckung (in % der Einfuhren, 1986) | 58 | 96 | 60 |
| Anteil der EG-Länder am Außenhandel (1987): Einfuhren | 54 | 68 | 69 |
| Ausfuhren | 60 | 63 | 79 |
| Außenverschuldung: in Mia. Dollar, 1986 | 17,9 | 17,9 | 6 |
| in % des Bruttosozialprodukts | 104 | 25 | 59 |

Quellen: IWF, Weltbank

# Literaturhinweise

Die meisten deutschsprachigen Bücher über die Maghreb-Länder sind Kunst- und Reiseführer. Die Auswahl ist stattlich. Folgende Verlage haben eines oder mehrere Werke über Marokko, Algerien und Tunesien oder die Sahara herausgegeben:
Artemis, dtv-Merian, DuMont, Goldstadt, Kohlhammer, Polyglott, Prestel, Suria, Walter.
Für weitergehende Lektüre sei dem Leser die Auswahl folgender Titel vorgelegt:

*a) allgemeine Themen*
Bouhdiba, Abdelwahab: „La sexualité en Islam", PUF, Paris, 1975. Eine tiefgehende Studie der Verhaltensweisen.
Burgat, François: „L'Islamisme au Maghreb", Karthola, Paris, 1988. Die neueste Studie zu diesem wichtigen Problem.
Gaudio, Attilio und Renée Pelletier: „Femmes d'Islam", Denoel, Paris, 1980. Ein guter und konziser Vergleich der Lage in den verschiedenen Ländern.
Guggenheim, Willy: „Dreimal Nordafrika" (Marokko, Tunesien, Algerien), Piper-Verlag, München-Zürich, 1985. Eine detailreiche, aber politisch oberflächliche Arbeit.
Hermassi, Elbaki: „Etat et societé au Maghreb", Anthropos, Paris, 1972. Eine ausgezeichnete vergleichende Analyse der drei Länder.
Neumann, Wolfang: „Die Berber", DuMont, Köln, 1983. Eine gute und vollständige Studie.
Servier, Jean: „Tradition et Civilisation Berbères", Monaco, 1985. Eine ausführliche Studie über Kultur und Glaubenswelt der Berber.
Troin, Jean-François: „Le Maghreb, hommes et espaces", Colin, Paris, 1985. Eine sehr kompetente Beschreibung der Geographie, der Bevölkerung und der Wirtschaftsprobleme.

*b) die einzelnen Länder*
*Marokko:*
Ariam, Claude: „Rencontres avec le Maroc", La Decouverte, Paris, 1986. Eine engagiert und schillernd geschriebene und sehr fundierte Arbeit.
Brachet, Philippe: „Descartes n'est pas marocain", Pensee Universelle, Paris, 1982. Das Werk eines herben Kritikers.
Cherifi, Rachida: „Le Makhzen politique au Maroc", Afrique-Orient,

Casablanca, 1988. Die Autorin sezierte als erste sehr gut diesen wichtigen Teilaspekt marokkanischer Geschichte.

Hassan II: „Le Défi", Albin Michel, Paris, 1976. Der offizielle Standpunkt zum Zeitpunkt des Grünen Marsches.

Julien, Charles André: „Le Maroc face aux imperialismes", Paris, 1978. Fast ausschließlich auf das französische Protektorat bezogen.

Mazel, Jean: „Enigmes du Maroc", Laffont, Paris, 1971. Der Autor studiert verschiedene eigentümliche kulturelle und geschichtliche Phänomene des Landes.

Moumen, Diouri: „Réalités marocaines", L'Harmattan, Paris, 1987. Die vergangenen 50 Jahre der marokkanischen Geschichte, geschildert von einem Oppositionellen.

Palazzoli, Claude: „Le Maroc politique", Sindbad, Paris, 1974. Eine detaillierte Studie der Entwicklung von 1940 bis 1972.

Waterbury, John: „Le commandeur des croyants", PUF, Paris, 1975. Der Klassiker unter den Analysen des Regimes.

Zaffrani, Haim: „Mille ans de vie juive au Maroc", Paris, 1983. Der Autor behandelt Geschichte, Kultur, Religion und Magie.

*Algerien:*

Cubertafond, Bernard: „L'Algérie contemporaine", PUF, Paris, 1981. Ein kurzer und nützlicher Abriß über Geschichte, Wirtschaft und Politik seit 1962.

Francos, Ania und J. P. Sereni: „Un algérien nommé Boumediène", Ed. Stock, Paris, 1976. Eine Boumediène günstig gesonnene Analyse der Zeit von 1954 bis 1974.

Fremont, Armand: „Algérie – El Djazair", Maspero, Paris, 1982. Die Aufzeichnungen eines Franzosen während des Krieges und 15 Jahre danach.

versch. Aut.: „Algerie 20 ans", Ed. Autrement, Paris, 1982. Reportagen aus den verschiedensten Lebensbereichen.

*Tunesien:*

Ben Abdallah, Chadly: „Fêtes religieuses et rhythmes de Tunisie", JPS, Tunis, 1988. Ein Exkurs über tunesische Sitten und Bräuche.

Boularès, Habib und Jean Duvignaud: „La Tunisie", PUF, Paris, 1978. Noch immer ein gutes Einführungswerk in das Land.

Camau, Michel (Hg.): „Tunisie au présent", Ed. CNRS, Paris 1987. Das tiefschürfendste Werk über die Entstehung und Probleme des modernen Tunesien.

Cohen, Bernard: „Bourguiba, le pouvoir d'un seul", Flammarion, Paris, 1986. Eine hervorragende Analyse des ehemaligen Staatschefs.

Pautard, André: „Bourguiba", Ed. Media, Paris, 1977. Eine Bourguiba sehr freundlich gestimmte Lebensbeschreibung.

# Aktuelle Länderkunden in der Beck'schen Reihe

## Die Welt des Islam

Ulrich Haarmann (Hrsg)
*Geschichte der arabischen Welt*
1987. 720 Seiten, 14 Karten. Leinen

Gerhard Endreß
*Einführung in die islamische Geschichte*
1982. 346 Seiten, 6 Karten, 1 genealogische Tafel. Broschiert.

Werner Ende, Udo Steinbach (Hrsg)
*Der Islam in der Gegenwart*
2. überarbeitete Auflage 1989.
Einmalige Sonderausgabe
768 Seiten, 8 Abbildungen, 2 farbige Karten, Leinen.

Bernard Lewis
*Die Juden in der islamischen Welt*
Vom frühen Mittelalter bis ins 20. Jahrhundert
1987. 216 Seiten, 21 Abbildungen. Leinen

Roy Mottahedeh
*Der Mantel des Propheten*
oder Das Leben eines persischen Mullah
zwischen Religion und Politik.
2. unveränderte Auflage 1988.
365 Seiten. Gebunden

Maxime Rodinson
*Die Faszination des Islam*
1985. 175 Seiten. Paperback
Beck'sche Reihe Band 290

Verlag C.H.Beck München

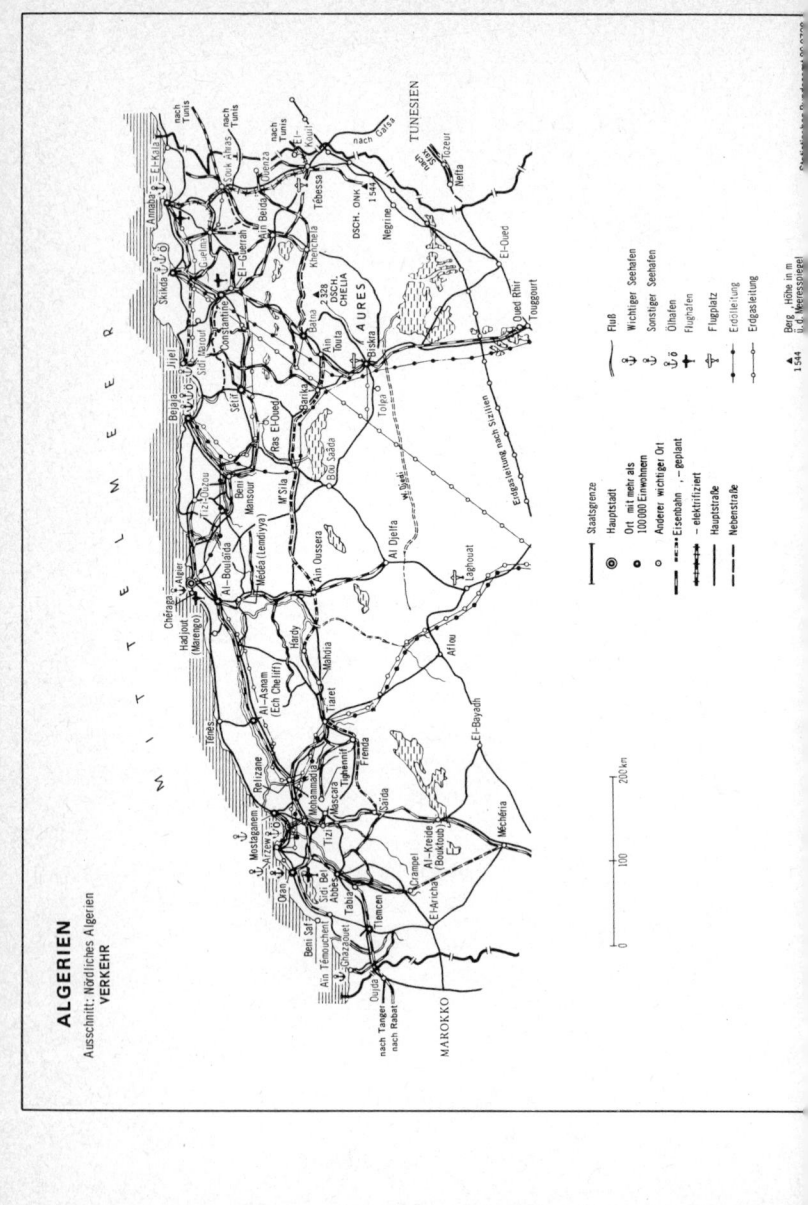

# ALGERIEN

Ausschnitt: Nördliches Algerien
VERKEHR

**Legende:**

⊚ Staatsgrenze
◉ Hauptstadt
● Ort mit mehr als 100000 Einwohnern
○ Anderer wichtiger Ort

━━━ Eisenbahn    -- geplant
━━━+ elektrifiziert
━━━ Hauptstraße
- - - Nebenstraße

〜 Fluß
⚓ Wichtiger Seehafen
⚓ Sonstiger Seehafen
Öhafen
✈ Flughafen
⊥ Flugplatz
Erdölleitung
Erdgasleitung
▲ Berg, Höhe in m
1544   ü.d. Meeresspiegel

MITTELMEER

MAROKKO
TUNESIEN

nach Tanger
nach Rabat

0   100   200 km